Research on
implied license system of
copyright in
Digital Environment

谢晶 著

数字环境下
著作权默示许可制度
研究

社会科学文献出版社
SOCIAL SCIENCES ACADEMIC PRESS (CHINA)

序 言

2020年11月11日，第十三届全国人大常委会第二十三次会议通过《关于修改〈中华人民共和国著作权法〉的决定》，这是著作权法实施以来的第三次修正，自2021年6月1日起施行。谈及《著作权法》修订的社会背景与目标取向，吴汉东教授如是说："此次修订考量了新一代信息技术发展的时代情景，为'+互联网''互联网+''人工智能+'的信息传播提供制度产品，实现著作权法的现代化、时代化转型。"

诚然，互联网被誉为21世纪最重要的发明之一。继报纸、广播、电视等传统媒体之后，互联网被称为"第四媒体"，其开放性、交互性、共享性和全球性等特征，不仅极大地改变了人类的生活方式，还成为社会各界获取和发布信息的主要渠道。再加之5G技术加持，庞大的互联网群体成为数字经济市场中坚实的用户基础，为中国消费市场蓬勃发展作出了突出贡献，与此同时，新时代新技术新业态也给著作权制度带来新的挑战。

具体说来，互联网技术对著作权利益资源进行重置的同时，也给传统环境下著作权许可制度带来了巨大挑战。网络开放性与传统著作权制度专属性之间产生激烈冲突，传统环境下著作权许可制度的局限性日益凸显，如"海量授权"难题、作品交易成本高昂等。数字环境下网络技术普及势不可挡，虽然加强著作权保护力度必然能发挥一定作用，但要根本解决问题，必然需要对数字时代著作权交易与运作机制进行革新。默示许可所体现的"选择—退出"机制以及蕴含的"可推定性"

因素超越合同关系在数字环境中获得新的发展空间，显现出极强的适应性和优越性。我国《著作权法》虽经过三次修订，但著作权默示许可制度相关条款尚未完全确立。因此，在我国法律仍有待完善、国际立法仍在探索的背景下，对数字环境下著作权默示许可制度的构建具有重大意义，不仅是对数字时代著作权许可困境的回应，亦为国际立法与国内修法提供必要的理论支持。

就此而言，谢晶博士的著作《数字环境下著作权默示许可制度研究》当属难得的理论尝试。科技进步推动法律不断向前发展。正如埃德加·博登海默所言：对技术进步所出现的社会正当需求，法律必须予以满足。若无法满足该正当需求，或者对以往时期的短暂意义死守不放，并不明智。可以说，法律的发展过程，亦是对技术挑战不断回应的过程。面对数字环境下著作权人与社会公众之间日益加深的矛盾冲突，如何使著作权人与社会公众之间利益重回平衡状态，成为著作权法亟待解决的现实难题。构建科学合理的著作权默示许可制度模式，不仅可对既有体系僵化的权利结构进行调整重置，亦实现了数字环境下利益平衡的目的制度需求，且对于完善中国特色社会主义法律体系，具有深远且重大的意义。

谢晶是我指导的博士生，在随我攻读博士学位期间，一直怀有强烈的求知欲和探索心，始终秉持着慎重而细致的探究态度，在著作权研究领域方面取得了一些不错的成果，这些成果也总是结合时代热点表达学术关切。本书尤是如此，不仅是对具体制度的深入探索，更是在"互联网+"时代背景下的开创性尝试。但坦率地说，无论是在选题还是写作过程中，我内心深处始终怀有一些担忧：默示许可在著作权法学的应用尚处于开拓阶段，国内涉足此领域的学者较少，国外文献资料也屈指可数，可见研究难度之大。直到某个秋高气爽的日子，她将20万字的文稿交给我，我才将悬着的心放下来。

宝剑锋自磨砺出，梅花香自苦寒来。在论文评审和答辩过程中，谢

晶的成果得到了诸位专家一致好评。得知学生的博士学位论文即将由社
会科学文献出版社出版，作为导师，我内心亦很激动。希望谢晶博士能
够继续秉持追求理想和服务社会的信念，在未来的学术道路上不断前
行，为知识产权领域的研究注入更多的创新血液，为社会的发展贡献更
多的智慧与力量。相信她会始终坚持自己的信仰和初心，不断追求卓
越，成为知识产权学术界的一颗璀璨明珠，为后人树立起学习的榜样。

　　是为序。

彭学龙

2024 年 12 月 15 日

于中南财经政法大学知识产权研究中心文泓楼

摘　要

20 世纪中后期以来，计算机与互联网技术迅猛发展，作品创作、传播和使用方式发生巨大变化。面对数字时代"海量作者、海量作品、海量授权"的复杂局面，传统著作权"一对一"交易和授权模式捉襟见肘，难以充分发挥效用。在这样的背景下，著作权人权利不断扩张，对作品的控制力空前强化，著作权保护与社会公众作品利用需求之间的矛盾日趋激化，著作权法传统的利益平衡格局难以为继。互联网时代，权利保护重点范畴由复制权逐步向传播权转变，著作权法律体系亦由"控制复制"趋向"控制传播"发展。根据利益平衡原则，数字环境下著作权人不应当且不可能绝对控制作品传播，尤其在互联网如此发达且普及的背景下，更应默示许可网站经营者、数字出版商、社会公众等使用主体对作品有偿使用，从而缓解海量作品授权压力。著作权默示许可作为权利限制制度之一，其目的在于促使著作权人权利有效行使，在最小化限制著作权人权利的同时，满足作品使用者对于作品授权的海量需求，重新平衡各方利益。为有效解决授权效率和成本矛盾，保护著作权人合法权益，亟须从实现各方利益平衡的角度，构建我国数字环境下著作权默示许可制度。《著作权法》虽经过三次修订，但著作权默示许可制度相关条款尚未完全确立。因此，在我国法律仍有待完善、国际立法仍在探索的背景下，对数字环境下著作权默示许可制度的构建具有重大意义，不仅是对数字时代著作权许可困境的回应，亦为国际立法与国内修法提供必要的理论支持。需要强调的是，著作权默示许可制度不仅适用于数字环境，亦适用于传统环境。数字环境下著作权默示许可制度因脱离了合同关系而对于解决著作权许可困境显现出更强的应对能力。从制度脉络分析可知，科技不断发展使著作权默示许可制度由传统环境向数字环境逐步演进，但无论是传统环境抑或数字环境，两者理论基础具有同一性。再加之，两者之间的历史传承关系，完全抛却传统环境，单纯谈论数字环境既不合理亦不全面，故而，数字环境下著作权默示许可制度研究必然涉及传统环境，以此体现数字环境下著作权默示许可制度的独特性与优越性。

本书以著作权默示许可制度的制度溯源为起始点，分析法律内涵，以著作权默示许可概念阐释、法律特征、性质界定等基本内容作为研究基点。在论证建构方面，以法理基础、经济分析、利益平衡解释等维度对著作权默示许可制度正当性进行论证，并以此为基础制定制度框架。在实践发展方面，对英美法系及大陆法系国家著作权默示许可制度立法与司法实践现状进行梳理分析，探寻两大法系之间制度差异与契合之处，为我国本土化著作权默示许可制度的构建提供有益借鉴。

第一章为数字环境下著作权默示许可制度概述。文章以探寻制度溯源为切入点，详细梳理民法默示行为、合同法默示条款、知识产权法默示许可的脉络发展，体现著作权默示许可对传统默示理论的承继与演变。第二章为数字环境下著作权默示许可制度的正当性分析。通过从法理基础、经济分析、利益平衡等视角论证默示许可正当性，以获得对其制度价值和功能的正确认识。第三章为数字环境下著作权默示许可制度的域外考察。通过对域外英美法系和大陆法系主要国家著作权默示许可制度的比较分析，为构建我国默示许可制度提供宝贵的借鉴。第四章为数字环境下我国著作权默示许可制度的现状检视。基于立法探索和司法实践的发展进程，分别从宏观层面、中观层面、微观层面分析我国著作权默示许可制度存在逻辑体系不科学、制度范围不合理、配套措施不完善等缺陷与不足。第五章为数字环境下我国著作权默示许可制度的应然安排。构建科学合理的著作权默示许可制度模式，对于完善中国特色社会主义法律体系，具有深远且重大的意义。本书从立法和司法实践的角度，探索构建本土化著作权默示许可制度，以期实现数字环境下各方主体之间的利益平衡关系，促进我国文化产业向前发展。

关键词： 数字环境；著作权；许可使用；默示许可；利益平衡

目　录

第一章 数字环境下著作权默示许可制度概述

第一节 著作权默示许可制度溯源

追本溯源，著作权默示许可制度具有深厚的理论基础，不仅有民法领域的默示行为理论支撑，亦适用合同法默示条款规则。随着时代变迁，该制度在知识产权领域不断演变并发挥重要作用。科技进步促使环境规则发生变化，传统环境下著作权默示许可因对合同的依赖状态，逐步显现出诸多局限性，而数字环境下著作权默示许可因"可推定"特性，使其受时代驱使对合同关系进行超越成为必然。

一 民法领域：默示行为

传统民法默示行为理论为默示许可制度构造奠定了扎实的根基，要深刻理解默示许可制度在著作权领域的法律内涵，对默示行为理论渊源中"默示"的形式分类及效力认定进行梳理极为必要。

（一）默示的形式分类

在传统民法理论中，民事主体以意思表示为中心对权利和义务创设、变更及终止的行为被称为法律行为。法律通过承认能够达到法律效果的意思表示方式，从而实现法律世界中行为人欲然的法律判断，是为法律行为的本质。一般而言，民事主体、民事客体及意思表示是民事法律行为的组成部分，其中意思表示是民事法律行为中不可或缺的关键要素。

意思表示作为相关主体的一种表达方式，旨在向社会传达欲发生的法律效果意图。① 意思表示由主观要件和客观要件共同构成，具体而言，其主观要件为意思内容，亦即表意人通过自主决定作出法律行为从而产生法律后果，该要件侧重于表意人的自治自主；其客观要件是外部行为，亦即表意人以一定的方式向外部表现内心意思，进而使他人推测表意人意图，该要件侧重于第三人视角分析。故而，法律对意思表示进行创设的目的在于，在认可"自我决定"法律行为本质要素地位的同时，通过一定行为方式对表意人能够创设真实意图的法律关系予以承认。正如尼泊德所言，主体具备一定能力通过意思表示将其意愿投入所形成的法律关系，是意思表示的起始点。②

进而言之，意思表示形态构成要件为明示与默示：明示意思表示是指意愿表达人通过书面、口头等形式明确进行的意愿表示；默示意思表示是指意愿表达人以沉默方式或特定的行为使人推测的意愿表示，亦即须运用逻辑推理，并结合实践习惯予以推定的表示方式。③ 在法律行为的构成体系当中，默示意思表示作为一项特殊表达方式，更须社会主体在一定程度上加强重视。正如德国学者卡尔·拉伦茨所言："在一定法律情境中，沉默以及其他不以话语或者相关符号明确表示的行为，虽然是不作为形式，同样具有法律上的意思表示功效。"④ 默示的意思表示可细分为沉默的意思表示与推定的意思表示。

1. 沉默的意思表示

一般而言，沉默并不能达成表意人想要实现的意思表示法律效果，

① 王利明：《民法总论》，中国人民大学出版社，2009，第 229 页。
② 沈达明、梁仁洁：《德意志法上的法律行为》，对外贸易教育出版社，1992，第 50 页。
③ 栗劲等：《中华实用法学大辞典》，吉林大学出版社，1988，第 1906 页。
④ 〔德〕卡尔·拉伦茨：《德国民法通论》（下册），王晓晔等译，法律出版社，2003，第 485 页。

然在特定情形下，沉默能"说话"，如若行为人在该情形中沉默，亦即消极不作为，则表明其意欲产生法律后果，此种沉默效果，可构成意思表示。具体而言，表意人单纯的不作为只有在依约定或法律规定的情形下，方能视为推理确定的表意行为。

（1）当事人约定情境下沉默的意思表示

沉默作为意思表示的一项法律形式，在双方当事人约定的基础上，沉默具备特定含义，且沉默人须明白沉默的意义，当一方当事人为达成该含义而特意选择沉默，则成就约定的默示意思表示即为该沉默。① 例如，在承租合同中，当事人事前达成约定，若承租方或租赁人提出续租请求，若相对方在期限内未明确拒绝，则认为同意续约。此未作出拒绝的表示，便属于当事人约定情境下沉默的意思表示。

（2）法律规定下沉默的意思表示

除当事人约定之外，在特殊情况下，法律将沉默视为具备一定含义的意思表示，并对其法律后果予以明确。此种以法律拟制方式等同于意思表示效力的特殊形式，被称作"规范化的沉默"。卡尔·拉伦茨主张，"规范化的沉默"并非解释规则，而归属于任意性法律规范，其意义在于用法律决策来代替当事人未定的表示。② 王泽鉴认为，法律在特定情形中将沉默赋予意思表示的效果，并将其拟制为意思表示，社会主体究竟是否期望达成，不再探寻。换言之，"规范化的沉默"不要求当事人存在表示意识以及作为意思表示行为的可归责性，只要当事人未作出相反行为或发表其他看法，始终保持沉默，则这一沉默事实便可产生法律效果。

2. 推定的意思表示

推定的意思表示，亦被称为"可推断的意思表示"，是指表意人未

---

① 陈宏义：《默示意思表示的形式》，《湖南科技学院学报》2006年第8期。
② 〔德〕卡尔·拉伦茨：《德国民法通论》（下册），王晓晔等译，法律出版社，2003，第489~490页。

直接表达特定的法律效果意思，而是采取某种语言表述或某种行为的方式，间接表明其内心意识的表达方式。最高人民法院《关于贯彻执行〈中华人民共和国民法通则〉若干问题的意见（试行）》（以下简称《民通意见》）第66条规定："一方当事人向对方当事人提出民事权利的要求，对方未用语言或者文字明确表示意见，但其行为表明已接受的，可以认定为默示……"该条款中"行为表明已接受"，即指由此行为推断其接受的意思表示，例如承租人在租赁期满后继续向出租人交付租金，出租人继续收取租金的行为，便可推断双方当事人间延续租赁合同的意思表示。

一般而言，推定的意思表示主要有如下情况。第一，依据双方当事人明确约定推定。如若双方当事人对某一行为所具备的特殊意思进行明确约定，只要一方当事人沉默地作出约定行为，另一方当事人便可依照原有约定对该行为进行意思推定。第二，依据惯例或社会典型行为推定。如果社会主体对特定行为有共同认知，只要行为人实施该行为，即使没有使用言语表达，任意相对方均可依照习惯或社会常理对该行为进行意思推定。第三，法律已作出具体规定。若某行为已被规定在现有法律法规之中，只要行为人实施了该行为，便可依据法律法规规定直接推定行为人意思表示。

（二）默示的效力认定

1. 认定方式的根源

默示意思表示的认定由法理及现实根源促成，二者结合决定了默示意思表示不同的认定方式。以法理根源为视角，民法推崇私法自治，强调个人事务的自我决定意识，在民事活动中须双方当事人共同行使同意权，对民事活动内容达成一致，该民事活动方能有效。反之，如若一方主体选择沉默而不行使同意权，则该民事活动不发生法律效应。故而，为更好地维护民事主体的合法权益，法律须对默示意思表示进行严格规范，从而实现民法所追求的公平正义。以现实根源为视角，随着时代不断进步，民事活动意思表示方式逐步显现出快捷化、高效化等新特点，默示意思表示突破了传统民事活动中可有可无状态的思维桎梏，在实践中发挥出举足轻重的作用，故而，对默示意思表示进行认定亦成为确认民事主体实现民事行为法律效果的一项重要内容。

2. 默示意思表示的认定

（1）沉默的意思表示认定

对于沉默的意思表示范围，只有在双方当事人明确约定或者法律规定情形下才能产生法律效果，不同情境之下判断标准各不相同。具体而言，双方当事人明确约定情形下的判断标准如下：一是存在特定的前提，即该意思表示欲产生法律效果，须有一定的先行行为存在，社会主体可推导出先前某种要求或通知，在此情境中，沉默意味着特定的表示手段；二是行为人有一定的表意能力，即沉默所具有的特定意义须被沉默人充分了解，抑或虽然沉默人对于行为意识并不完全具备，但该沉默所引发意义的责任承担者为沉默人。① 在法律明确规定下的判断标准有二。一是存在沉默的行为。规范化的沉默是根据法律规定而引起相应法律后果的意思表示，只要行为人保持沉默，未表明其他行为或发表相反的看法，则这一沉默事实便可产生相应法律后果，并不需要特意明晰其在特定情境中所应指示的含义。二是行为的唯一性。沉默行为的存在是该意思表示的唯一判定标准，该沉默行为既不要求行为人具备表示意识，亦不需要该行为具备可归责性。在此情形中，沉默者不得以未欲表达该内容的意思表示为由而撤销表示，消除法律后果。

（2）推定的意思表示认定

依前文所述，推定的意思表示主要有法律规定、双方当事人约定、依照惯例或社会典型行为推定三种方式。在意思表示认定时，应遵循以

---

① 〔德〕卡尔·拉伦茨：《德国民法通论》（下册），王晓晔等译，法律出版社，2003，第 485 页。

下顺位规则：有法律明确规定的依照规定；有双方当事人约定的依照约定；若既无法律明确规定又无当事人约定的，只能按照惯例或者社会典型行为进行推定。具体而言，其判断标准主要有三种。一是有可推定的前提。推定的意思表示作为一种间接的意思表示，依照行为人符合逻辑的思维或行为方式的假定来推知结论，若要推断其具有法律效果的意思表示须有可推定的前提，具体形态可为行为或表述等。二是相对人具备知悉的可能性。行为人须有向相对人进行间接表明意思的行为，相对人只有具备知悉该意思的可能性，才能对此意思表示作出评价。三是行为主体意图表达的对应性。若所推定的行为主体对于行为中所暗含的法律行为效果并无意识，则该行为产生的直接效果不应由行为主体承担，亦无法对此行为归于推定的意思表示。

二　合同法领域：默示条款

默示条款起源于英美契约制度。18 世纪个人主义哲学思想和自由资本主义思想风行，"当事人意思自治"理念在契约法领域占据主导地位，裁判者亦受政府"守夜人"角色影响在审理权限设置中受限，当事人的权利义务完全以文本的明文规定为准。19 世纪中后期，社会不断进步致使合同适用领域逐渐扩张，完全按照合同条款解决当事人纠纷的不适应性日益凸显。

20 世纪垄断资本主义出现，经济及社会状况的变化使当事人权利义务愈发不明晰，双方事实上的平等地位难以维持，不完全合同亦随之出现，完全注重合同文字表述已无法确保合同目的的实现。随着利益法学的兴起及民法模式的转变，政府对市场干预亦不断加强，裁判者在裁判过程中开始突破绝对意思自治限制，通过理性判断对合同进行解释修复实现合同公平，默示条款规则由此应运而生。①

---

① 　龚雪：《不完全合同中的默示条款制度》，《湖南行政学院学报》2015 年第 5 期。

（一）默示条款的类型

默示条款，又称隐含条款，是指合同主体因合同条款未予以明确，基于默示意思表示，以合同明示条款、当事人特定行为、法律规定或习惯等因素进行推定的条款。根据产生的依据不同，默示条款可再次细分为事实上、法律上以及习惯上的默示条款。

1. 事实上的默示条款

事实上的默示条款，是指在双方当事人将本要列入合同却因疏忽大意未进行添加，或者依照合同本应存在却未添加，法院为使合同能够继续进行或明晰当事人权利义务而产生的条款。[①] 该默示条款要求法院须对当事人原本意思进行推断，仅在其意思自治范围内添加默示条款，并根据迥异的合同类型分别添加与之相对应的默示内容，须注意的是，只有在法院认为该默示条款必须引入合同的情形下，方可添加。[②] 故而，该默示条款的适用不具备普遍性且相对严格。

具体而言，事实上的默示条款的判定标准主要有两种。一是"商业效用"标准，该标准起源于"穆尔科克（Moor-cock）"案，在案件中确立了添加默示条款的"商业效用"原则，若对于达成交易所需的合同条款可依据主体意图进行推断，继而实现交易的最终效果，则该条款便具备可引入合同的正当性，以防因缺失条款致使合同有损公正。二是"好事旁观者"标准，即该默示条款引入合同时显而易见且无须表述，如若第三人向当事人建议在合同中加入此条款，当事人则会不耐烦地认为"这还用讲?"[③] 由此可看出，"商业效用"标准以"合理"为其确信程度，而"好事旁观者"标准则以"必须"为其确信程度。实际上，事实上的默示条款基于个案分析基础上，笼统确立"合理""必须"并

---

① 高尔森:《英美合同法纲要》，南开大学出版社，1984，第67页。
② 傅静坤:《二十世纪契约法北京》，法律出版社，1997，第102页。
③ G. H. Treitel, *The Law of Contract*, 6th edition, p. 158.

非如此重要，正如 P. S. 阿狄亚所言，虽然实践中经常存在必要性规则，然必要与合理的区分并不明显，需要通过合同整体意图作为参考来确定暗含的合理性。① 因此，事实上的默示条款应基于案件特殊性，并围绕合同具体情境，以当事人对合同已有条件判定其合理期待。

2. 法律上的默示条款

法律上的默示条款是指由法律规定在合同中增加以规制当事人双方权利义务的条款。依据英美法系国家的传统，判例上的默示条款和成文法上的默示条款构成了法律上的默示条款。

进而言之，判例上的默示条款是指法院将法定义务通过判例的形式添加至特定类型合同之中，一般情况下该默示条款的适用对象较为固定，常为房屋租赁合同、医患合同、劳动合同等②，不仅可约束单个案件的当事人，还可以约束某类型化的关系主体。此外，判例上的默示条款只要符合法律规定便可添加至合同，适用的便捷性使其保障判决结果可预测性和同一性的同时，降低了同类案件的再起诉概率，极大地节约了司法资源。

成文法上的默示条款是指将判例上的默示条款长期反复使用的成文化、法典化。最早在 Jones v. Just 案判决中收集了判例法上的默示条款，后该默示条款被写入《1893 年货物销售法》得以固定，成文法上的默示条款便由此诞生。而后，随着租买交易形式的出现及发展，在《货物供应（默示条款）法案》（1973）、《货物买卖法案》（1979）、《货物与劳务供应法》（1982）中均可看到大量关于承揽、服务及租赁合同的默示条款出现。成文法上的默示条款脱离了个案分析，体现为立法者意志而非当事人意思，但经过修订后，依据英国法律规定，合同明示条款的效力通常要高于默示条款，如若默示条款效力较高仅为例外情形。相较于判例上的默示条款，成文法上的默示条款法律位阶效力更高，在某合

① 〔英〕P. S. 阿狄亚：《合同法导论》，赵旭东等译，法律出版社，2002，第 213 页。
② 杨圣坤：《合同法上的默示条款制度研究》，《北方法学》2010 年第 2 期。

同两类默示义务并存的情形下，法院必然添加成文法上的默示条款。此外，成文法上的默示条款集中体现在货物买卖方面；而判例上的默示条款适用范围更为广泛，除货物买卖合同以外，还广泛存在于租赁合同、劳动合同等其他特定类型的合同之中。

3. 习惯上的默示条款

习惯上的默示条款是指按照业内的习惯和商业惯例，在特定情境下，双方当事人未明文约定，纠纷发生时依然可将其引入合同约束各方的条款。习惯上的默示条款被确立的经典案件是 Hutton v. Warren 案，法官帕克勋爵运用习惯或惯例对双方当事人未商定的内容进行补充，并对其法理基础进行阐述：合同主体对于合同附件条款所添加的商业交易习惯或惯例，均予以默认。该规定的推理基础在于，合同主体未将效力条款以书面方式列明的原因在于遵循了已知的惯例内容。①

在司法实践中，法官在合同中添加业内习惯或惯例所遵循的条件为：一是双方当事人在合同订立时必须对该习惯或惯例熟悉且明知；二是该习惯或惯例不得与合同中的明示条款相对抗。Treitel 将以上条件合并称为"合理性"要件，认为若明示条款与行业惯例存在同一性，无论合同主体对此惯例是否知晓，均应被束缚，此为合理性；若习惯与合同中的明示条款相悖，该习惯只约束知晓其的一方当事人，此为不合理性。② 由此可知，"合理性"强调习惯上的默示条款不得与明示条款发生冲突，并为合同目的得以完全实现协助完善合同条款。

综上可知，在合同默示条款判断标准维度，除了法律上的默示条款存在相对明晰的判断标准外，后两者默示条款均以合理且必要为其判定要件。但从本质讲，法律上的默示条款中相对明晰的判断标准仍由后两者沿袭而成，故"合理且必要"是合同默示条款的总体判定标准，在大多数情形下仍应基于个案情境进行具体分析。在合同条款效力维度，

---

① Hutton v. Warren [1836] 1 M&W 466.

② G. H. Treitel, *The Law of Contract*, 6th edition, p. 164.

相较于明示条款，仅法律上的默示条款效力较强，事实上的默示条款及习惯上的默示条款均弱于明示条款。

（二）默示条款的价值

合同默示条款作为社会经济发展的顺应产物，具备其自身特殊价值，具而言之，合同默示条款价值在理论性及适用性方面均有体现。

1. 合同默示条款的理论价值

首先，合同默示条款影射社会意志。默示条款的添加依据不同使合同默示条款被划分为不同的类型，而默示条款添加依据如法律规定、商业惯例等，均或多或少将社会意志融入合同，个人意志相较而言受到抑制。但需注意的是，社会意志性的体现并不代表合同默示条款对契约自由的否定。其次，合同默示条款涵盖利益平衡。合同虽然作为当事人合意的体现，但囿于合同主体经验缺乏、信息不对称等，合同无法实现公平公正。而默示条款在对合同主体意志完全尊重的基础上，在合同推定中运用法律规范、客观事实以及被社会公众所认同的行业惯例，则可维护合同公平正义，实现利益平衡。[①] 最后，合同默示条款凸显经济效益。若合同主体将事项事无巨细添加至合同，必然造成内容繁杂无序，更进一步加大合同订立成本，而默示条款包含大量长期在市场交易中形成的行业习惯及商业惯例，将默示条款引入合同，可保证合同内容清晰精炼，合同主体自然适用已成熟的市场惯例，不仅可提升商业效率，更促进交易活动规范有序。

2. 合同默示条款的实践价值

第一，合同默示条款是对合同非全面性的补充。经济社会复杂化、多样化发展，使不完全合同在实践中更为普遍，正如 Ronald Coase 所述，交易活动无法掌控的原因之一便是交易期限增加，合同主体在交易初期便知晓另一方当事人应享有何种权利，履行何种义务，不合理且不

---

① 齐恩平：《合同的默示条款》，《当代法学》2000 年第 2 期。

具可能性。[1] 再加之合同当事人有限的理性、不对称的信息等因素出现，使不完全合同数量逐步增长，完全适用明示条款对双方当事人而言既不合理也不公平，故而，在合同中添加默示条款对合同不完全性进行修正，可更好实现合同目的，保障当事人合法权益。

第二，合同默示条款的适用是法律实践灵活性的体现。合同种类的多样化造成在纠纷中明示条款及法律规定适用的僵化和空白凸显，相较而言，默示条款具备较强的灵活性。以事实上的默示条款为例，该条款依据不同的案件情境进行添加，不同案件所引入的默示条款也不同，合理运用其灵活性不仅可弥补法律的滞后性，亦可维护法律一如既往所秉持的公平正义。

三　知识产权法领域：默示许可

默示许可的重要法律渊源是民法默示行为理论与合同默示条款规则，作为合同条款的重要补充，默示许可将探求合同主体非明示意思表示为其首要功能，随着时代变迁逐步在知识产权领域被普及应用。在知识产权领域中，最早在专利权制度中引入了默示许可理论，并在此基础上创设了专利穷竭制度。之后，该理论逐步出现在传统著作权领域中，并由显性制度向显性、隐性制度相结合演变，而数字时代到来使传统领域默示许可无法应对新挑战，在时代转换背景下，默示许可必然会被重新界定。

（一）制度源起：专利权穷竭

专利权穷竭，是指专利权人或被许可人将专利产品第一次投入市场后，若未特别声明，该专利产品的销售者或使用者不再需要权利人的许可或授权，自由处置专利产品并不视为侵权行为。换句话讲，专利权人

---

[1]　R. H. Coase, *The Nature of the Firm*, Economica, 1937, pp. 386-405.

对其已合法投放至市场专利产品的再销售或再使用，不再享有支配、控制或干涉的权利。因此，专利权穷竭在知识产权领域中不仅具有深厚的理论基础，更发挥出积极的适用功能。

1. 专利权穷竭的理论基础

专利权穷竭的理论支撑之一便为默示许可理论，并被英美法系国家判例广泛采用。默示许可理论被称为"以权利人心态流露为中心"理论，涵盖了产品销售合同与使用许可合同重合，以及权利人对知识产品购买者具备默示许可意图两方面内容。[①] 进而言之，若权利人首次销售知识产品时，未提出任何限定条件，则意味着权利人给予购买者销售及使用的默示许可，权利人不得对该知识产品干涉控制，而是任由购买者任意处置。该理论通过推定权利人真实意图，主张权利人在知识产品进入市场后，对该知识产品仍掌握着相应权利，而购买者所享有的仅为权利人默认授予的权利。由此可知，其在对专利权穷竭进行解释时，完全吻合意思自治原则，在保证专利产品交易安全的同时，防止对专利权的滥用。

2. 专利权穷竭的制度功能

（1）侵权抗辩功能

专利权穷竭源于专利权侵权案件，被大多数采取判例法的英美法系国家所接受并将其作为侵权的抗辩事由。在 Met-Loil sys. lorp v. Komers Unlimited. Inc 案中，法官认为，专利权人售卖产品时未提出额外限制，则认为顾客在交付价款后已支付了权利金，日后顾客在出售、使用该产品时向其要求继续支付权利金则显失公平。[②] 而 Intel Corp. v. ULSI Sys. Tech, Inc 案中，法官主张，退一步讲，专利产品即便并非权利人售卖或转让，只要合法占有产品，则该占有人对专利产品的使用和处分的默示许可便是存在的。[③] 故而，在解决个案纠纷中赋予被控侵权人抗

---

① 任军民：《我国专利权权利用尽原则的理论体系》，《法学研究》2006 年第 6 期。

② Met-Loil sys. lorp. v. Komers Unlimited. Inc. 803F, 2d684, 231USPQ 474(Fed. cir 1986).

③ Intel Corp. v. ULSI Sys. Tech, Inc. 995 F. 2d 1566(Fed. Cir. 1993).

辩权成为专利权穷竭的最基本功能。

（2）权利限制功能

以被控侵权人角度而言，专利权穷竭为侵权抗辩；而就权利人而言，专利权穷竭则为权利限制。在专利权设立之初，为激励权利人发明创造而保障其权利排他性，买受人因购买行为获得产品所有权，而专利权与所有权均为对世权，同样拥有排他性。若专利权人随时控制专利产品，则所有权将处于不确定状态。如果放任专利权对产品在各个环节无限制控制，既不合理亦不现实，再加之专利权强大的垄断力极易使权利被滥用，冲击健康有序的营商环境。故而，为平衡专利权人和所有权人两者之间的利益，必须通过专利权穷竭对专利权人进行限制，从而保障专利权设立的初衷，实现社会公平正义。

（二）显性制度：发行权一次用尽

继专利权穷竭制度产生之后，发行权一次用尽同样作为权利穷竭制度，出现在著作权领域。发行权一次用尽是指经著作权人同意在作品的原件或复制件首次投放市场流通后，著作权人的发行权便已用尽，对于作品的再次销售，著作权人无权继续控制。发行权一次用尽作为一项重要制度，在具体实践中被大陆法系及英美法系国家广泛采用。

1. 发行权一次用尽确立的原因

在传统著作权领域，发行是作品进行广泛传播的重要方式，发行权的设立使作品经济价值得以实现，发行权亦成为权利人所享有的重要权利。基于发行权自身的特殊属性及其他因素综合考量，对发行权进行限制极其必要，具体原因分析如下。

（1）作品内容与载体的不可分性形成权利冲突

在前数字时代，基于技术限制作品的传播方式主要依赖于有形载体，作品的内容与载体合二为一，该不可分性使作品的有形复制件体现出"双重属性"：一是作品载体作为物理空间的有体物，人力可进行控制和支配，同时作为物权调整的对象，购买者理所当然对其享有所有权；二是作品载体所呈现的作品内容属于智力成果，使用作品的特定行为须受到著作权控制。[①] 换而言之，购买者在支付合理对价后，该有形复制件集合两项权利：购买者对有形物享有的所有权及著作权人对智力成果享有的专有权。两者作为绝对权均享有强烈控制权，若允许著作权人通过发行权对已流通至市场作品复制件进行控制，必然会对所有权人通过售卖、赠与等方式的再次传播造成严重影响。故而，为有效避免冲突产生，著作权领域创设发行权一次用尽制度，限制发行权以维护所有权人权益，确保商品自由流通。

（2）公共利益与个人利益之间的平衡需求

著作权法赋予著作权人专有权利的目的在于保障其合法权益，鼓励创造与传播，促进文学艺术的全方位发展，而非利用专有权垄断作品的使用流通。从发行权视角而言，作品在首次投入市场后，创作者已获得合理的经济价值，若发行权继续存在，则意味着创作者对于作品复制件的任意后续转让均可主张利益回报。显然，该要求不合理亦不公平，从本质而言，此行为属于创作者对作品有形复制件的垄断行径，严重损害了公共利益，如学者耶林所述："法律的目的在于个人与社会之间应达到一种平衡。"[②] 为保障各方主体合法权益，维护社会公平正义，必须对发行权进行限制，发行权一次用尽制度应运而生并发挥重要作用，其不仅解决了作品有形复制件自由流通的难题，更实现了社会公众与权利人之间的利益平衡。

2. 发行权一次用尽的适用

发行权一次用尽制度维系着社会利益与个人利益之间的平衡关系，合理解决了与作品有形复制件相关的权利冲突，有力推动了作品的广泛

---

① 王迁：《论网络环境中的"首次销售原则"》，《法学杂志》2006 年第 3 期。
② 〔美〕E. 博登海默：《法理学：法律哲学与法律方法》，邓正来译，中国政法大学出版社，2004，第 115 页。

传播，大力促进了商品文化市场的繁荣发展。该制度在适用过程中应符合以下要件。一是作品复制件须根据法律规定或著作权人授权获得。若受让人采用发行权一次用尽制度作为抗辩理由，须提供证据证实作品来源合法，亦即，不合法的作品复制件在市场流转不得以发行权一次用尽制度抗辩。以盗版图书为例，一方面，盗版图书作为典型的非法作品复制件在法律中被纳入"禁止流通物"，不具备合法性；另一方面，该非法作品复制件投入市场的流通销售并未经过著作权人同意，首次发行行为更无从谈起，只要公开销售该盗版图书便是对著作权人发行权的侵犯，更无法适用发行权一次用尽制度。二是作品原件或复制件须以转让的方式投入市场。在实践中，著作权人实施发行行为之后，即著作权人已将作品的原件或复制件以发行的方式投入市场，受让人方可以发行权一次用尽制度作为抗辩理由。具体而言，作品原件或复制件须以所有权转让的形式实施此发行行为，如赠与、买卖、互易等。发行的方式则分为自己发行或授权他人发行，而无论采用何种发行方式，须符合发行行为的构成要件，反之，发行权一次用尽制度则不得适用。

　　需要特别提及的是，与专利权穷竭相同，默示许可理论贯穿发行权一次用尽制度的整体构建及运行过程，并为其提供了强有力的基础支撑：获取作品合理对价为著作权人转让作品目的之一，而享有作品价值亦是受让人获取作品的目的之一。受让人在取得作品的同时便由此获得了对于作品进行合理使用的默示许可，当作品首次在市场进行流通之后，亦即著作权人在物权变动时脱离了原本控制的作品，继而丧失了对作品的占有，此时该著作权人便对已销售的作品失去了控制权。[①]

（三）隐形制度：作为合同条款的补充

　　事实上，专利权穷竭和发行权一次用尽因在法律中存在明文规定而被称为显性制度。伴随技术进步，默示许可在显性制度下已无法满足行

---

① 郭威：《默示许可在版权法中的演进与趋势》，《东方法学》2012 年第 3 期。

业需求，默示许可逐步引入合同关系对原本合同进行解释及补充，被视为合同法领域中的默示条款规则在著作权法领域中的发展延伸。由此可见，默示许可在著作权法领域经历了由显性制度向显性与隐性制度相结合的转变。

在司法实践中，若合同当事人对于作品许可使用及受让范围等相关问题产生冲突，为探寻著作权人内心真实的意思表示，有必要对合同补充解释从而保障受让人对作品的传播使用，实现各方主体的利益平衡。针对此特殊情形，美国率先在司法判例中对默示许可进行扩张使用。在 Effects Associates Inc. v. Cohen 案中，制作人 Cohen 自编自导一部恐怖电影并聘请 Effects Associates 公司为该电影制作特效镜头，该公司制作完成后，因 Cohen 对制作效果不满仅支付其一半约定金额，但 Cohen 将电影发行上市时仍使用了该制作特效镜头，Effects Associates 公司以侵犯其著作权为由将 Cohen 诉至法院。美国联邦巡回法院认为，若 Effects Associates 公司进行作品交付时，未许可 Cohen 使用，则意味着该作品在电影中无任何价值贡献，且与高达 56000 美元的报酬不符，故 Effects Associates 公司交付特效镜头的行为默示许可了 Cohen 在电影中加入自己的作品。[①] 在该案中，法院关于著作权转让范围的解释便是对默示许可应用的实证，此种隐性的默示许可制度在一定程度上弥补了显性制度死板、滞后等缺陷，在传统著作权时代，默示许可显性与隐性制度相结合暂且勉强满足了行业发展需求。

随着数字时代到来，作品的传播和使用方式日趋多元化，传统著作权领域依赖合同关系的默示许可制度在处理网络环境下著作权新问题时越发力不从心。正如美国学者尼默（Nimmer）所述：合同主体许可范围合意模糊并非难题所在，我们需要解决的是新技术发展所产生的合意缺失，而非隐藏的合意。[②] 因此，在网络环境下，默示许可须突破合同

---

① Effects Assoc. Inc. v. Cohen, 908 F. 2d 555. (9th Cir. 1990).

② Melville B, "Nimmer & David Nimmer, Nimmer on Copyright", *Lexis Nexis*, 2009.

关系重新界定。技术发展使数字化时代飞奔而来，同样带来的是对知识产权领域理念的巨大冲击。知识产权一直秉持追求公共利益与私人利益的平衡，使得其必然与民法的部分内容存在迥异，知识产权领域的默示许可与传统民法领域中的默示许可亦是如此，伴随社会进步，该差异必然愈发加大。

四 著作权法领域：数字环境下默示许可对合同关系的超越

随着时代推移，默示许可理论在传统著作权法领域内不断发展延伸，不仅为发行权一次用尽制度提供了理论支撑，也对原本合同关系进行解释修复，呈现对合同的依赖状态。科技的进步促使环境及规则不断变化，传统环境下默示许可以合同关系为基础的特性已然无法解决各类网络空间问题，而制度与生俱来的"可推定性"，使著作权默示许可超越合同关系，为数字环境中著作权许可难题提供了应对之策。

（一）基于合同关系存在的著作权默示许可制度：默示许可理论的自然延伸

在传统环境中，默示许可理论在著作权法领域的自然延伸产物，便为基于合同关系存在的著作权默示许可。随着时代变迁，默示许可在传统环境展现对合同关系的依赖状态。著作权默示许可在传统环境中主要体现为：一是默示许可理论为发行权一次用尽制度提供了强大的基础支撑，并贯穿其整体构建及运行过程；二是对相关合同关系进行解释修复与补充，探寻合同当事人内心真意，有效促进作品传播。

进言之，在知识产权领域，默示许可理论最初在专利权制度中被引入，并以此为基础创设专利穷竭制度。而后，默示许可理论逐步进入著作权领域，成为发行权一次用尽的理论基础得以运用。在发行权一次用尽制度中，著作权人以获取作品经济价值为转让目的，而受让人以合理享有作品价值为取得目的，著作权人将作品首次置于市场领域流通后，便丧失了对已销售作品的控制权，而受让人在取得作品时便获得对作品合理使用的默示许可。故而，当著作权人对其作品载体进行销售被视为默示许可作品载体所有人对该作品的使用及销售。概而言之，发行权一次用尽制度积极解决了关于作品有形复制件的权利冲突问题，大力推动了作品的快速传播，有效平衡了社会利益与个人利益之间的关系。

依前文所述，专利权穷竭制度及发行权一次用尽制度因被法律明文规定而被称为显性制度。随着科技进步，显性制度下的默示许可远远无法满足行业需求，在司法实践中，默示许可被引入合同关系对最初合同文本进行补充修复，合同法领域的默示条款理论在著作权法领域中得以积极运用，在传统环境中的著作权默示许可亦由显性制度逐步转变为显性与隐性制度相结合适用形态。隐性制度下的著作权默示许可因其无法律明文规定而须在个案中认定，以 Effects Associates Inc. v. Cohen 案为例，该案法官依据案情确立了默示许可构成要件：作品须由被许可人使用、许可人向被许可人提供作品以及许可人明知或应知被许可人取得作品后的行为。[①] 此判定要件并非适用所有默示许可案件，然根据案件判决推断可知，对于隐性默示许可认定须以合同为基础，而后结合具体案情，探求当事人隐藏于合同背面的真实意图，而此意图往往会隐含在许可人明知或应知对于被许可人取得作品后必然产生的行为中，而许可人明知或应知的具体内容便是当事人默示许可的真实意思表示。在司法实践中，传统环境下的著作权默示许可主要存在于特定的合同类型中，如委托作品合同、建筑工程设计合同等。

总体而言，传统环境下的著作权默示许可依赖于合同关系而存在，其功能在于探寻合同当事人订立合同时所隐含的真实意图以及合同实现后的合理期待，从而对合同关系所产生的疏漏进行补充修复，从而实现合同商业效用的最大化。

---

① Effects Assoc. Inc. v. Cohen, 908 F. 2d 555. (9th Cir. 1990).

（二）脱离合同关系的著作权默示许可：环境与规则的时代变迁

传统环境中依赖于以合同关系的著作权默示许可，其作用在于推断当事人内心真实意图，对原本合同进行解释补充，最终实现合同的公平正义。纵然默示许可发源于合同关系，但并不代表默示许可仅仅依赖于合同关系存在，事实上，默示许可在脱离合同关系的情形下仍具备存在的可能性。需要强调的是，面临环境和规则的变化，传统环境下著作权默示许可逐步显现出诸多局限性，数字环境中默示许可对于合同关系进行超越受时代驱使成为必然。

著作权默示许可作为许可方式之一，其独特之处在于权利人的意思表示并未进行明确授权，须推定权利人作出的相关行为或沉默所蕴含的深层次意图，从而对默示许可进行判定。具体而言，默示许可的判定须考量诸多因素以及推定权利人意思表示，在授权许可合同存在情形下，自然须依赖于合同关系探寻合同当事人真实意思表示。值得一提的是，探寻相关权利人真实意图仅为解释目的之一，而非全部，原因在于对权利人真实意图进行解释时，诚实信用原则、公共政策及交易习惯均为需综合考量的因素。在对默示许可判定过程中，当公共政策及合理信赖的考量因素超出权利人的真实意图时，可以说，在某种程度上形成对合同关系的突破。尽管合同关系是授权许可法律关系中关联权利人和使用人之间的媒介，但使用人合理信赖所显现出对合同关系的依赖程度并不能成为默示许可超越合同关系的制约因素，原因是在网络环境中权利人与潜在使用人依然存在信赖关系，亦即潜在使用人相信权利人对其作品以许可使用为目的采取特定方式传播。故而，"可推定性"成为著作权默示许可与生俱来有别于其他许可的特性，而正是基于此特性，著作权默示许可超越合同关系成为可能。[1]

---

[1] Orit Fischman Afori, "Implied License: An Emerging New Standard in Copyright Law", *Santa Clara Computer& High Tech. L. J*, 2009.

第二节 著作权默示许可制度的法律内涵

一 著作权默示许可制度的基本含义

人类社会开展思维活动不可或缺的工具之一为概念。在法学研究领域，若对特定概念未作出明晰阐释，便无法对相关问题进行理性且清晰的思考。[①] 在数字环境下，著作权人与使用者通过默示许可方式对作品进行使用已达成共识，甚至成为行业惯例。"默示"与"许可"作为著作权默示许可制度概念中最为重要的两项核心要素，对该两项词语进行准确理解与界定成为研究数字环境下著作权默示许可制度初始的奠基性工作。

（一）"默示"概念探析

先谈"默示"，《中华实用法学大辞典》将其定义为"可从当事人行为中用逻辑推理和实际生活习惯间接推知的意思表示"[②]，亦即默示作为意思表示的形态之一，与明示意思表示相对。首先我们须明晰的是，默示与沉默并非同一物，应作出明确区分。崔建远教授认为，除非另作说明，两者基本是在同一意义中使用。[③] 德国学者迪特尔·梅迪库斯指出，沉默仅指表示人未发出任何表示符号的情形。[④] 德国学者卡尔·拉伦茨亦主张，把"默示的意思表示"直接认定为沉默或许具备的意思表示并不正确，应将特定积极表达认为是法律行为的意思阐明，而非沉默。[⑤] 我国台湾地区学者林诚二主张，从表意人举动或其他情事

---

① Rheinstein M., *"Education for Legal Craftsmanship", Iowa L. Rev*, 1945.
② 栗劲等：《中华实用法学大辞典》，吉林大学出版社，1988，第 1906 页。
③ 崔建远：《行为、沉默之于合同变更》，《中外法学》2014 年第 3 期。
④ 〔德〕迪特尔·梅迪库斯：《德国民法总论》，邵建东译，法律出版社，2013，第 97 页。
⑤ 〔德〕卡尔·拉伦茨：《德国民法通论》（下册），谢怀栻等译，法律出版社，2013，第 132 页。

中间接推知其效果意思的情形便是默示，单纯的沉默并非默示意思表示。笔者认为，一项法律用语，除了彰显与日常用语意涵的区别外，更应准确揭示与其他相似事物特征。[①] 崔建远教授观点并非主流，亦不全面，虽然大多数学者对于默示与沉默的关系稍有争议，但仍与德国、我国台湾学者观点保持趋同，即两者并非同一现象。进而言之，表示人未发出任何表示符号的情形为沉默，而沉默并非直接表示表意人的内心真意，需要通过行为、文字等其他因素进行推定。具体至制度形态，默示在大陆法系主要体现为默示意思表示，并具体划分为沉默的意思表示、推定的意思表示两种形式；而在英美法系则更多体现为合同默示条款，包含事实上的默示条款、法律上的默示条款和习惯上的默示条款，因前文已作出详细阐释，此处不再赘述。我国《民法典》第 140 条规定："行为人可以明示或者默示作出意思表示。沉默只有在有法律规定、当事人约定或者符合当事人之间的交易习惯时，才可以视为意思表示。"由此可知，我国《民法典》中的"默示"被限于法律规定、当事人约定或者符合当事人之间交易习惯情形之内。

（二）"许可"概念阐释

再谈"许可"，公法领域许可主要体现为行政许可，亦即行政机构为社会主体创设相关自由或者财产权利，由此行政许可大致被分为行为自由许可和财产权利转让许可两大类。[②] 而私法领域许可，其功能与公法领域许可相似，同样是为社会主体创设相应权利，但差异在于，两者所对应的法律行为并不统一。许可一般指在财产所有权未转让的前提下而产生财产让渡的权利。[③] 《元照英美法词典》对许可含义阐释如下：

---

① 李前程：《论沉默在中国民法中的规范意义》，《大连海事大学学报》（社会科学版）2020 年第 1 期。

② 陈端洪：《行政许可与个人自由》，《法学研究》2004 年第 5 期。

③ 〔美〕小杰伊·德雷特勒：《知识产权许可》（上），王春燕等译，清华大学出版社，2003，第 45 页。

①授权者同意他人作出一定行为，未经权利人许可，则该行为属于侵权或非法行为；②授权者同意被他人在自己所属土地上实施相关行为，但该主体对土地不享有长期权益；③若原告认为权利受到侵犯，被告可以已获土地所有人许可为由实施相应行为。① 由此可见，《元照英美法词典》对许可的定义除了涵盖私法领域的许可外，还包含公法领域的许可。从严格意义上讲，著作权许可应纳入私权领域许可，亦即在国家强制力不进行干预的前提下，授权者与被许可人以合同方式实现对价交易，这便是授权使用。② 拉曼·米塔尔对许可的定义更为直接：许可是许可人对被许可人不起诉的允诺。换而言之，便是若他人对知识产品的使用未经许可，将被认定为侵权。③ 综合而言，著作权许可的定义可分为狭义与广义两大类。狭义的著作权许可是指授权者以合同方式允许被许可人使用知识产品，此种许可类型可细分为独占许可与非独占许可；而广义著作权许可是指授权者对他人实施使用行为的许可允诺，授权者作出许可决定既可出于自愿亦可出于非自愿。进而言之，自愿许可涵盖了授权许可模式，即以合同方式进行明示许可；同时包含默示许可，即通过授权者行为或其他因素推定得出默示的许可意愿。非自愿许可主要以法律强制规定的方式，使授权者对使用者的行为进行允许，主要包含法定许可与合理许可两种类别。相较而言，狭义的著作权许可忽视了社会公共利益，只单纯考虑授权者与使用者之间交易对价；而广义的著作权许可将社会公共利益纳入考量范围，使其制度空间中不仅包含法律的制度保障空间，亦划分出自愿许可制度保护空间，以期著作权人与社会公众之间的权益达到平衡状态（见图1）。④

---

① 《元照英美法词典》，北京大学出版社，2003，第846页。

② 陈凤兰：《版权许可基础》，中央编译出版社，2011，第57页。

③ Mittal, Raman, "Licensing Intellectual Property: Law & Management", *Satyam Law International*, 2011, p. 78.

④ 彭桂兵：《表达权视角下版权许可制度的完善：以新闻聚合为例》，《西南政法大学学报》2018年第4期。

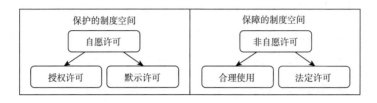

图 1　著作权许可制度空间

（三）"著作权默示许可"概念界定

谈及"默示许可"，作为自愿许可类型之一的默示许可，在法律行为构造中，默示意思表示形态因其特殊性成为不可忽视的"意思证明"。科技进步推动时代向前发展，在数字网络普及的背景下，用户创造内容（User Generated Content，UGC）在 Web3.0 时代作为一种新型网络资源创作模式已成为常态。① 社会主体以默示许可方式获取信息资源，作品以默示许可方式进行传播共享已屡见不鲜。例如，网络用户在腾讯社交软件发布的感悟、在微博平台发表的博文、在知乎发布的文章及在微信朋友圈转发新闻或文章等。这些信息之所以可在互联网世界传播共享，是因为著作权人与使用者之间通过默示方式进行作品转载使用已达成共识，甚至成为一种行业惯例。然而，著作权默示许可制度虽在生活中已被广泛应用，但其概念及内涵在学界尚未达成统一。

国外学者对著作权默示许可的概念未进行明确陈述，而是将关注点放在对独占许可及其成立条件的比对中。美国学者尼默认为，对版权转让存在书面要求，对于非独占性版权许可无此拘束，其可为口头约定，

---

① 赵宇翔、范哲、朱庆华：《用户生成内容（UGC）概念解析及研究进展》，《中国图书馆学报》2012 年第 5 期。

也可为默示行为。① 1909 年《美国版权法》强调，只要许可双方口头约定或者用默示行为表明其有达成协议的意愿，即可认为该非独占性许可成立。学者小杰伊·德雷特勒对默示许可成立条件论述道：许可允许采用默示形式，在理论上通过协议内容及特定情境进行推定。② 而后，学界结合司法判例普遍认为：基于许可人行为推断而成的著作权默示许可即使没有明确表述，被许可人因合理期待可获得使用作品的权利。相较于国外研究现状，我国学者对于著作权默示许可制度以不同角度进行研究，对该制度的概念亦未形成明确共识。国内学者对于默示许可的研究选择为两种进路：第一种进路聚焦于传统著作权环境中对具体条文的性质探讨辨析，对著作权默示许可制度范围进行界定；第二种进路聚焦于数字环境中著作权默示许可制度是否具备现实必要性，对其进行深入的法理推理。虽然两种进路均未对著作权默示许可制度概念进行统一，但确已搭好基本框架使著作权默示许可制度呈现大致样貌。笔者综合现有研究成果中相关特定因素，并结合"默示"与"许可"两项核心要素，将著作权默示许可的基本含义概括为：在著作权人进行作品授权许可过程中，权利人未通过明示方式，但依其行为或在特定情形下的沉默，可推定权利人对使用者作品使用行为不反对的许可方式，即为著作权默示许可。

二　著作权默示许可制度的基本特征

著作权默示许可并非著作权体系中的专有名词，而是一项特殊的民事法律行为，对著作权默示许可特征进行分析，有助于深刻理解其制度内涵及其运行模式。"默示"与"许可"作为该制度的重要组成要素，

---

① Melville B., *Nimmer & David Nimmer, Nimmer on Copyright*, Matthew Bender & Company, Inc, 2003, pp. 10-50.

② 〔美〕小杰伊·德雷特勒:《知识产权许可》，王春燕等译，清华大学出版社，2003，第 183 页。

亦贯穿体现在基本特征之中。

（一）著作权默示许可是以默示方式构成的意思表示

著作权默示许可作为一项民事法律行为，其成立基础是默示意思表示。追溯默示意思表示理论基础可知，无论是被称作大陆法系渊源的民法默示行为理论，抑或发源于英美法系判例的合同法默示条款理论，推定或证明默示意思表示的因素并非唯一。结合相关理论基础及适用规则，可将默示意思表示产生前提包含基于当事人约定的"合理型诱因"、基于特定行为的"行为型诱因"、基于法律规定及判例的"规范型诱因"，并以此分类体现出著作权默示许可的存在领域及其作用。

1. 基于当事人约定的"合理型诱因"

若默示意思表示基于合同关系中双方当事人约定而产生，则该合同约定被称为"合理型诱因"。该类型诱因基于许可行为本身所具备的目的指向而非特定行为产生意思表示，是许可行为的潜在价值所在。具体而言，合同关系项下的默示意思表示主要体现为沉默的意思表示。在沉默的意思表示中，消极不作为只有在依约定或法律规定的情形下，方能被视为默示意思表示。因法律规定情形下产生的默示意思表示属"规范型诱因"将在后文详述。"合理型诱因"在沉默的意思表示中主要侧重于依约定情境的默示意思表示，即双方当事人将沉默作为达成著作权合同许可目的的连接点，沉默则具有特殊含义且被沉默人所知悉，沉默被选择之时便意味着约定许可意思表示的达成。故而，在以"合理型诱因"为前提默示意思表示基础上，基于合同关系的著作权默示许可主要存在于传统合同框架内，以约定方式探寻当事人内心的自我决定，从而维护著作权合同的公平正义。

2. 基于特定行为的"行为型诱因"

合同的本质决定默示许可的行为表现样态，在合同关系中，若一方当事人未采用文字或者语言表达意思，仅以行为方式向对方发出要约，若对方接受该要约，亦仅需作出相应行为便可达成该许可契约。① 由此可见，若当事人在特定情境中表现出某种行为，该行为的出现成为默示意思表示存在的关键因素，则该特定行为便是默示意思表示成立的"行为型诱因"。权利人和使用人在著作权合同关系基础上，通过对特定行为推定，继而判断分析权利人是否以默示方式作出许可的意思表示。需要注意的是，行为的特定性亦决定了其使用情境的有限性，该行为须存在于特定条件下，适用特殊规则：若特定行为已被规范在法律法规中，则按照法律法规规定对该特定行为认定；若双方当事人已明确约定，则依照原有约定认定；若既无法律法规规定又无当事人约定，则按照惯例或社会典型行为推定。整体而言，以"行为型诱因"产生的著作权默示许可主要存在于数字环境对作品利用新方式中，通过实施特定行为间接表明内心意识，从而弥补传统著作权体系与时代变化新样态之间的空白和不适。

3. 基于法律规定及判例的"规范型诱因"

"规范型诱因"主要表现为法律规定及判例，亦即在相关国家机构以强制力以判例或成文法的形式将合同当事人权利义务予以固定的默示意思表示。具体而言，"规范型诱因"分为判例规范型诱因和成文法规范型诱因两种类型。判例规范型诱因在司法实践体现为法院在合同将当事人默示意思表示通过判例形式予以添加，在保证判决结果可预测性及同一性的同时，降低同类案件的再诉率。成文法规范型诱因在司法实践中体现为在法律法规用文字明确表述产生的默示意思表示，其基本脱离个案分析，反映为立法者意志而非当事人意思。整体而言，基于判例规范型诱因产生的著作权默示许可主要存在于英美法系国家，因其适用方式的便捷性而被广泛采纳；而基于成文法规范型诱因产生的著作权默示许可主要存在于大陆法系国家，因法律规范的成文化和法典化而被反复使用，在一定程度上可节约司法资源。两者虽具备不同的表现形式，但

---

① 杨桢：《英美契约法》，北京大学出版社，1997，第9页。

均以尊重和维护著作权人合法权益及保障作品广泛传播为基本出发点。

（二）著作权默示许可是许可合同的特殊样态

许可是财产交易的常见样态，亦是著作权默示许可的重要组成要素。在私法领域，许可在不转让财产所有权条件下让渡财产权利，可涉及全部类型财产交易，在著作权领域亦是如此。① 著作权许可又被称为"授权使用"，是指著作权人或相关权利人以合同形式授权他人使用作品并取得报酬的方式。著作权许可在社会活动中具备特殊意义，其不仅是创作者及相关权利人以著作权交易方式获得经济利益、实现作品价值的重要途径，更是社会公众满足作品使用需求的重要方式。② 需要强调的是，著作权许可与著作权转让不同的是，其仅是使用权的流转而非所有权的转移，只要许可期限届满，权利仍由著作权人或相关权利人所有。在著作权权能体系中，著作权许可与著作权转让均是著作权人或相关权利人依托作品获取经济利益的重要渠道，在著作权不允许转让的国家，著作权许可更是成为著作权人或相关权利人使用作品的主要甚至唯一方式。③ 由此可见，著作权许可最直接目的在于通过作品使自身利益最大化。在理想情况下，著作权人或相关权利人均会将自己享有的权利效能极致化，若要达成此目的，需要权利主体对资源进行充分"垂直结合"。事实上，几乎没有任何权利主体能实现资源充分垂直结合，这便形成了"权利主体行为能力有限化"与"权利客体效能最大化"之间的矛盾。为有效解决此矛盾，只有借助权利许可制度，将权利引入特定市场，从而突破企业自身规模限制进行资源充分垂直结合，实现市场支配率最大化。故而，"权利主体行为能力有限化"与"权利客体效能最大化"之间的矛盾成为著作权许可制度产生的内在驱动力。

---

① 〔美〕小杰伊·德雷特勒：《知识产权许可》，王春燕等译，清华大学出版社，2003，第124页。
② 沈仁干：《郑成思版权文集》（第一卷），中国人民大学出版社，2008，第352页。
③ 冯晓青：《著作权法》，法律出版社，2010，第189页。

为实现权利主体利益最大化,世界各国著作权法均以不同方式赋予创作者或者相关权利人允许使用者对于作品进行使用的权利,而著作权交易的媒介连接便是许可使用合同。默示许可作为一种特殊的民事行为,其发源于默示行为理论与合同默示条款,从本质而言,著作权默示许可为许可合同的特殊样态。与其他民事默示合同相同,著作权默示许可产生于当事人的默示意思表示,任何理性相对人均可以此为基础认定双方形成的合意,认定该合意有诸多情形,如当事人的行为、法律法规明确规定、合同中的相关条款、相对人合理预期,甚至基于公平正义等。此外,相较于普通许可,著作权默示许可具备外延更为广泛、内容更为丰富等特殊性。具体而言,为实现作品价值最大化,著作权许可将作品的一般利用行为涵盖在许可行为中,使著作权默示许可进一步拓展深度与广度,其不仅在传统著作权环境存在适用空间,在网络环境中亦存在广阔的适用前景。再加之,其内容的多样性,如对于作品的复制、传播等使用行为均可适用默示许可,印证了著作权默示许可为许可合同的一种特殊样态。

三 著作权默示许可制度的性质

言及著作权默示许可制度的性质问题,学界对其探讨从未止息,伴随科技发展,网络环境下关于其性质的界定不仅未达成共识,反之讨论愈发激烈。在现有理论研究中,主要存在"权利限制说""自我限制说""法律原则说"等观点,具体阐释如下。

(一) 权利限制说

权利限制说认为著作权默示许可应与法定许可、合理使用一同构成权利限制,持此观点的学者主要有蒋志培、吕炳斌、薛虹、郭威等。蒋志培从理论与实践维度出发对默示许可性质属性进行充分论证,从理论维度分析,默示许可最初源自默示行为理论,并提及原《民法通则》

第 56 条、《民通意见》第 66 条规定，印证了对于作品使用的默示许可是民事法律行为的表示方式之一；从实践维度分析，网络环境下著作权人将作品上传至网络目的即为广泛传播信息，使更多人得以浏览与接触。由此可知，无论从理论层面抑或现实层面，著作权默示许可均应被定义一种新的权利限制。① 吕炳斌认为，默示许可制度源自合同法，被引入著作权法变革后成为新兴权利限制，呼吁积极引进"默示许可"与其他权利限制制度共同适用，具体操作方式为：在传统领域以合理使用进行侵权抗辩，在数字环境中以默示许可作为重要的著作权默示及侵权抗辩理由。② 薛虹与吕炳斌观点近似，其认为网络环境中作品的默示许可应为著作权人权利限制的表现形式之一，默示许可应与合理使用制度共同构成数字时代著作权的权利限制。③ 郭威指出，从法律属性上讲，著作权默示许可应归属为权利限制制度，然因其本质属性仍为许可合同，故而区别于传统权利限制制度，成为特殊的、富有弹性的，抑或为内化的权利限制。④

（二）自我限制说

自我限制说认为网络环境中默示许可与权利人关系紧密相连，其代表着权利人权利内容的缩小而非"权利限制"，是对权利的适当让渡，持此观点的学者主要有赵莉、杨红军、尹卫民等。赵莉以默示许可无法律明文规定及不同于"三步检验法"规则等理由，对著作权默示许可归为权利限制的观点提出疑问，并提出默示许可是著作权人对其权利内容作出的适当限制，亦是网络环境中权利人为扩大作品传播范围作出的

---

① 蒋志培：《论网络传输权的设定——数字化技术下的知识产权保护》，知识产权出版社，2000，第 104 页。
② 吕炳斌：《网络时代的版权默示许可制度——两起 Google 案的分析》，《电子知识产权》2009 年第 7 期。
③ 薛虹：《网络时代的知识产权法》，法律出版社，2000，第 162 页。
④ 郭威：《版权默示许可制度研究》，中国法制出版社，2014，第 73 页。

让渡选择。① 杨红军赞同"自我限制说"观点,并认为默示许可仍属授权许可范围,其基础是对版权人内在意思的尊重并通过行为有所体现,应将其认定为著作权人的"自我限制"②。尹卫民分析了默示许可与许可合同的契合性,并指出默示许可产生的基础是合同关系,且我国著作权法既未明确不作为默示的法律地位,亦未排斥双方当事人约定下的不作为默示的法律效力,故而应将著作权默示许可定性为基于当事人自由意志而选择的法律行为,是权利人对其权利的自我限制。③

(三) 法律原则说

法律原则说主张著作权默示许可在网络环境下特定领域中的适用具有一定的现实基础,应将其视为不以当事人意志为转移的法律原则。持该观点的学者主要为王栋,其认为著作权默示许可制度在网络环境中形成自生自发的秩序,在一定程度上成为行业惯例及产业标准,已被相关主体熟知且广泛应用,具备一定的社会基础,应将网络环境中的著作权默示许可提升为特定领域无关乎当事人意志的基本原则并在法律中予以确认,如此不仅可以明确特定网络行为基本准则的法律效力,更契合著作权法长久以来所秉持促进社会文化繁荣的哲学内涵。④

由此可见,对于著作权默示许可的性质问题理论界并未达成共识,其中,部分学者认为,著作权默示许可法无明文规定以及不符合"三步检验法",由此否认其权利限制属性。笔者认为,依著作权默示许可自身具备的法律内涵而言,对其权利限制属性进行否定的理由并不成立。其一,著作权默示许可无法律明文规定观点须再次推敲。关于默示许可我国并非全无法律规定,《民法典》、原《民法通则》《民法总则》《民

---

① 赵莉:《质疑网络版权中"默示许可"的法律地位》,《电子知识产权》2003 年第 12 期。
② 杨红军:《版权许可制度论》,知识产权出版社,2013,第 127 页。
③ 尹卫民:《著作权默示许可的法律性质分析》,《西南石油大学学报》(社会科学版) 2014 年第 1 期。
④ 王栋:《基于网络搜索服务的默示许可制度研究》,《常熟理工学院学报》2010 年第 1 期。

通意见》均为其提供了法律依据。《民法典》第 140 条、《民法通则》第 56 条、《民法总则》第 136 条均规定民事法律行为除采取书面、口头等形式外还可采取其他形式，法律规定或当事人约定采用特定形式的，应采用特定形式；《民通意见》第 66 条还对默示认定的具体情境予以确认。此外，我国《著作权法》第 25、35、42 条中的"除外条款"及《信息网络传播权保护条例》第 8、9 条均体现出默示许可的基本特征。其二，著作权默示许可不符合"三步检验法"观点有失偏颇。该观点主张使用他人作品须符合"三步检验法"所认定的标准，而默示许可在数字环境下对他人作品的使用规则与"三步检验法"迥异。[①] 该观点之所以有失偏颇的原因在于其混淆了法律行为成立与法律规则适用两个截然不同的概念。著作权默示许可中"意思表示"推定存在于权利人作品使用之前，而规则的适用及效力产生均存在于他人对于作品使用时，而非如其所言著作权默示许可属他人使用权利人作品前使用规则，故认为著作权默示许可与"三步检验法"是两种不同适用规则的说法不能成立，进而言之，著作权默示许可不属于权利限制的观点亦不能被主张。

纵观著作权法制度历史发展脉络，著作权法制度所遵循的最重要原则为利益平衡，一方面确认权利人合法权益，另一方面对其进行合理限制以防权利过分扩张，故制度设计最终目的便是实现私人权益与社会公共利益之间的平衡关系。[②] 从国际公约视角而言，无论是《伯尔尼公约》还是《与贸易有关的知识产权协定》，在对著作权权利扩张的同时，权利限制制度类型同样随之增加，数字环境下著作权默示许可制度便是著作权权利限制的新规定。[③] 笔者认为，著作权默示许可应被权利

---

① 赵莉：《网络环境下默示许可与版权之权利限制分析》，《信息网络安全》2009 年第 2 期。

② 徐佳璐：《公益性数字图书馆的著作权附义务默示许可制度探究——从信息网络传播权论起》，《图书馆杂志》2012 年第 9 期。

③ 华鹰：《数字出版环境下著作权默示许可制度的构建》，《重庆工商大学学报》（社会科学版）2018 年第 1 期。

限制制度范围涵盖，但囿于许可合同的根本属性，其区别于传统权利限制，成为一项特殊权利限制制度。具体而言，传统著作权权利限制主要包含法定许可、合理使用及强制许可等形式，主要功能在于对著作权权能进行适当限制，排除侵权认定范畴并将应归属为侵权性质的行为在法律上视为例外，并在法律规定下可不经权利人同意即可使用其作品。由此可见，传统著作权权利限制是与著作权权利内容相隔离的权利限制形态，而著作权默示许可因其合同属性决定其成为与传统权利限制有所不同的特殊形态。进而言之，民法默示行为理论和合同条款理论为其强大的理论支撑，并基于当事人客观行为达成许可合同的合意，故著作权默示许可不得一概归属于隔离权利内容的传统权利限制形态。此外，飞速发展的数字网络技术引发个人利益与公共利益之间的天平严重失衡，而著作权默示许可为有效平衡两者之间的利益分配提供了有效方法：著作权人自主放弃相关权益，保障社会公众对于其作品的合理接触，理性连接意思自治和利益平衡，从而形成与传统权利限制有所区别的特殊制度样态。

第三节　数字环境下著作权默示许可制度与相关制度辨析

著作权默示许可因其合理的利益平衡理念以及处理事务的灵活机制在知识产权领域扮演着重要角色。科技飞速发展造就数字环境下著作权之间的利益分配的调整变化，默示许可的可适用性大幅度提升成为数字环境中不可忽视的许可方式。笔者拟以合同关系为视角，探寻其超越合同关系的合理性所在，并通过其与其他权利制度之间的对比，阐释论证数字环境下著作权默示许可的特殊形态及其不可替代作用。

一　数字环境下默示许可与法定许可：功能适用与价值对比

信息时代互联网普及引发诸多新问题，法定许可与生俱来的"法定性"使其在数字环境中体现出诸多不适应性，而默示许可因其自身特质在网络环境中获得更为广阔的发展空间。笔者通过比较法定许可与默示许可之间的制度功能，从而印证数字环境中默示许可所体现的制度优势。

（一）法定许可与默示许可之功能比较

1. 法定许可与默示许可制度构造的相似性

法定许可是指使用者使用已发表作品，依照法律规定可不以著作权人授权许可为必经程序，但应向其支付使用费并尊重著作权人其他权利的制度。[①] 而默示许可是指作品创作完成并公之于众后，若创作者未先声明拒绝他人对作品利用，便推定作者认可且使用人须作为补偿支付报酬的制度。[②] 法定许可与默示许可虽在概念定义上有所差异，但二者在制度构造方面体现出诸多相似性。

（1）均为权利限制制度

作品能否有效传播关乎文化事业的繁荣发展，当著作权权利扩张至对公共利益产生影响时，须对著作权人权利采取限制，但须遵从"三步检验法"要求，即该限制应为特殊情况、不得影响作品正常使用且不得损害创作者的合法权益。法定许可因其"法定性"被视为"非自愿许可"，无论著作权人意愿如何，只要达到法律设定条件，他人可自由使用作品。而默示许可在著作权人无明示许可表示情形下，则推定权利人为"自愿许可"，法律亦认可使用者对作品的使用行为不构成侵权。由此可见，法定许可与默示许可均与《伯尔尼公约》"三步检验法"标准相契合，同为权利限制制度。

（2）均体现利益平衡理念

利益平衡不仅是知识产权法长久以来的追求目标，更是现代知识产

---

① 吴汉东等：《知识产权基本问题研究（分论）》，中国人民大学出版社，2009，第151页。
② 黄汇：《版权法上公共领域的衰落与兴起》，《现代法学》2010年第4期。

权法的根本理念与精髓所在，其贯穿于知识产权法整个发生、发展过程。[①] 利益平衡理念与权利限制及利用紧密关联，在知识产权法中表现为：第一，旨在保护著作权人的相关权利及促进作品快速传播，实现专有权利与公共利益之间的利益平衡；第二，知识产权法涉及各方主体关系如创作者、使用者、传播者等，其宗旨亦为实现诸多主体间的权利平衡。[②] 法定许可为实现作品加速传播使用，将著作权法中部分绝对权调整至获得报酬权，从而平衡著作权人与社会公众之间的平衡关系；默示许可同样对创作者、传播者及使用者之间的利益关系进行充分平衡，以实现作品传播利用促进文化繁荣发展

2. 法定许可与默示许可制度适用的差异性

法定许可与默示许可虽在制度构造具有相似性，但因默示许可特有的"可推断性"及"选择退出"机制，使其与法定许可在适用前提及本质属性中均显现较大的差异性，具体表现如下。

（1）两者适用前提不同

法定许可依照法律明确规定，使用人在特定情形下使用著作权人作品可不经许可但必须支付报酬，简而言之，法定许可产生于法律规定，著作权人无商榷余地。默示许可依据著作权人产生的特定行为并对其进行推断，来推定著作权人是否同意他人使用作品。由此可知，默示许可独特的"可推定性"成为其与法定许可之间最大的差异点。需要强调的是，默示许可须依照法律规定的相关程序或条件形成推定，否则将不符合权利限制"三步检验法"的要求。此外，默示许可适用不得与著作权人的事先拒绝声明或特殊情形的事后拒绝声明相抵触。[③]

① 冯晓青：《知识产权法利益平衡理论》，中国政法大学出版社，2006，第23页。
② 吴汉东：《关于知识产权私权属性的再认识——兼评"知识产权公权化"理论》，《社会科学》2005年第10期。
③ 王国柱、李建华：《著作权法定许可与默示许可的功能比较与立法选择》，《法学杂志》2012年第10期。

（2）两者根本属性不同

法定许可并非属于许可使用权的类型之一，不拘束于著作权人主观意志，权利人是否愿意将作品授权于使用者对法定许可并不产生任何影响，再加之"法定许可以弱化权利排他性的方式降低交易成本，依表面看，其以'法定'方式促进完成了著作权人与使用者之间的交易，实际上却掩盖了原本传统授权许可方式取得的收益"[①]。简言之，作为"非自愿许可"的法定许可依本质而言是权利限制，而非授权许可；相较于法定许可，默示许可对著作权人的意志更为尊重，其特有的"选择退出"机制，使著作权人意思自治仍是使用者能否使用作品的关键因素。[②] 故而，著作权人对于作品授权使用与否的行为方式在于其是否作出禁止使用的意思表示，依本质而言，默示许可仍可归属于授权使用，而其特殊之处在于是为附加限制条件的授权使用。

（二）数字环境下法定许可与默示许可制度适用价值比对

法定许可的设定通常基于社会政策考量，为促进作品有效传播，制度设计往往牺牲著作权人部分权利。相较于默示许可，两者虽同为权利限制制度，法定许可对著作权人限制更为严格僵化，其在数字环境中显现出的适用价值逐步消减；默示许可因制度弹性有效缓解了网络衍生问题对传统著作权制度的冲击，不仅面对数字生态环境应对更为自如灵活，制度适用价值亦呈正比增长。

1. 数字环境下法定许可制度适用价值逐步削弱

科学技术发展使传统著作权制度面临极大冲击，网络环境中海量作品授权致使传统"一对一授权"模式逐步失灵。法定许可因"强制法定性"备受关注，但制度弊端亦不断凸显。

[①]　熊琦：《著作权法定许可的正当性解构与制度替代》，《知识产权》2011 年第 6 期。

[②]　冯晓青、邓永泽：《数字网络环境下著作权默示许可制度研究》，《南都学坛》2014 年第 5 期。

一是对著作权人权利限制过于严苛。法定许可通过淡化权利排他性来降低交易成本，虽以"法定"方式促成交易，却掩盖了著作权人本应通过传统授权方式而应得收益。基于此，网络环境海量授权仍坚持适用法定许可必使著作权人丧失诸多应得收益。

二是无法尊重知识产权私权属性。在《与贸易有关的知识产权协议》（Trips 协议）序言中已鲜明"知识产权是私权"立场，并将知识财产赋予私权法律属性；《民法典》第 114 条对权利人对特定物享有的相应权利予以确认；《民法典》第 240 条为加强知识产权保护及避免公权力过度干预提供了坚实法律基础。既然知识产权已被确认为私权，在法律制度构建中则须尽可能尊重保护此私权，然法定许可并非"授权许可"方式之一，其严苛的权利限制属性具备固有弊端，故以法定许可制度解决网络环境海量授权问题绝非上策。

三是扩展法定许可制度适用范围将与国际公约产生严重冲突。国民待遇原则规定于《伯尔尼公约》，其含义为，除保留内容外，我国著作权法所规定内容均适用于外国作品。除非法律规定法定许可适用范围扩展仅针对本国人，否则法定许可制度再度扩展极有可能引发国际争端且实施难度较大。[①]

2. 数字环境下默示许可制度适用价值正向增长

法定许可以降低著作财产权排他性的方式实现法定化的交易条件，然其僵化的法定交易条件在网络环境中对作品价值的实现形成限制。随着数字网络技术的革新，默示许可相较法定许可显现出较强的制度优势和适用前景，其不仅保持了权利排他性，更降低了交易成本，在数字环境中的制度适用价值呈现正向增长趋势。

（1）默示许可与网络空间生态的适应性

网络空间与生俱来的共享开放特质，使著作权人、传播者、使用者三方利益在数字环境下均得以满足。于著作权人而言，无论著作权人以

---

① 张平：《数字图书馆版权纠纷及授权模式探讨》，《法律适用》2010 年第 1 期。

财产利益为重抑或以人格利益为重，便捷的传播方式及广阔的传播范围对于实现其最终目的发挥重要作用；于传播者而言，作品以商业化方式传播是传播者获取经济收益的重要途径，若作品在传播过程中获得授权成本较高，无法获取相当收益前提下，将无法激励传播者从事此项工作；于使用人而言，其目的在于获得作品方式快捷简便以及低廉的授权费用。法定许可制度因强硬的"法定性"，难以激励网络空间著作权人、传播者、使用者对于作品的创作及传播热情；而默示许可更尊重著作权人意思自治为其带来可观的商业收入，表面看虽对权利人存在部分程度限制，实际上拓宽了作品传播渠道，不仅授权许可费逐步增长，创作者的知名度及影响力亦会大幅提升。此外，默示许可不需传播者、使用者与著作权人——缔约，仅依权利人在先行为便可达成合意，节约传播者与使用者作品的获取成本的同时，创造了更为有效的资源流通方式。①

（2）默示许可与利益平衡基本精神的契合性

著作权法在认可权利人在网络空间对作品传播利用进行控制时，亦鼓励社会公众基于网络实现信息传播利益共享。基于社会发展现实需求，法律进一步扩大著作权人权利范围赋予其信息网络传播权，然并未进行必要的限制规制，权利人对作品控制权不应成为阻碍公众获取信息的正当理由。作为传统著作权法领域利益平衡机制的法定许可，其原有制度功能在网络空间被抑制，而默示许可特有的"选择退出"机制及较强的利益平衡特性在网络空间发挥了重要作用，不仅赋予著作权人意思自治是否适用制度的选择权利，考虑著作权人对作品的控制收益，更疏通作品传播通道，满足公众对知识产品的利用需求保障信息共享，实现了知识产品的创作、传播及利用之间的利益平衡。

（3）默示许可与网络时代著作权制度冲击的趋缓性

数字网络技术对传统领域著作权制度造成巨大冲击，为适应技术革新，亟须探寻合理有效应对措施。传统领域著作权基本构造样态为"许

---

① 张今：《期刊业数字化发展过程中的版权困境与治理》，《出版发行研究》2011 年第 3 期。

可权+禁止权"，而如今该基本构造样态正面临极大挑战。① 在网络空间的行为规则中，著作权人集中掌握许可权和禁止权并非明智之举，反之，完全剥夺两项权利，充分实行社会信息共享机制，亦完全颠覆著作权设置的初衷，在理论与实践领域均无合理支撑。相较于法定许可，默示许可因其灵活且极具弹性的制度形态，对著作权人权利既予以肯定又加以限制，最大限度减缓数字网络技术带来的冲击。需要强调的是，默示许可仅适用于特定情形之下，若将法定许可视为"法定授权"，则默示许可应被归为"意定授权"，其不仅对权利人意志更为尊重，亦契合《伯尔尼公约》中"三步检验法"要求。因此，面对数字网络技术引起强力冲击，采取默示许可制度作为应对变革举措将更为适宜。

二 数字环境下默示许可与合理使用：制度之困与破解之道

数字环境下合理使用制度理论支撑已然发生变化，其适用范围亦随着权利人的权利扩张而模糊不定，再加之其自身不确定特性，使合理使用无法形成统一判定标准。而默示许可制度运作规则为作品使用提供清晰行为预期，更为契合数字环境背景需求，再加之其制度功能对数字环境中合理使用制度进行有效弥补，亦体现出一定的优越性。故而，应将默示许可制度设立为独立制度与合理使用制度在数字环境著作权领域的有效分工协作，从而实现各方主体间的利益平衡。

（一）数字环境下合理使用制度之困

1. 数字环境下合理使用制度理论支撑产生变化

依据美国学者 Wendy Gordon 观点，以合理使用制度作为侵权抗辩的理由须是使用行为基于社会公共利益且需支付相当昂贵的权利许可费用，同时该合理使用存在如下适用条件。一是市场具备失灵现况。当市

---

① 梅术文：《信息网络传播权默示许可制度的不足与完善》，《法学》2009 年第 6 期。

场状态理想时，交易达成自不必言说，而仅在市场资源无法正向合理流动时，才得以合理使用行使非权利人意愿的资源移转。二是使用行为须以社会公共利益为导向。基于市场失灵现况进行权利人与使用者之间价值比对，若不具备社会公共利益导向，则不符合合理使用要件。三是合理使用不得对权利人激励权益造成实质性损害。若合理使用将对权利人创作激励产生不可估量的损害，则该合理使用则不具备正当性。[①] 可以说，在市场失灵理论盛行之时，该判断要件对美国判决产生了重要影响，并在 Sony Corp. of America v. Universal City Studios，Inc 案中深刻体现。[②] 随着科技逐步进步，更为便捷高效的权利管理方式亦脱颖而出，例如使用者利用著作权权利管理系统便可轻松取得权利人授权。在市场失灵不复存在的情形下，合理使用判定要件俨然已无法符合社会需求，此先由合理使用支配的作品流转逐渐被授权许可所替代，合理使用的适用空间大幅度缩小，理论根基亦随之动摇。

2. 数字环境下合理使用适用范围限缩难界定

数字环境不只改变了作品载体形式，更对其创作、传播及使用方式均产生颠覆性影响。信息网络传播权的出现，意味着在数字环境中著作权人权能进一步强化，换角度言之，便是合理使用适用空间的限缩。再加之，为了深层次保护作品免受侵害，技术保护措施随之出现并得以大范围应用，公众对于作品接触更为艰难，合理使用虽继续沿用，但仍有流于表面之嫌。

此外，网络开放特性与高速传播造成侵权使用与合理使用边界模糊难以确定。美国最早引入合理使用制度并以"四要素"作为判定标准，即使用目的与性质、作品性质、使用部分与作品整体内容比例、使用行为对作品未来市场价值影响。该四要素判定标准因影响力巨大成为判定

---

① Wendy J. Gordon, "Fair-use As Market Failure: A Structure and Economic Analysis of the Betamax Case and Its Predecessors", *Columbia Law Review*, 1982, pp. 1614~1618.
② 阙光威：《论著作权法上之合理使用》，元照出版公司，2009，第 68~69 页。

合理使用制度的适用依据，然数字网络环境对四要素判定标准提出挑战并对其有效性进行质疑，具体理由如下。一是数字化作品带来传统纸质印刷无法具备的作品复制传播零成本耗损，同理，一经接触数字样态作品，其作品复制数量则不再可控，故而，在合理使用制度中所规定以公益为目的进行作品少量复制行为可能事与愿违。然欲对该行为实施卓有成效的控制与惩治将付出高昂成本，甚至侵害行为人相关人身权利，因此可以被评价为徒劳无功。二是网络与生俱来的开放特性使得数字化作品实现飞速传播并连接世界各地，对数字化作品传播范围进行人为限定难以达到理想效果，因此，在数字环境中对合理使用范围进行界定难度甚高，可以说，镌刻印刷时代烙印并从判例经验抽象而出的合理使用无法对数字时代使用者行为进行客观界定。

3. 合理使用在数字环境无法形成判断标准统一适用

数字环境新兴业态日新月异，所产生侵权问题更是层出不穷，以搜索引擎为例，搜索引擎被比喻为线上信息图书馆并成为数字环境中最常见的网络服务，其对网页进行分类并存储在相应区域，在他人使用时便可提供之前缓存的网页链接，除非被搜索的网站提出反对意见。因此，有关搜索引擎的争议问题是该行为是否可被认定为侵权，或者可恰好落入合理使用界定范围。[①] 在著名的 Kelly v. Arriba Soft Corp 案中，被告以搜索引擎为通道复制原告图片并压缩分辨率。美国第九巡回法庭认为，压缩后分辨率低的图片与原图片已进行转换存在差异，对原作品未来市场价值造成影响甚微，可认定为合理使用。而同样涉及图片微缩的 Perfect 10 v. Google 案，美国加州中区联邦地区法院表示，Google 对图片复制压缩展示行为对原作品未来市场价值造成影响，故应认定为侵权，不能界定为合理使用。而该意见被上诉法院否定并阐明，Google 对图片复制压缩转化使用的行为对原作品未来市场价值影响较小，积极意义大于

---

① Orit Fischman Afori, "Implied License: An Emerging New Standard in Copyright Law", *Santa Clara Computer&High Tech. L. J*, 2009, p. 306.

替代性使用，故而可被认定为合理使用。同样的案件却得出迥异的判定结果，充分体现合理使用须将使用作品对未来市场价值影响作为重点考量因素，同时也从侧面反映出合理使用所具备的不可预测性与临时性，使数字环境中相关问题以合理使用作为统一判定标准缺乏现实操作基础。

（二）数字环境下默示许可制度之价值体现

1. 数字环境作品使用更适应默示许可制度运作方式

互联网作为目前最为开放的数据交流系统，在未得到著作权人许可的前提下对相关作品实施的复制索引行为能否被认定为侵权？鉴于数字环境与传统环境迥异的生态结构，不能仅从传统著作权利专有性分析，更应考虑数字环境特殊属性分析作品使用行为问题。以 Parker v. Yahoo 案为例，Yahoo 将 Parker 发表于网络的作品复制到服务器后以"快照"形式向用户提供后，Paker 起诉 Yahoo，认为用户以"快照"方式观看作品应认定直接侵权，而 Yahoo 应被认定为帮助侵权。然法院经审理认为，Paker 将其作品免费上传至网络未采取任何限制措施，可被认为 Paker 默许公众在网络上浏览其作品，不应认定为侵权。[1] 由此可见，法院结合网络开放因素，并对作者上传作品行为给予特定化含义，而非仅以前数字时代权利专有属性为唯一判断标准，亦即作者未对其在网络上发表的作品作出相应限制，则推定默示许可公众浏览其作品。亦如学者王迁对此案的精准评价：裁判机构对该默示许可的阐释合情合理，若权利人自愿在网络向公众提供作品，而又认为用户在线浏览时产生的"临时复制"对其权利造成侵害的观点极其荒谬。[2] 作者在网络发表作品内心诚然希望公众对其作品进行浏览使用，网络在扩大作者权利行使空间的同时，亦须根据网络特性对新技术背景下的权利进行认定分析，故而，默示许可因探求当事人内心真意成为数字环境下最理想的解读，

---

[1] Gordon Roy Parker v. Yahoo!, Inc, U. S. Dist. LEXIS74512, at 18(E. D. Pa, 2008).

[2] 王迁:《网络环境中的著作权保护研究》，法律出版社，2011，第 24 页。

其运作原理不仅与数字环境中作品使用行为所契合，而且助推社会公平的实现。

2. 默示许可制度对著作权人意思表示更为尊重

数字环境中存在海量作品及授权需求，若著作权法无法建立良性授权许可制度，有关数字作品使用的权属争议则永不止息。依前文所述，合理使用无法为数字环境各方主体提供确定有效的制度基础，亟须寻求其他解决机制，而"选择—退出"机制基于实践需求应运而生。其作为默示许可制度所独有特殊机制由相关权利人自我决定是否退出系统，若权利人没有进行选择，则一直存在于该系统内，该机制可降低传统授权模式在作品海量授权中产生的高昂成本，更适合基于本质解决现实问题。由此可见，尊重著作权人意志与否成为默示许可与合理使用最为显著的差异点。进而言之，合理使用需求注重使用者利益，以作品使用者为导向，而非权利人意愿，纵然权利人持有反对意见，依然可成为合法抗辩事由；而默示许可虽对权利人意愿亦有所限制，但仍尊重权利人对于作品是否授权许可的意思表示。可以说，合理使用以自动接入的方式排除权利人意愿，一旦进入合理使用规制系统，著作权人便丧失退出的选择机会；默示许可提供的"选择—退出"机制对授权方式进行简化，为权利人提供退出的选择可能性，其可更充分对权利有所掌控。换而言之，著作权法自身无法明晰表明权利人真实意图，而默示许可以默示的方式使作品使用者获得授权许可，在此层面上，默示许可制度完成了传统著作权法律制度与网络环境的有效对接。

3. 默示许可制度可提供稳固清晰的适用规则

依前文所述，合理使用判定规则取决于"四要素"，即使用目的与性质、作品性质、使用部分与作品整体内容比例、使用行为对作品未来市场价值影响，此外，须以当事人是否善意作为额外考量因素，且通过正当程序予以判定。在对合理使用与侵权使用界限划分之时，各类社会主体无法依照往日惯常做法进行性质判断，原因在于合理使用与生俱来的灵活性与难预测性，可以说，合理使用制度无法提供一个清晰明确的适用规则。在美国著作权法判例中，合理使用与默示许可分别作为抗辩事由被应用于 Field v. Google 案。通过法庭指令可知，默示许可篇幅仅为合理使用的 1/7，合理使用在美国司法判例及法律评论文章中均被认为是理解应用难度系数最高的法律规则。伴随科技进步，作品创作及使用数量均大幅度提升，合理使用制度适用将更为复杂。[①] 由此看出，相较于合理使用制度，默示许可规则更为明晰易操作。对于默示许可制度而言，科技进步与行业惯例形成起到了关键作用。在规则建立之初，尝试性应用尚且无法建立稳固的互联网产业实践标准，当使用者发现该规则行之有效被口耳相传并广泛应用。以 Field v. Google 案为例，法院审理时发现，MSN 与 Yahoo 同样提供链接服务并进行网页缓存，Google 并非唯一的搜索引擎服务商，且在实践中从未受到质疑，故而，该网络行业习惯对 Google 进行默示许可抗辩提供了有力证据。可以说，以科技进步为基础且被网络主体广泛接受并信任的默示许可制度才是数字环境下更为稳固明晰的争端解决机制。

（三）数字环境下合理使用与默示许可的职能分工

默示许可制度所特有的"选择—退出"机制在数字环境中，显现出强大的生命活力，而合理使用制度则显现出不适应性，面临巨大挑战，然并不意味着合理使用制度将在数字环境消失，"合理使用制度并非先进科技的对立物，先进科技亦非合理使用制度的掘墓者"[②]。两者均为著作权权利限制制度与侵权抗辩理由[③]，而数字环境下默示许可应用更为广泛，总体而言，两者相互协作与补充，共同维护着作品有序流

[①]　John S. Sieman, "Using the Implied License to Inject Common Sense into Digital Copyright", *North Carolina Law Review*, 2007, p. 917.

[②]　吴汉东：《著作权合理使用制度研究》，中国政法大学出版社，2005，第 239 页。

[③]　吕炳斌：《网络时代的版权默示许可制度——两起 Google 案的分析》，《电子知识产权》2009 年第 7 期。

转的公平秩序。

1. 将合理使用与侵权行为范围之间的模糊区域由默示许可制度规制

关于合理使用判定标准，主要存在"三步检验法"与"四要素"两种判定方法，两者本质上具备趋同性。相较而言，前者"四要素"判定标准更为精细，即使用目的与性质、作品性质、使用部分与作品整体内容比例、使用行为对作品未来市场价值影响。显而易见，"四要素"中的使用性质、作品性质以及使用部分与作品整体内容比例中的实质部分均是判定合理使用的核心要素，同时也是对"质"的判断；而有关作品使用部分与对未来市场影响等因素则属于"量"的解析。若该使用行为未违反"质"的要求，且作品使用"量"较小未对作品未来市场产生影响则存在被认定为合理使用的可能性。换角度而言，若使用作品"量"基数较大对未来市场造成影响，即便符合"质"的要求，也可能难以被认定为合理使用。由此可判断，合理使用与侵权之间存在模糊区域，而"未来市场价值"则是其中难以认定因素之一，可以说，合理使用本身制度特征导致该模糊区域无法消失，无论将该模糊区域认定为合理使用抑或侵权均无法契合公平正义，由此显现出合理使用制度在一定程度上功能欠缺。将该模糊区域交由默示许可规制，意味着对权利人意思表示有所推定，具体而言，若某使用行为符合"定性"要求，在"量"及对未来市场影响方面无法判定情形下，权利人发表作品未拒绝且不排斥作品传播，则认为权利人默示许可该使用行为基于公益或其他目的存在而非侵权，即使对未来市场价值产生影响，权利人亦愿意接受法律作出对价补偿。可以说，该模糊区域交由默示许可制度规制可避免侵权行为出现，降低合理使用适用难度，维护社会公平正义。

2. 立法上对合理使用与默示许可分别规制，司法上发力实现动态平衡

欲充分体现默示许可制度对合理使用制度的补充作用，须在立法上对两者调整范围有所区分，既向司法审判提供裁判标准，又给予行为人明晰规则指引。纵观合理使用发展历程，两大法系的合理使用制度均经

历了由判例法向成文法演变，并沉淀出其界定标准，而我国著作权法本
土文化支撑缺乏，借鉴时亦未对判定标准进行有效吸收，从而导致其无
法避免实践分歧并解决新技术相关问题。① 合理使用亦成为《著作权
法》第三次修改的重要完善内容，第 24 条以列举方式规定 12 种合理使
用情形，同时为增加其制度弹性将"三步检验法"作为原则性标准予
以指导。需要强调的是，在第 24 条第 4、5 项分别规定了有关政治、经
济、宗教问题时事性文章与公众集会发表讲话的合理使用情形，并增加
了"著作权人声明不评刊登播放的除外"之除外规定。依合理使用本
质探析，其对社会公共利益深入考量，排除了权利人意思表示，然殊不
知，该除外规定破坏了合理使用制度构成，对其目的实现亦无利好，其
在制度形态上应归属于默示许可，而此种"杂糅式"立法方式也曾被
适用于法定许可。笔者以为，无论是合理使用还是法定许可，抑或默示
许可，此三者是可并存的制度形态，不应采用"杂糅式"立法规定统
一规制，须以单独设置默示许可制度进行集中规定。此外，默示许可具
备的弹性机制，当法官面对合理使用与默示许可的复杂选择时，如果合
理使用难以适用，默示许可可以作为一种补充机制。在这种情况下，法
官须对司法案件脉络及默示许可制度构成要件进行清晰把握应用，由此
更须凸显司法能动性。故而，若要充分发挥默示许可与合理使用的制度
价值，须在立法与司法环节均付出更多努力。

3. 司法实践中默示许可可作为合理使用判定因素予以裁量

虽然默示许可制度在部分领域被应用，如搜索引擎，但在法律规定
与判决支持方面有所欠缺。众所周知，合理使用在一定范围内对法官自
由裁量有所依赖，同时行业惯例亦是考量因素之一，以搜索引擎为例，
若网站未明确拒绝被搜索行为，则服务商在其数据库复制网站内容的行
为将被认定为合理使用。以此角度考虑，默示许可亦可被视为合理使用

---

① 吴汉东：《〈著作权法〉第三次修改的背景、体例和重点》，《法商研究》2012 年第 4 期。

考量要素之一。[①] 司法实践中，"叶根友毛笔行书字体" 案件判决亦是显著体现。著作权人叶根友将其毛笔行书字体在著作权登记后首次发布至中华签名网供他人下载，中华签名网在版权声明中主张该字体仅供交流学习使用，未经授权不得进行商用。同时在新浪网亦有 "叶根友毛笔行书字体" 下载，发布公司为中华签名网，授权方式为免费版，并在下载及安装过程中未出现权利限制的文字或提示。然无锡肯德基公司委托电通上海公司设计春节活动招贴材料，电通上海公司在新浪网下载叶根友毛笔字体软件后，将七字使用于贴纸材料供无锡肯德基公司使用，并证明在新浪网下载软件时无任何权利限制提示，叶根友因此认为其著作权受到侵犯继而提起诉讼。一审法院认为，著作权人将作品上传至网络供他人下载，虽未表明权利限制，但须在法定合理范围内使用，且权利放弃不得通过默示方式表现，再加之，无锡肯德基公司为商业性质公司，使用叶根友字体七字放置门店中不应被认定为合理使用。然二审法院认为，叶根友将字库发布于新浪网免费下载且无除外声明，意味着行为人默认作品以公共产品方式提供于公众，因此不得以中华签名网声明约束使用人，且免费产品仍会在网络时代为权利人带来潜在利益，如扩大影响力与提高声誉等，再加之，在新春期间张贴春联、窗贴等系中华民族的传统习俗，不能因无锡肯德基公司是经营主体认定其为商业使用，故后者不构成侵权。[②] 由此可见，二审法院运用默示许可标准判定叶根友上传字库供公众下载且未提供排除声明的行为，同时运用合理使用标准否定无锡肯德基公司行为的商业性目的与字库未来市场造成影响。可以说，二审法院虽认为原告行为符合默示许可条件，但未以默示许可作为定案依据，而将其作为判定使用者行为的合理性依据，在对该行为非商业利用及对未来市场无影响判断后得出结论，故而，在目前法律尚未对默示许可明确规定的情形下，将其作为合理使用判定因素之一

---

① 吕炳斌：《反思著作权法——从 Google 数字图书馆说起》，《图书馆杂志》2007 年第 5 期。
② 江苏省高级人民法院（2011）苏知民终字第 0018 号民事判决书。

进行考量，不失为一种稳妥、可行的举措。

三　数字环境下著作权默示许可与专利当然许可：功能阐释与关系分析

专利当然许可作为一项特殊许可方式，在我国最新修改的《专利法》中备受瞩目，是专利许可方式改革的重要内容。探究制度所蕴含的立法用意、功能价值以及厘清数字环境下著作权默示许可制度与专利当然许可制度的关系是进行合理规则设计的基本出发点。

（一）专利当然许可的内涵与特征

专利当然许可，又被称作开放许可，发源于英国，之后被德国、法国、巴西、俄罗斯等国家陆续引入专利法中，其在各国的称谓均各不相同。英国称"license of right"，巴西称"offeroflicense"，俄罗斯称"openlicense"[1]。然迥异的称谓所表达的含义一致，即专利权人向专利行政管理部门提出书面申请经批准后，允许任意第三人支付许可使用费以及达到其他要求可使用专利技术，并由专利行政管理部门登记公告的许可方式。[2]

2020 年 10 月 17 日，第十三届全国人民代表大会常务委员会第二十二次会议通过修改《专利法》的决定，自 2021 年 6 月 1 日起施行。这是《专利法》自 1985 年施行以来第四次修正，其中的一大亮点便是在第 50 条中对专利当然许可制度予以明确。可以说，新《专利法》对于专利当然许可的明确进一步简化了交易手续，节约了交易成本，继而激励知识创新，增进社会福祉。[3] 在现实生活中，为了发挥技术创新优

---

[1]　文希凯：《当然许可制度与促进专利技术运用》，载国家知识产权局条法司编《专利法研究 2011》，知识产权出版社，2012，第 29 页。

[2]　徐红菊：《专利许可法律问题研究》，法律出版社，2007，第 111 页。

[3]　易继明：《专利法的转型：从二元结构到三元结构——评〈专利法修订草案（送审稿）〉第 8 章及修改条文建议》，《法学杂志》2017 年第 7 期。

势，构筑行业竞争壁垒，减少交易重复投入，众多厂商愈发倾向实施专利当然许可，向行业或产业链相关方共享或者开放许可其技术。例如，丰田公司在 CES（2015）展曾表示，使用者可免费使用由该公司享有的近 6000 件燃料电池专利；松下公司亦在 LINUX（2015）会议宣布，自由开放 20 件物联网专利，以推进物联网快速发展；国内智能手机闪充技术代表 OPPO 公司于 2018 年首次面向行业开放其 VOOC 闪充技术专利，截至目前，OPPO 在闪充领域专利全球申请已超 3700 件，累计授权超 2000 件。[①]

进言之，专利当然许可的重要特征表现有二。一是开放特质。当然许可适用对象为任何主体，且权利人申请并经相应行政机构批准便可接受任何满足要求的相对人的承诺，继而实现许可合同达成。二是许可合同缔结简易性。当然许可对专利人要约邀请进行省略，以一次性要约方式对合同内容进行设定，自愿接受权利人条件的主体自动成为被许可人，这改变了传统许可中所产生专利权人与众多合同缔结者逐一谈判商榷合同条款的耗费时力的局面，使专利权人在海量授权过程中得以解放，简化了许可合同流程，提升了交易效率。

（二）专利当然许可的制度功能

专利技术的有效运用，是专利法制度设计的首要任务，更是社会创新发展的重要目标。[②] 专利当然许可作为一项特殊法律制度，不仅可以推动技术充分转化，提升技术运用效率，还可促进实现立法目标实现。[③] 具体而言，专利当然许可的制度功能主要体现为提升专利技术转

---

① 《AI 大模型推动手机行业开启新一轮创新周期》，https://tech.cnr.cn/techph/20240112/t20240112_526555303.shtml，最后访问日期：2024 年 5 月 1 日。

② 吴汉东：《中国专利法的发展道路：现代化、国际化与战略化——在中国专利法颁布30 周年座谈会上的发言》，《知识产权》2014 年第 3 期。

③ 刘鑫：《专利当然许可的制度定位与规则重构——兼评〈专利法修订草案（送审稿）〉的相关条款》，《科技进步与对策》2018 年第 15 期。

化效率与降低交易成本，不仅促进了信息的快速流动，更推动了技术的全面转化。

1. 提升专利技术转化效率

自《国家知识产权战略纲要》实施以来，我国专利申请量大幅提升。《世界知识产权指标》（WIPI）2023 年度报告显示，2022 年，中国专利申请数量达到 158 万件，占全球总量的 45.7%。然专利申请量并非衡量国家创新水平的指标，可进行市场转化的专利才是。国家知识产权局发布的《2023 年中国专利调查报告》显示，2023 年，虽然我国专利申请量位居全球第一，但有效发明专利转化率仅为 39.6%。换而言之，专利转化率低已成为我国专利制度建设中的难题。[①] 专利的真正价值在于能够转化为卓有功效的科技成果，我国专利技术产业化经费紧张成为专利闲置率高达 60% 以上的主要原因。以科研机构、高等院校为例，其财政经费来自财政拨款，而此财款却无法满足专利技术转化产生的高昂成本。还有一部分企业空有资金却缺乏技术，同样无法实现专利技术转化。而专利当然许可成为社会各界的桥梁，将科研机构的专利技术与企业所拥有的丰厚财力相联结，进而促进专利技术产业化发展，提升专利技术转化效率。

2. 降低专利技术交易成本

在传统许可授权的谈判过程中，专利权人与被许可人在许可合同各项事宜商洽过程中，例如许可费用、方式以及撤回等问题上，需要耗费大量的金钱与时间。对于事业初始阶段的中小企业来讲，排他、独占许可成本相对高昂，而当然许可的许可方式为普通许可，再加之国家对于权利人年费的优惠，故而许可费的价格会适中，在提高合同双方交易效率的同时，降低交易财力与时间成本，为中小企业及时取得技术支持提供了保障。可以说，在专利当然许可制度运行过程中，低成本交易对于

---

① 郭伟亭、吴广海：《专利当然许可制度研究——兼评我国〈专利法修正案（草案）〉》，《南京理工大学学报》（社会科学版）2019 年第 8 期。

市场交易数量提升具有助推作用，而交易市场可从原本必须授权的"专利集市"变换为无须与权利人商洽，依据当然许可声明直接进行专利技术实施的"专利超市"①。

（三）数字环境下著作权默示许可与专利当然许可的关系：趋同与迥异

1. 两者制度价值一致：降低交易成本，促进交易达成

依前文所述，专利技术转化率低是我国专利实施与运用情况不容乐观的最主要原因，同样也是我国 60% 以上专利处于沉睡状态的缘由之一。国务院《关于新形势下加快知识产权强国建设的若干意见》专门强调"推动专利许可制度改革""促进知识产权创造运用"，故专利许可制度应运而生。在运行机制方面，专利当然许可以专利权人作出自愿当然许可声明的方式，使专利实施者有效避免了专利许可高昂的交易成本，不仅体现在专利合同洽谈方面，在搜寻专利信息及合同成立之后执行等方面均有出色表现。② 无独有偶，在著作权制度中，交易成本亦在制度问题中占据着"核心地位"③。著作权交易成本包含信息搜寻成本、许可洽谈成本及合同监督成本，在数字环境的特殊背景下，传统授权模式无法从容应对，从而引发著作权交易成本大幅增加。而默示许可制度运行机制与数字环境作品方式完全契合，其特有的"选择—退出"机制降低权利人与使用者之间的授权许可成本，大幅提升交易效率，成为数字时代著作权授权许可的"高速公路"。

2. 两者许可类型趋同：自愿许可

专利当然许可应归于自愿许可类型原因有三。一是专利当然许可是否申请的决定权在于权利人本身，与权利人在达成一定要求基础上无条

---

① 曾学东：《专利当然许可制度的建构逻辑与实施愿景》，《知识产权》2016 年第 11 期。

② 李建忠：《专利当然许可制度的合理性探析（下）》，《电子知识产权》2017 年第 4 期。

③ 〔美〕保罗·戈斯汀：《著作权之道：从古登堡到数字点播机》，金海军译，北京大学出版社，2008，第 199 页。

件接受的强制许可规定完全不同；二是合同当事人因事项意见不统一产生公权力进入解决的情形，亦是权利人对合同内容以及所属权利自我让渡及处分的表现；三是依据专利当然许可的设计规则，专利权人对当然许可的撤回权利被各个国家所承认，由此可见，专利权人对当然许可的创设、内容及终止方面均为自决表现，故而为自愿许可。[①] 数字环境下著作权默示许可制度同样作为自愿许可，自始至终表现出对权利人意愿的极大尊重，默示许可所特有的"选择—退出"机制不仅进一步简化了授权方式，更为权利人选择退出提供可能性，使权利人可充分进行权利掌控。

3. 两者许可方式迥异：明示与默示

专利当然许可与著作权默示许可除涉及领域不同之外，最明显的差异点便是两者许可方式不同。专利当然许可经专利权人向行政管理部门申请后，以明示的方式将专利许可使用方式及费用等信息予以公示。可以说，在当然许可机制中，专利权人对于专利授权许可的意思表示明确清晰；而数字环境下著作权默示许可制度最显著的特征便是以默示的方式进行授权许可，通过对当事人约定、特定行为、法律规定及行业惯例等因素进行推定，从而判定著作权人内心的真实意图。

第四节　数字环境下著作权默示许可制度所面临的新形势

一　数字环境下著作权许可困境

互联网被认为是 21 世纪最伟大的发明之一。[②] 继报纸、广播、电视传统媒体之后，互联网被称为"第四媒体"，互联网所具备的开放性、交互性、共享性、全球性等特征，不仅对人类生活方式产生了巨大改

[①] 陈瑜：《专利默示许可研究》，博士学位论文，西南政法大学，2017。

[②] 刘思侣：《网络环境下著作权授权模式思考》，载张平主编《网络法律评论》（第22卷），知识产权出版社，2011。

变，更成为社会主体获取信息与发布信息的最主要入口。中国互联网络信息中心（CNNIC）在发布的第 53 次《中国互联网络发展状况统计报告》中指出，截至 2023 年 12 月，我国网民规模达 10.92 亿人，较 2022 年 12 月新增网民 2480 万人，互联网普及率达 77.5%。报告显示，我国各类互联网应用蓬勃发展，国内市场活跃 App 数量达 210 万款，进一步覆盖网民日常学习、工作、生活；多类应用用户规模持续增长，即时通信、网络视频、短视频用户使用率均超过 95%，截至 2024 年 3 月，人均每日 App 使用时长接近 5.6 小时，同比增长 3.7%，进一步揭示了移动用户对 App 依赖度的不断提升。[①] 数字时代"互联网+产业"形式成为新业态，通过互联网对社会资源进行集成整合，并在文化、经济等领域融入创新技术，使国家创新创造竞争力大幅提升。2024 年 3 月 5 日，李强在《2024 年国务院政府工作报告》中强调，深入推进数字经济创新发展。制定支持数字经济高质量发展政策，积极推进数字产业化、产业数字化，促进数字技术和实体经济深度融合。[②] 再加之 5G 技术加持，庞大的互联网使用者成为数字经济市场中坚实的用户基础，为中国消费市场蓬勃发展作出了突出贡献，然而也面临新业态、新时代背景下产生的新问题与新挑战。

（一）数字网络技术变革产生"海量授权"难题

在人类文明发展史中，技术进步与著作权制度发展密切相关，数字网络技术在对著作权法产生强烈冲击的同时，著作权授权模式亦发生了巨大变化。具体而言，数字网络技术对于著作权法的深刻影响主要体现在如下几点。一是作品创作主体变化。在印刷时代，因作品传播技术落

---

① 《第 53 次〈中国互联网络发展状况统计报告〉发布》，https://baijiahao.baidu.com/s? id=1794228557504747832&wfr=spider&for=pc，最后访问日期：2024 年 6 月 1 日。

② 《国务院总理李强：政府工作报告——2024 年 3 月 5 日在第十四届全国人民代表大会第二次会议上》，https://www.gov.cn/gongbao/2024/issue_11246/202403/content_6941846.html，最后访问日期：2024 年 6 月 1 日。

后，社会主体对于信息的接触利用机会较为稀缺，传播技术往往被掌控在商业机构手中，作品创作者以职业创作者为主。随着科技进步，数字时代以互联网平台为依托，任何人均可进行作品创作并发布传播，作品创作内容亦呈现去职业化、大众化趋势，创作者、传播者、使用者三者的身份日趋重合。[1] 可以说，互联网技术造就了"人人创作"的时代。[2]二是作品载体变化。印刷技术时代，纸介质为作品载体的主要形式；广播技术时代，录像带、录音带等磁介质成为作品复制传播的最主要方式；数字网络时代，数字技术突破传统作品载体形式，CD-ROM 等交互式电子出版物成为作品载体[3]，作品的复制传播变得极其容易，数字作品可被无限复制且质量无损，作品使用者可轻易创制海量作品库。三是作品传播成本变化。互联网的发展使作品传播脱离了有形载体的束缚，信息传输成本极大降低，作品的大规模传播成为现实。在数字环境下，流量与曝光量成为作品创作的追逐目标之一，以微信公众号文章为例，阅读量为 10 万 +、100 万 + 的作品已屡见不鲜。[4] 基于上述原因，"互联网+"时代，人人既可以是作品的创作者，也可以是传播者或者使用者，互联网平台中的每个主体均是潜在的信息中心，是网络"互联"的信息来源，著作权授权作为作品交易及运作的关键步骤，亦是著作权人获取作品收益的主要方式[5]，"海量授权"问题便由此产生。数字环境下，面对"海量作者、海量作品、海量授权需求"等复杂局面，传统著作权领域"一对一"的授权模式俨然无法应对，原本的著作权交易运作模式被彻底打破，著作权保护与社会公众对于作品信息充分接

---

① 郑宏飞：《论用户创造内容的著作权困境及完善路径》，《山东行政学院学报》2019 年第 1 期。
② 姜福晓：《数字网络技术背景下著作权法的困境与出路》，知识产权出版社，2017，第 22 页。
③ 刘思俣：《网络环境下著作权授权模式思考》，载张平主编《网络法律评论》（第 22 卷），知识产权出版社，2011。
④ 谢晶：《论微信公众号"洗稿"作品著作权侵权判定》，《电子知识产权》2019 年第 3 期。
⑤ 汤宗舜：《著作权法原理》，知识产权出版社，2005，第 115 页。

触之间的需求的矛盾不断激化。

（二）数字环境下传统授权模式交易成本高昂

保罗·戈斯汀在《著作权之道》中主张，在著作权制度诸多问题中，交易成本是关键因素。[①] 数字环境下，著作权授权要求主要表现为：著作权人具备将作品向海量使用者许可的能力；使用者需向海量著作权人申请许可；交易成本须无限减少，甚至为零；具备科学合理的作品使用标准及侵权赔偿机制。[②] 在著作权产业尚不发达时期，作品交易在一般情况下仍沿袭采纳传统著作权领域中权利人与使用者"一对一"的授权模式，由此产生的高昂交易成本以及低效的运行方式已难以应对数字时代授权要求。数字环境下，飞速发展的复制与传播技术在为作品使用提供方便的同时，也造成了权利人对于作品的失控态势。具体而言，一是取得海量作品创作者的授权较为困难。我国作品创作者主体众多，且分布地域广泛，再加之"孤儿作品"大量存在，使用者并不知晓著作权人为何者，即便知道，与之联系需要耗费大量的时间、精力以及金钱。可以说，数字时代使用者能够找到全部著作权人的难度颇大。二是因作品授权海量需求存在，在某些情况下，著作权人对于使用者为何者并不知晓，更有甚者，很多使用者因授权成本巨大铤而走险非法使用著作权人作品，导致侵权现象频发。三是"一对一"授权模式成本高、效率低。在"人人都是创作者"的网络环境中，作品需求及使用量巨大，若使用者与海量作品的著作权人以及平台运营商逐一签订授权许可使用合同，则签约数量可能成为天文数字，交易成本巨大。[③] 以数字图书馆为例，"书生公司"是国内最早的数字图书馆，该公司董事长

---

① 〔美〕保罗·戈斯汀：《著作权之道》，金海军译，北京大学出版社，2008，第207页。

② 王秀丽、于秀丽：《授权要约：数字版权贸易的新模式》，《出版发行研究》2008年第9期。

③ 华鹰：《数字出版环境下著作权默示许可制度的构建》，《重庆工商大学学报》（社会科学版）2018年第1期。

指出，若 1000 个传播者需要 100 万个作品著作权人的授权许可，假设包括时间在内的交易成本仅为 100 元，各方主体将支付 1000 亿元的交易成本。巨大的成本阻碍了大量交易生成，著作权资源不仅未被充分应用，还时常引发权利纠纷，数字图书行业发展更为艰难。[①] 进言之，若使用者获取权利人授权许可产生的交易成本大于授权后所得利益，则使用者便会放弃授权，高昂的交易成本成为权利人与使用者许可协议的阻碍因素。面对数字环境下著作权逐渐激化的供需矛盾，传统著作权领域"一对一"授权模式无法适应社会发展新变化，为有效解决这一现实问题，亟须一种低成本、高效率的新型著作权授权通道。

（三）传统领域著作权默示许可制度局限性日益凸显

著作权作为典型的支配性民事权利，其最大特点在于须通过对作品的复制、传播等方式实现经济和文化价值。科技的飞速发展使作品复制更加快速，网络环境中信息共享亦使作品传播更为简便，从而形成创作者、传播者以及社会公众之间的利益关系逐渐失衡的紧张局面。面对开放的互联网环境，合同关系主体之间合意缺失，导致传统环境下著作权默示许可表现出一定程度的局限性和不适应性。一是适用范围狭窄僵化。传统环境下著作权默示许可仅为合同法在著作权领域的自然延伸，其以合同关系为基础对既有合同进行解释修复，在利益关系较为简单的传统环境中尚可发挥作用。而网络环境更为开放及灵活，实践中著作权默示许可脱离合同基础出现，其主体变化为非合同当事人，如搜索引擎、网络链接及数字作品等，以合同关系为基础的默示许可的适用范围显得狭窄僵化，其功效发挥明显有限。二是制度功能单一有限。著作权默示许可在传统领域下，功能为推定当事人真实意图以对原有合同进行解释补充。在著作权默示许可不得抵触明示条款的前提设定下，可轻易被当事人排除，其功能仅可被视为合同关系的一种附属工具，因此，传

---

① 王红茹：《数字时代挑战〈著作权法〉》，《中国经济周刊》2004 年第 49 期。

统领域默示许可功能单一而有限。而数字环境下权利人和使用人脱离合同关系，判定默示许可的考量因素不再仅限于当事人的潜在意图，利益平衡、公共政策等均成为新的考量因素，在此情形下，著作权默示许可不仅是推定当事人潜在意图的附属工具，更成为平衡利益、协调公共政策的制度工具。再加之网络环境所出现的新型问题如"海量授权""网络转载"等，传统环境下的著作权默示许可无法从容应对，既无力保持原本制度框架的稳定，又无法使社会公众享受网络技术带来的便捷高效。

二　数字环境下著作权默示许可制度的现实需求

互联网技术对著作权利益资源进行重置的同时，也给传统环境下著作权许可制度带来了巨大挑战。网络开放性与传统著作权制度专属性之间产生激烈冲突，传统环境下著作权许可制度的局限性日益凸显。数字环境下网络技术普及势不可挡，虽然加强著作权保护力度必然能发挥一定作用，但要根本解决问题，必然需要对数字时代著作权交易与运作机制进行革新。而默示许可所体现的"选择—退出"机制以及蕴含的"可推定性"因素超越合同关系在网络环境中获得新的发展空间，显现出极强适应性和优越性。

（一）解决"海量授权"难题，降低作品交易成本

在数字时代，随着作品创作和传播的迅速增长，传统的"一对一"著作权授权模式已无法应对保护需求和传播速度之间的矛盾。默示许可的"选择—退出"机制有效地协调了这一冲突，尤其在应对海量授权和网络问题时，展现出较高的效率。相较于传统环境中"选择—进入"机制，"选择—退出"机制呈现"不作为"被动状态，权利人有权选择是否退出规则适用，未选择退出则默认对规则遵从。在传统"选择—进入"机制中，如若作品使用者未向著作权人申请授权许可，且作品使用

方式不属于合理使用或法定许可方式之一，使用者将无法使用该作品。面对网络环境作品庞大的需求量，以数字图书馆为例，数字图书馆作品来源的正当性成为学界近些年广泛热议的话题，若数字图书馆所收藏作品不进行授权许可，便是对著作权人信息网络传播权的侵犯，若选择对海量作品逐一授权必然产生高昂的交易成本，而该交易成本最终将会转嫁于作品使用者，从而损害社会公众利益。由此可见，数字时代若仍将"选择—进入"作为海量作品的授权许可方式将对文化传播的繁荣发展产生极大阻碍，"选择—退出"机制将侵权预防责任由作品使用者移转至权利人，即权利人须主动发出声明禁止他人使用其作品，反之，使用者可以默示许可作为侵权抗辩理由。被许可人不需与权利人实际商谈获得使用许可，根据特定行为便可促进主体间合意成立，降低交易成本的同时，探寻了高效信息传播方式。[①] 因此，著作权默示许可所具有的"选择—退出"机制在网络环境中显现出极强的适应性，其不仅为作品使用者提供了便利的授权许可方式，更降低了作品交易成本，有效促进了文化繁荣发展。

（二）广泛促进作品传播，实现作品价值效用最大化

在著作权领域内，科学技术变革对著作权制度提出挑战的同时，亦促使著作权制度不断调整应对。具体而言，计算机技术、数字化技术及网络技术的发展所产生影响如下。一是互联网的出现促使传播技术发生巨大变革，权利保护重点范畴由复制权逐步向传播权转变，著作权法律体系亦由"控制复制"转变为"控制传播"，由此可知，著作权人利益在网络环境中空前扩张，最初的利益平衡格局已被破坏。根据利益平衡法理规则，数字环境下著作权人不应当且不可能绝对控制作品传播，尤其在互联网如此发达且普及的背景下，更应默认网站经营者、数字出版商、社会公众等使用主体对作品进行有偿使用从而对海量作品授权压力

---

① 张今：《期刊业数字化发展过程中的版权困境与治理》，《出版发行研究》2011 年第 3 期。

有所缓解。著作权默示许可作为权利限制制度之一，其目的在于重新平衡各方利益，促使著作权人权利有效行使[1]，在最小化限制权利人权利的同时，满足作品使用者对于作品授权的海量需求。二是数字化技术出现使作品创作与传播两者之间的利益关系发生变化，作品传播主体由传统出版者、录音录像制作者、广播组织等逐步演变为网络环境中的各类网络服务商，网络环境中将权利人对于利益最大化的理性追求与社会公众资源共享的公共诉求两者之间的和谐统一视为著作权政策的核心内容，而著作权默示许可制度因其弹性化及"可推定性"特质为其理性追求与公共诉求的实现提供了合理的法律应对方式。[2] 进而言之，创设著作权法的目的在于达成私人权益与社会公共利益之间的平衡关系，从而促进作品广泛传播，实现作品价值效用最大化，若对作品创作与传播进行限制，则无法促成著作权法的创设目标。数字环境下著作权默示许可制度因其特殊"可推定性"，在尊重著作权人意愿的基础上，推定著作权人期冀作品被他人使用，既体现了网络服务商、数字出版者等使用者对作品社会效用的肯定，又可使著作权人在作品交易中获得经济利益并提升知名度，实现各主体间的双赢。

（三）著作权默示许可超越合同关系的可能性与数字环境更为贴合

传统环境中依赖以合同关系的著作权默示许可，其作用在于推断当事人内心真实意图，对原本合同进行解释补充，最终实现合同的公平正义。纵然默示许可发源于合同关系，但并不代表默示许可仅依赖于合同关系存在，事实上，默示许可可在脱离合同关系的情形下仍具备存在的可能性。需要强调的是，面临环境和规则的变化，传统环境下著作权默示许可逐步显现出诸多局限性，数字环境下默示许可超越合同关系成为必然。著作权默示许可作为许可方式之一，其独特之处在于权利人的意思

---

[1] 梅术文：《信息网络传播权默示许可制度的不足与完善》，《法学》2009 年第 6 期。
[2] 陈传夫：《信息资源公共获取与知识产权保护》，北京图书馆出版社，2007，第 138 页。

表示并未进行明确授权，须推定权利人所作出的相关行为或沉默所蕴含的深层次意图。具体而言，推定权利人默示意思表示时考量因素须全面，存在授权许可合同情形下，自然须依赖于合同关系探寻合同当事人真意表示，值得一提的是，探寻相关权利人的真实意图仅为解释目的之一，而非全部。原因在于对权利人真实意图进行解释时，公共政策及交易习惯均为综合考量因素，在默示许可判定过程中，当公共政策及合理信赖的考量因素超出权利人的真实意图时，便突破了合同关系。虽然合同作为媒介在许可法律关系中将权利人和使用人进行关联，但基于使用人合理信赖所显现出对合同关系的依赖程度，并不能制约默示许可超越合同关系，原因在于信赖关系同样存在于数字环境权利人与潜在使用人之间，亦即潜在使用人相信权利人对其作品以许可使用为目的采取特定方式传播。故而，"可推定性"成为著作权默示许可与生俱来有别于其他许可的特性，而正是此特性使著作权默示许可超越合同关系成为可能，同时也成为数字环境下著作权法授权许可难题得以破解的有效路径。①

---

① Orit Fischman Afori, "Implied License: An Emerging New Standard in Copyright Law", *Santa Clara Computer& High Tech. L. J*, 2009, pp. 290-295.

第二章　数字环境下著作权默示许可制度的正当性分析

第一节　数字环境下著作权默示许可制度的法理基础

一　信息自由：默示许可的权利体现

著作权法为实现激励创作目标，赋予权利人对作品的复制、传播等垄断性权利。数字时代，互联网作为新型载体，具有极速、无区域限定、即时互换等特征，社会主体对信息传播、采集等行为空间被无限制扩大。信息自由空间的扩张，意味着著作权保护空间受到压缩，二者之间出现失衡的矛盾状态。故而，互联网在为信息自由提供便利的同时，亦须对著作权充分保障，构建数字时代法律新秩序。法定许可、合理使用等制度虽可对信息自由有所保障，但因范围有限，在数字时代显现出一定的不适应性，而著作权默示许可制度因独特的弹性机制，成为信息自由与著作权保护之间冲突的调和之道。

（一）信息自由的概念

巴洛认为，自由传播是信息所独有的特征，信息自由是人的基本权利之一。[①] 这一论断揭示了信息资源与有形物质在权利形态上的本质差

---

① Kathy Bowrey, "Ethics Boundaries and Internet Cultures", *Intellectual Property and Ethics*, 1998(19).

异——传统物权体系建立在对稀缺物质资源的排他性占有基础之上，而信息权利则需要建立在完全不同的共享逻辑之上。这种差异在物权与信息权的对比中尤为显著。例如，汽车驾驶者仅可为单一主体，而信息可被众多社会主体共享，汽车作为有形物无法被众多主体共享，而信息天然具有公共属性。信息自由，即社会主体对于信息、数据具有获取与传播的合法权利，该种权利主要体现为社会主体实施相应行为的自由。①信息自由作为基本人权之一，被国际条约与诸多国家予以确认。

从国际条约层面看，1946 年，联合国通过决议将信息自由纳入基本人权范畴。② 1948 年，《世界人权宣言》明确作出规定，任何社会主体享有发表意见的权利，其自由权项包含意见不受干涉，通过媒体以及跨越国界搜集、传播并接收消息。③ 1966 年，《公民权利和政治权利国际公约》指出，表达自由与信息自由的享有者为任何社会主体，最重要的是，信息自由可突破媒介与地域性的拘囿。④《经济、社会和文化权利国际公约》亦作出公约缔约国尊重科学研究以及创作活动自由的承诺。⑤ 1968 年，《德黑兰宣言》将信息自由与表达自由共同列明的规定，成为信息自由以独立基本人权姿态被国际社会普遍认可与接受的里程碑。1982 年，《信息与表达自由宣言》由欧盟颁布，并作出规定，信息自由与表达自由作为一项重要前提条件，其促进了社会经济、文化、政治的共同发展。

从国家层面看，诸多国家对于信息自由均有明确规定。例如，信息自由被《法国人权宣言》列为宪法原则，认为交流与沟通的自由是人

---

① 刘素华：《信息自由与网络监管的法理分析》，《现代法学》2012 年第 2 期。
② 焦海洋：《著作权法视角下学术信息开放存取的法律问题研究》，博士学位论文，武汉大学，2017。
③ UN, Universal Declaration of Human Rights(General Assembly resolution 217A) , Artl9.
④ UN, International Covenant on Civil and Political Rights (General Assembly Resolution 2200AXXI) , Artl9(2) .
⑤ UN, International Covenant on Economic, *Social and Cultural Rights*(General Assembly Resolution 2200AXXI) , Artl5(3) .

类最珍贵的福祉之一。进而言之，该宪法原则不仅进一步明确表达自由，更列明了社会主体获取并传播信息的自由权利。[①] 此外，美国、德国、日本等发达国家均制定了《信息自由法》，并以主体知情权获得及机构信息公开为主要内容。[②] 我国《宪法》对信息自由虽未作出规定，但在第 35、40 条中分别对言论、出版等权利及通信自由予以明确。以公民私人权益视角而言，信息发表自由与获取自由均为信息自由，而言论、出版自由与信息发表自由内容恰好重合，通信自由又与获取自由密切相连。

由此可知，信息自由内容丰富、范围广泛，且突破媒介与地域束缚，不仅涵盖以各样方式向社会各界所传达思想与信息的表达自由，还包括通过各类渠道获取并接受信息的自由。进而言之，表达自由是接受自由的前提，接受自由是表达自由的目的[③]，可以说，该两类权利自由分布于信息自由不同阶段，发挥了积极作用，从而保障社会主体知情权及其他相关权利的实现。

（二）著作权法与信息自由的冲突

信息自由是社会主体的真实诉求，亦与信息的独有特征相符。信息自由具有正当性依据，但其亦与著作权法相关目标、理念等诸多方面存在摩擦。随着时代进步，著作权呈现扩张趋势，著作权法与信息自由之间的紧张关系愈发明显。

1. 理念冲突

知识产权的客体为知识产品，而知识产品的本质便是信息。[④] 知识产权制度设计必然会涉及对知识信息的制约与控制。对此，学者劳伦

---

① 李滨：《法国信息自由保护的立法与实践》，《南京大学学报》（哲学·人文科学·社会科学版）2009 年第 6 期。
② 胡波：《信息自由与版权法的变革》，《现代法学》2016 年第 6 期。
③ 刘素华：《信息自由与网络监管的法理分析》，《现代法学》2012 年第 2 期。
④ 张玉敏：《知识产权法学》，中国检察出版社，2002，第 6 页。

斯·莱斯格指出，自由与控制本身具有对立性，自由必然会被控制所拘束。[①] 著作权是建立在作品基础之上的私有权利，其最为显著的功能效用便是赋予权利主体对于作品复制、传播的权利，此种制度设计必然会阻碍作品流通以及公众获取的自由度。随着科技进步，信息自由随之发展，以信息自由为基础的数字时代知识共享运动悄然兴起，如开放存取、公开课等。信息自由理念对于信息传递的一切阻隔，秉持降低甚至消除态度，可以说，与知识产品的设计理念呈现一定的张力，而此张力便造成了两者之间无法回避的紧张关系。进而言之，知识产权制度自创制之时便存在如此疑问：既然对信息自由所具有的共享理念予以认可，为何要以信息为基础创设一系列的权利制度？此疑惑伴随在恒久的知识产权制度正当性研究中，一直未得到极具说服力的答案。再加之网络技术的飞速发展，使得该问题在数字时代愈发凸显。[②] 比如，一些西方国家盛行的"盗版无罪"理论，该理论主张者以信息自由为核心论据，主张"盗版为民主国家的合法权利，应对著作权进行限制"[③]。该观点正以知识产权制度与信息自由之间的理念冲突作为突破点，虽然主张偏狭且不正义，但仍从侧面可显现两者迥异的价值观念，再现两者统一的和谐局面尤为困难。

2. 制度沟壑

因知识产权与信息自由理念之间存在差别，故归属于知识产权范畴的著作权在制度具体构建中同样会与信息自由产生冲突，具体体现为以下几方面。

（1）制度内容方面

著作权制度构建内容极为丰富，不仅对作品复制作出明确规定，还

---

① 〔美〕劳伦斯·莱斯格：《思想的未来》，李旭译，中信出版社，2004，第13页。
② 胡波：《共享模式与知识产权的未来发展——兼评"知识产权替代模式说"》，《法制与社会发展》2013年第4期。
③ 杨吉：《数字时代盗版无罪吗？——有关网络侵权3个问题的解释》，《科技与出版》2017年第5期。

对作品诸多传播渠道，如发行、表演、展览等均明晰界定，甚至还囊括演绎作品的传播权利。由此亦可体察，著作权制度构建出如此景象，即抛开法定许可、合理使用等规定不谈，著作权人几乎可以完全控制作品的传播。进而言之，作品若非得到授权批准，其他人不得对作品进行复制与传播。换句话说，作品自由传播被阻碍，而知识、信息等作品构成要素亦被阻断。

此外，著作权人的合法权利除财产性权利之外，还包含诸多人格权利，如署名权、发表权等，之所以称为人格权利，因其与权利人人格紧密相关，使用者无法行使，更无法转让。故而，作品的传播与使用，相比制度创设之前受到更多的制约，尤其是权利人关于作品所具有的发表与修改权利，与使用者在数字环境中作品取得及多样化利用形态之间的矛盾更为激烈。

（2）制度设计方面

一是现有制度设计冲突。在著作权法中存在一些例外规定如法定许可、合理使用等，其作为著作权效力范围的特殊规定，亦被认定为侵权事项的抗辩事由。可以说，特殊制度的存在对于社会公众进一步接触信息及使用的支持较为有限，而知识共享支持者却认为，对于著作权而言，信息共有才是常态，而控制信息应为例外。[①] 二是许可费的设置冲突。对于著作权而言，作品经权利人授权许可后方可进行传播使用，但前提是，须支付许可使用费用，而知识共享主张者却认为，该许可使用费用的设置规则作为社会公众对于信息接触并使用的相应价值，在一定程度上使作品传播成本进一步增加，有悖于信息应无偿使用的观念，故而使著作权与信息自由在制度设计方面有所分歧。

3. 空间矛盾

诸国著作权法于 20 世纪中期开始与国际条约规定逐步趋于一致，

---

① Kevin Janus, "Defending the Public Domain in Copyright Law: A Tactical Approach", *Intellectual Property Journal*, 1999(10).

对于著作权的保护力度与权利范围界定同样呈现扩张态势。从信息自由角度而言，著作权持续扩张态势是对信息共享自由空间的压缩，二者之间的矛盾愈发凸显，主要体现为著作权效力范围扩展至网络领域。具体而言，信息网络传播权的创设标志着传统的复制、发表、发行等权利都被赋予了全新的意义，而诸多传输行为均被权利人所垄断控制，侵权行为的类型范围同样扩展至数字空间的传播行为。按照信息自由惯常的逻辑思维，网络空间信息传播成本低至几乎可以忽略不计，信息的传播速率极速高效，而著作权新型权利的设置无疑成为信息自由的阻碍。

（三）数字环境下著作权默示许可与信息自由

1. 网络技术时代信息自由

在网络技术迅猛发展的当今社会，互联网技术对传统信息传播扩散产生颠覆性改变，以往"单方与单方、单方与多方"的信息传输模式如今已演变为"多方对多方"模式。通俗来讲，在传统通信领域中，"单方与单方"信息传输模式以电话通话等方式为主，"单方与多方"信息传输模式主要以报刊发行等方式体现。而在互联网时代，信息传输模式形态各异，如网络论坛、网络 App、网络聚合平台等，实现了"多方与多方"的信息传输模式。对不同时期的信息传输模式进行比较可知，传统信息传输方式对于信息的空间及可承载量均有所限制，而在信息大爆炸的网络时代，社会主体不仅随时随地可接触到各界所提供的海量信息，还可成为信息的发布者。因此，在网络时代，信息自由在原本表达自由与传播自由的基础上，更可细分为信息传播自由、信息采集自由、信息接受自由三部分。

（1）信息传播自由

信息传播自由，是指社会主体可自愿将所具有的思想、观点等信息，通过载体向潜在不特定对象传达的权利。2006 年《信息网络传播权保护条例》施行，在著作权权利范畴中增添信息网络传播权，且

《著作权法》第 10 条第 1 款第 12 项将信息网络传播权的传播方式限定为"以有线或者无线"。笔者认为，《著作权法》对于信息网络传播权传播方式的限定过于狭窄。互联网时代信息量呈直线型增长，信息载体的类型更为丰富，不仅涵盖了传统媒体的传播形式，还增加了诸多新媒体时代盛行的载体形式，如微信、微博等，信息网络已扩大至移动通信、微波通信、固定通信、数字电视、广域或局域等多种范围。① 若将传播方式仅界定为"有线或者无线"方式，则该权利范围偏狭窄，对于权利保护不利。

此外，信息发布者为信息传播主体，信息内容为何、信息量多寡、传播途径选择均由该主体决定，其他社会主体如网络服务商、政府部门等无权对其进行强力干预。需要强调的是，传播自由并非指权利不受任何约束，权利与义务并存，信息传播自由须尊重法律与道德准则，不得对国家、社会及他人的合法利益造成侵犯。

（2）信息采集自由

互联网数字时代，信息被视为最具有价值资源之一，亦是社会运转的关键因素。信息的拥有量的大小，决定着核心竞争力的高低。从国家视角而言，信息占有量可上升至国家在社会地位的话语权；从个人视角而言，信息储备量愈多，对个人提升与发展愈有利。而信息的采集便是进行信息储备的最主要途径。信息采集自由作为信息自由不可或缺的组成部分，是指社会主体依据自身需求，自愿通过搜索、许可购买等合法方式，主动获取信息的自由权利。在信息海量存储的数字环境中，互联网技术为主体进行信息采集提供了非常便利的条件。在信息采集过程中，非法采集等侵权行为同样存在。因此，信息采集自由应在一定程度上受到限制，所采集的信息不应侵犯信息所有者及他人的合法权益。

（3）信息接受自由

信息接受自由，是指社会主体可根据自我意愿对于信息接受与否的

---

① 刘素华：《信息自由与网络监管的法理分析》，《现代法学》2012 年第 2 期。

自由选择权利，其内容的关键点在于社会主体的自我决定自由，包括信息接受选择、信息接受数量以及信息接受内容等，均是主体自我意志的反映。接受自由作为信息自由的重要组成部分，在信息传播使用过程中，发挥了重要作用。若信息自由仅包含信息传播自由与信息采集自由，缺失信息接受自由，则信息自由的终极目标将无法达成。进而言之，实现信息接受自由的重要因素是排除他人对于自己接受信息权利的干扰，保持信息接受渠道的顺畅，既包括法律渠道，又包括现实物理渠道，如渠道顺畅，接受信息顺利；渠道受阻，信息无法送达。因此，信息接受权被认为是消极抵抗的权利。[1]

2. 著作权默示许可：信息自由与著作权之间的矛盾调和方案

联合国人权委员会早在 2000 年便指明：传播、收集、接受信息不仅是言论自由的派生权利，其本身就是一项权利。[2] 然信息自由与著作权之间存在永恒的矛盾[3]，但这并不意味着要对著作权进行彻底否定，著作权的存在具有正当理由，不仅可激励创作，还为创作者提供了相应的经济保障。目前而言，尚未有其他制度可替代著作权，故对其实施废止不可能且无现实基础。[4] 若要调和信息自由与著作权之间的矛盾冲突，除采取对信息自由在法律规范内的鼓励措施外，还要对著作权制度进行改革，从而使著作权适应数字环境下信息流通方式。

从作品信息流通过程来看，权利人对作品复制、传播及演绎享有垄断性权利是著作权的主要内容。除了法定许可、合理使用等特殊制度外，对于作品的上述使用均需取得著作权人的授权许可方可进行。在传统著作权领域，著作权人关于许可的意思表示通常以明示的方式进行，并在

---

① 刘素华：《论通信自由的宪法保护》，《法学家》2005 年第 3 期。
② 李淑娟：《共享理念下图书馆的著作权合理使用——基于 SoLoMo 视角》，《河南图书馆学刊》2017 年第 4 期。
③ 张伟君：《版权扩张对信息获取的影响及其反垄断法规制》，《科技与法律》2006 年第 1 期。
④ 胡波：《共享模式与知识产权的未来发展——兼评"知识产权替代模式说"》，《法制与社会发展》2013 年第 4 期。

大部分情境中，以许可合同的订立方式来取得合法授权。取得授权成为作品被合法利用的先决要素，而部分学者却将其嘲讽为"许可文化"[①]，同时提出疑问，"孤儿作品"应怎样获取许可？诚然，对于创作者搜寻并不简单，即使寻找到创作者，授权谈判成本亦不菲，在申请授权过程中，诸多使用者在对不菲的许可成本与使用后所获取的经济利益对比斟酌后选择放弃，该窘状在数字环境中极为明显，即互联网技术所形成的作品流通便利程度与著作权许可高昂的交易成本之间形成强烈的对比冲击，由此可知，该"许可文化"与数字环境下作品传播的发展趋势极不吻合。

至此，转化"许可"的常规思路也许成为问题的解决方法之一。众所周知，在民法领域中，明示并非意思表示的唯一表达方式。在特定情形中，根据行为表达、法律规定或者约定，以及行业惯例所推定的意思表示，同样有效，这便是"默示"[②]。换而言之，默示的意思表示同样可以被认定为法律行为，能够对相对方产生拘束。正如庞德所言，法律须最大限度满足社会需求，亦须以最小的对价作为成本，进而实现各方利益主体之间的平衡与协调。[③] 著作权默示许可制度因其独特的弹性机制，不仅可以降低授权成本，还给予裁判者在个案纠纷中相应裁量方法，对应主体行为、行业惯例等因素来对默示许可的构成进行判定。可以说，著作权默示许可制度的运行可进一步调和信息自由诉求与权利保护规定之间的矛盾冲突，尤其在数字环境下更显现其制度适用价值的重要性。以微信为例，微信平台中诸多作品，如文章、图片等均具备著作权，但在实际生活中，对于微信普通用户而言，在朋友圈内转发公众号文章，很少追根溯源，寻求创作者许可；而对于微信公众号而言，在其作品发布之时，便已预见其作品会被转发，甚至在主观上希望作品能被更多用户所阅读，进而言之，在"流量为王"的微信时代，诸多微信

---

① Richard H. Chused, "The Legal Culture of Appropriation Art: The Future of Copyright in the Remix Age", *Tulane Journal of Technology & Intellectual Property*, 2014(17).

② 〔德〕卡尔·拉伦茨：《法学方法论》，陈爱娥译，商务印书馆，2003，第486页。

③ 邹琳、陈基晶：《慕课教育的合理使用问题研究》，《知识产权》2015年第1期。

公众号精心创造文章内容，目的便是创造"10万+""100万+"的超级阅读量，而该超级阅读量的实现，便是通过用户转发来实现。依据著作权法规则，未获取创作者明确授权许可，对作品进行传播应被认定为侵权，每一位作品转发者均为侵权人。著作权默示许可制度的适用价值在于，依照微信用户朋友圈的使用习惯，作品权利人将作品从微信公众平台发布至朋友圈的行为，可推断该权利人对于不特定微信用户转发其作品的默示许可。著作权默示许可制度在数字环境中适用性极强，缓解了信息自由与著作权保护之间的激烈冲突。可以说，著作权默示许可制度的功能价值在于促进社会主体所享有的信息自由实践的同时，激发创作者创作热情，保障其经济利益，从而推进知识创新，加快人类社会文明进程。

二　意思表示：默示许可的理论起点

2020年5月28日《民法典》诞生，这是我国历史上首部以"法典"命名的法律，标志着我国从此步入"法典化"时代。从《民法通则》到《民法总则》再到《民法典》颁布，"法与时转则治，治与世宜则有功"[①]，这标志着中国特色社会主义法律体系的完善，不仅是对民事权利的充分保障，更是对法治精神的充分贯彻。

著作权默示许可制度作为著作权领域一项富有弹性的许可机制，在民法典时代，如何构建科学合理的制度体系？民法典具有价值意义的原则与规则如何引入默示许可？要解答这些问题，我们均须从源头上深入挖掘。从理论层面而言，意思表示理论成为著作权默示许可制度坚实的民法基础。对著作权默示许可制度理论正当性探讨，更应以其民法基础剖析作为前提。

---

① 《韩非子新校注》卷二十《心度》，陈奇猷校注，上海古籍出版社，2000，第1185页。强调法度应随时顺应变化而变化，社会才能治理得好；社会管理与社会实际相适应，才能取得成效。

（一）民法中"默示"与著作权默示许可的关系

1.《民法典》立法历程概览

我国民法的探索与建构须从近代谈起。甲午战争之后，大清开始"变法图强"，1902 年，修律大臣伍廷芳、沈家本负责制定民律。1908 年，在日本法学家松冈义正辅助下，《大清民律草案》完成。此后两个月清朝覆灭，而该草案尚未颁布。① 国民政府成立后，法制局负责草拟民法典，历时 3 年完成，《中华民国民法典》成为中国历史上首部颁布实施的法典。新中国成立后，全国人大常委会于 1954 年、1962 年组织起草民法典，但最终未能完成。改革开放后，我国第三次民法典立法工作开启。1986 年，《民法通则》颁布，成为改革开放进程及中国特色法律体系建设过程中的不朽丰碑。其不仅明确了民法所调整的法律关系，更赋予民事主体广泛的权利。此后，《合同法》《物权法》《侵权责任法》分别于 1999 年、2007 年、2009 年相继出台，成为我国民事立法在改革开放过程中的重要成果。2014 年，民法典立法决定再次被作出，并于 2015 年正式启动，此次决定不仅重大，更富重要意义。所谓编纂，不仅要体现"编"之宏大，更要体现"纂"之水平，因此，民法典的编纂工作并非将现行法律简单汇集，而是要面对新问题进行制度完善与创新。② 2020 年 5 月 28 日，经历了五次立法的积累与沉淀，设有七编 1260 条的《民法典》正式颁布，它承载了几代法律人的梦想，不仅是民事权利的保障书，更彰显了大国的文化高度和软实力，为民事立法历史添上了浓墨重彩的一笔。

2. 民法与著作权法之间的适用关系

学术界早有关于民法与知识产权法关系的讨论，尤其是知识产权法是否应被纳入《民法典》，而这一讨论因《民法典》的颁布暂停，但实

---

① 温世扬：《中国民法典体系构造的"前世"与"今生"》，《东方法学》2020 年第 4 期。
② 王轶：《中国民法典的前世今生》，《群言》2020 年第 3 期。

际上学术界对此并未形成统一意见。知识产权作为一项民事权利，必然是民法的组成部分。[①] 民法中所设定的基本原则与相关制度毫无疑问适用于知识产权法领域。[②] 对于该论点，我国传统学科体系亦可印证，即民法是归属于法学门类下的二级学科，而知识产权法是属于民法门类下的三级学科。[③] 因此，民法与知识产权法的关系可以概括为"主从""上下""首脑与肢体"。在民事权利体现上，知识产权法应与物权成为同一位阶，成为整体不可分割的一部分，将知识产权法单独成编融入《民法典》，具备一定的合理性基础。[④] 但知识产权法并未独立成编纳入《民法典》实属遗憾。对于两者之间的关系，赵万一教授评价：知识产权法既想与民法完全分离，来体现自身特有价值与重要性，但又难以突围民法织就的细密大网，时刻须被民法概念与规则所规制。[⑤] 总体而言，知识产权法对于《民法典》的理论与规则都可直接适用，而《著作权法》作为知识产权法的重要组成部分，同样适用于《民法典》的理论与规则。回归文章主旨，意思表示理论作为民法的重要基础理论，亦应在著作权法中有所体现。

3. 意思表示理论对著作权默示许可制度的价值体现

众所周知，意思表示方式主要由明示与默示构成。相较于明示的意思表示，默示的意思表示更显现其特殊性。默示的意思表示是以表达者一定的沉默状态或相关行为对其表达内容进行推定。著作权默示许可制度因其有别于其他许可制度的独特形态而备受关注，意思表示理论便是其正当性存在的理论起点。

（1）著作权许可是以权利人意思表示为核心内容的民事法律行为

---

① 刘春田：《知识产权法》（第5版），中国人民大学出版社，2014，第23页。

② 吴汉东：《知识产权法》，北京大学出版社，2014，第6页。

③ 王迁：《将知识产权法纳入民法典的思考》，《知识产权》2015年第10期。

④ 刘春田：《我国〈民法典〉设立知识产权编的合理性》，《知识产权》2018年第9期。

⑤ 赵万一：《知识产权法的立法目标及其制度实现——兼论知识产权法在民法典中的地位及其表达》，《华东政法大学学报》2016年第6期。

法律行为是指为达到产生私法上法律后果的目的，某单一主体或多方主体实施单一或若干存在必然联系的行为，从而实现主体之间法律关系变更。各主体均以法律行为的形式构建并联结与其他主体间的法律关系。[①] 可以说，法律行为作为民法的核心内容，其基础构造便是意思表示。所谓意思表示，是指表意者将能够发生法律效果的内心期望表达为外部的行为表示。进而言之，意思表示的产生过程分为三步：第一，行为人存在能够产生法律效果的期望，此为效果意思；第二，将效果意思向外部表达的期望，此为表示意思；第三，产生将表示意思向外部表达的行为。故而，意思表示主要要素构成为效果意思、表示意思及表示行为。其目的在于将能够产生法律效果的意思通过一定的行为方式进行表达，从而实现各主体间意见交换，换言之，该行为主体亦是通过行为方式向特定主体表明其意欲产生的法律后果。而著作权许可是指著作权人赋予使用者行使一定行为的权能，换而言之，许可行为便是以主体之间的意思表示为核心内容，以行为方式表达出相关权利意图，并在实践中体现为著作权许可合同。需要强调的是，国家权力机关为平衡各方主体利益，采取的非自愿许可方式如法定许可、强制许可等，对权利人主观意志为何并不在意，故而，此类许可方式仅可适用于例外状况。由此可知，著作权许可是权利人意思表示为主要内容的民事法律行为，无论明示抑或默示，在某些特殊情况下出于某种公共目的，该权利人的意思表示都将会受到一定程度的限制或排除。

（2）意思表示理论是默示法律行为的重要支撑

因意思表示表达方式不同，民事法律行为亦会随之变化。明示的意思表示可被认为是民事主体通过语言或社会惯常表意方式直接宣示表达，其他社会主体可直接领悟到其表达的直观含义。而默示的意思表示则是指民事主体不直接通过语言文字直接表达，而是以消极不作为或实

---

① 〔德〕卡尔·拉伦茨：《德国民法通论》（下册），王晓晔等译，法律出版社，2003，第426页。

施某种特定行为方式使相关主体通过主体约定、法律规定、行业惯例等进行内心意图推定的表达方式。① 虽然明示法律行为是民事法律关系中的常见形态，但默示的意思表示广泛存在，默示的法律行为亦须重点关注。

依意思表示理论，默示的意思表示往往适用于以下两种情形。第一种，沉默的意思表示，即行为人以消极不作为方式表明其意欲表达的法律效果。具而言之，其一，当事人约定下沉默的意思表示，若双方当事人以约定为基础，沉默便被赋予了特殊含义，沉默作为一种意思表示的法律形式，一方当事人意欲实现某种含义而特意选择沉默，则约定的默示意思表示达成。其二，某种情形下法律规定将沉默视为具备某种法律后果的意思表示，其以法律拟制的方式，不需当事人具备表示意图或意思表示行为的可归责性，当事人只要保持沉默未作出相反行为，则该沉默事实便可实现法律效果。第二种，推定的意思表示，即表意人未对某种法律效果意思进行直接表达，而是以语言表述或者特定行为方式，对内心真意间接表达的方式。意思表示可依据双方当事人明确约定与法律具体规定进行推定，推定方法与沉默的意思表示类似，除此之外，还可依据行业惯例或社会典型行为予以推定，亦即若公众对特定行为依据行业惯例或社会典型行为存在共同认知，只要某主体实施该项行为，即使未用言语表达仍可进行意思推定。简单来讲，沉默的意思表示与推定的意思表示不同之处在于，前者以表意人消极不作为判定其法律效果，而后者则依据表意人作出的具体行为来反推其法律效果。② 由此可知，默示的意思表示在实际生活中广泛存在，默示法律行为作为一种特殊民事法律行为不得被忽视。结合我国立法情况，我国相关民事法律关于默示民事法律行为的规定均体现出深厚意思表示理论基础，如《民法典》第 140 条关于沉默的效力认定规定，第 469 条关于合同订立时当事人可

---

① 史尚宽：《民法总论》，中国政法大学出版社，2000，第 356 页。
② 〔德〕迪特尔·施瓦布：《民法导论》，郑冲译，法律出版社，2006，第 346 页。

采取除书面、口头形式外的其他形式等，可以说，意思表示理论是默示法律行为最重要的基础支撑。

（二）默示的意思表示在著作权领域的具体体现

1. 著作权默示许可与推定的意思表示

依前文所述，推定的意思表示意指意思表达者在行为表示时，通常不以话语或者文字表述为其表达形式，而是通过某种具有法律意义或者其他特定意义的符号进行表达，该符号所传达出的意义，或来源双方约定，或来源行业惯例，而此类意思表示与通过话语或者文字所产生的意思表示效力相同。具体至著作权领域，数字环境下创作者对作品以某特定方式发表，则推定为创作者同意作品传播或使用，虽然其并未以明示方式进行，但仍可作出创作者对其作品传播及使用默示许可的推定，在实际生活中若权利人欲向网络视频网站上传作品便会发生此类法律效果。权利人在向网络视频网站上传作品时，通常需要签订对上传作品使用规则作出详细规定的协议，其作为电子格式合同，因具有合同特征而被网络服务行业广泛采用，若内容未与强制性法律相违背，通常均会认可其效力。若使用者欲使用该网络服务，必须接受其各项条款内容，除非放弃使用。以优酷网使用协议为例，该协议在第 6 条明确：若用户无特别告知，优酷网将用户视为上载内容版权拥有人，并授权优酷网站对其内容享有可转让使用权许可，可以复制、出版等形式或授权第三方使用。由此可知，若权利人在该网站上载作品即表明其接受了该协议，并许可该网站以协议所述内容对其作品进行使用，除非权利人特别告知视频网站不得使用的具体方式。在此情境中，通过权利人所作出的上载作品以及未特别告知网站运营者作品禁止使用方式的行为，便可推定出权利人对有关网络服务运营者使用其上传作品的默示许可。

2. 著作权默示许可与沉默的意思表示

在大部分情形中，沉默无法产生法律效果，但在特定情形中消极不作为能够产生法律效力，亦印证德国学者卡尔·拉伦茨的观点：沉默能"说话"①。学者施启扬主张，沉默一般情况不直接产生法律效果，只有基于行业习惯或当事人约定，沉默会被视作"意思表示"。此外，沉默在法律中亦会被视为具备一定效力的意思表示，该种特定情形被称作"规范化的沉默"或"拟制的意思表示"。学者韩世远认为，通常情况下沉默不具备法律意义，但在当事人约定或者法律规定情形下，沉默便具有了意思表示的意义。② 如《民法典》第638、734、1124条沉默分别在买卖使用、房屋租赁及遗产继承情境下体现出其意思表示的特定含义。在原《民法通则》第56、136条及原《民通意见》第66条规定下，沉默所产生特定含义的限制条件为当事人约定与法律规定，然以当事人约定及法律明确规定作为沉默具备意思表示法律效力的限定条件，是否全面客观需要我们进一步反思。学者迪特尔·施瓦布就此问题作出回应：在固定的交易关系或习俗中沉默亦会具备效力，其因存在于行业惯例中作为意思表示的标志而被相关主体所接受。③ 由此可知，迪特尔·施瓦布认为沉默具备意思表示效力的条件包含行业惯例与交易习惯，值得大力肯定。同时，英国学者哈特亦言，即便作为理想我们也不应如此设想，法律规定必须详尽，从而预先涵盖所有特定事件的发生。④ 值得庆幸的是，《民法典》第140条对沉默的意思表示进行效力认定时，除法律规定、当事人约定外，增加习惯交易均作为认定条件，在一定程度上体现了立法的进步。

在著作权领域沉默所具备意思表示法律效果亦存在，具体而言，在当事人约定或者法律规定的特定情形下，著作权人虽未实施积极举措，也未采用明确的言语表示，沉默仍可被视为默示许可的意思表示，例

① 〔德〕卡尔·拉伦茨：《德国民法通论》（下册），王晓晔等译，法律出版社，2003，第485页。
② 韩世远：《合同法总论》，法律出版社，2004，第113页。
③ 〔德〕迪特尔·施瓦布：《民法导论》，郑冲译，法律出版社，2006，第347~348页。
④ 孙永兴：《论民法典的权利保障功能及其实现机制》，《求知》2020第8期。

如，该特殊情形在《信息网络传播权保护条例》第 9 条中便有所体现。概而言之，该条文明确规定以扶助贫困为目的，网络服务提供者向农村地区提供相关作品，著作权人若在 30 日公告期内未提出反对意见，则其沉默可被认定为著作权人对他人使用该作品的默示许可。

三　信赖保护：默示许可的价值追求

无论在英美法系抑或大陆法系，信赖保护原则均体现出积极作用，其终极目的在于保护相关交易主体在交易过程中所产生的合理信赖，从而有效维护交易过程中所显现的公平、安全与效率等价值。而著作权默示许可制度通过保护著作权被许可人合理信赖，实现了交易公平与安全，有效促进了作品快速流通与转化。可以说，信赖保护理论为著作权默示许可制度产生与发展提供了坚实理论基础与强力支撑。

（一）允诺禁止反言原则是信赖保护的基本表现

允诺禁止反言原则是指承诺人因存在充分理由相信并预见该承诺将使相关主体产生相对作为或不作为，而该承诺的确致使作为或不作为产生，为实现公平正义可对该承诺实施强制力保障执行。依历史渊源而言，允诺禁止反言原则由衡平法与普通法融合而生，其发源于英国衡平法并由法官凯恩斯在休斯诉大都市铁路公司案中被认识其存在合理，后被应用于 1888 年伯明翰和地区土地公司诉伦敦和西北铁路公司案。[①] 至 1974 年，丹宁勋爵在 Central London Property Trust Ltd v. High Tree House Ltd 案中首次以判决形式对允诺禁止反言原则予以确定。在该案中，原告对特定时间段的租金降低作出承诺，丹宁勋爵认为一方主体的言行足以使相对主体信赖并采取行动，若允许该方主体曾作出的允诺，对相对

---

① 〔英〕阿尔弗雷德·汤普森·丹宁：《法律的训诫》，杨百揆、刘庸安等译，法律出版社，1999，第 225 页。

主体而言并不公平，故而对未来行为的承诺仍适用允诺禁止反言原则。① 而后，该原则在英国持续适用并逐步扩大，丹宁勋爵在 1970 年 Panchaud Fr'eres Sa 案中将允诺的表示方式扩张至默示行为。亦如丹宁勋爵所述："允诺即为义务，无论此种允诺以何种方式作出，如行为、言语、沉默或者默示等，凡可产生法律效果，均不允许允诺表示者违背诺言对无辜相对人利益造成损害。"②

相较英国天然保守的思维理念，美国允诺禁止反言原则发展相对迅速。具体而言，信赖保护原则在 20 世纪由法律现实主义浪潮助推，并在《合同法重述》公开后，激烈探讨了允诺禁反言的原则边界。③ 之后法官依照默示条款拟制规定对建筑投标案进行判决并明确：若分包商之前报价存在合理信赖，则默示该允诺不可撤销，分包商亦不得在事后对曾经报价有所反悔与违背。至 20 世纪 60 年代，允诺禁止反言原则逐步在商业中适用并被学术界接纳认可，此外，该原则被更多国际主体接纳且在《国际商事合同通则》《联合国国际货物销售合同公约》等国际条约中体现。④ 总体而言，该原则在《合同法重述》第 90 条显现尤为明显，该条规定："若该允诺时承诺人可合理预见并诱使相对方或第三人有所作为或不作为且实际的确致使该作为与不作为发生，为避免不公平结果唯有采取强制执行情况下，该允诺具备约束力。违反允诺而产生的法律救济须限定在公平正义范围之中。"在现代法律体系中，该规定为整个私法领域当事人法律行为强制力的认定提供了重要依据。总而言之，允诺禁止反言原则是英美契约法中对合理信赖利益进行保护而存在的庞大规则群，并以缺乏公平对价的合同效力纠纷案件为实践体现，同

---

① Central London Property Trust Ltd. v. High Trees House Ltd. (1947), K. b. 130.

② 胡晓红、乔煜：《允诺禁反言原则——价值功能与适用》，《科学·经济·社会》2004 年第 3 期。

③ 浩然、王国柱：《论信赖保护理论对知识产权默示许可制度的支撑》，《河南财经政法大学学报》2013 年第 5 期。

④ 陈融：《论信赖利益保护原则的兴起与流变——以英美合同法为视角》，《河北法学》2011 年第 1 期。

时亦为该原则在知识产权领域乃至著作权领域的进一步延伸扩展提供了坚实的理论基础。[①]

（二）信赖保护在著作权默示许可中的正当性证成

1. 保护著作权被许可人合理信赖是保护交易公平的显著体现

允诺禁止反言原则在英美法律体系中蓬勃发展的重要原因在于，其对对价制度所存在的缺陷可予以弥补。在该法律体系中，强制执行力仅针对存在对价支持的合同，若合同不具备对价支持则不可被强制执行，然此举措对合理信赖的受诺相对方而言显失公平，而允诺禁止反言原则为维护合同关系应具备的公平正义，限制允诺人对其承诺违背反悔并对合理信赖的受诺相对方造成的损失给予补偿。由此可知，允诺禁止反言原则主要目的在于实现交易公平正义。反映在著作权许可行为中，若许可人未明示许可意思，而被许可人对其沉默或特定行为已形成合理信赖，此时对被许可人的信赖保护虽可能偏离许可人的真实意思，但默示许可仍被认定为符合公平正义价值。究其根本，著作权人通过默示行为自行创设了利益减损的可能性，且该风险源自主体的自主行为，不可归责于他人；更关键的是，当被许可人的合理信赖已客观形成，若对此信赖利益不予保护，将导致显著不公——这本质上与交易公平的价值取向相悖。

鉴于信赖保护原则在交易公平方面所展现的积极作用，社会各界极易将其与诚实信用原则造成混淆，更有甚者，认为允诺禁反言是在司法实践中诚实信用原则的延展。然两者之间实质截然不同。第一，两者本质内涵存在差异。诚实信用原则以约束相关主体之间诚实守信的道德准则，不对他人利益造成损害的同时完成自我利益实现；而信赖保护原则非道德准则，强加义务履行依据是被许可人对于许可人的合理信赖，诚信与否对法律规则逻辑结果的产生不造成影响。第二，两者制度功能存

---

① 马新彦：《现代私法上的信赖法则》，社会科学文献出版社，2010，第20页。

在差异。纵观诚实信用原则，其无论在债权法抑或现代民法中均扮演着义务性道德准则角色，并在性质上归属于行为准则性法律原则；而信赖保护原则以保护交易主体间的合理信赖利益为主要目的，并不过分关注于交易主体之间权利义务的行使履行，故而其在性质上可归属于立法准则性法律原则。第三，两者存在互相冲突可能性。诚实信用原则的价值目标为诚实守信避免欺诈，而信赖保护原则的价值目标为创造良好的交易秩序及相互信赖的市场环境，若该两者发生价值冲突时将产生迥异结果。[1] 总体而言，信赖保护原则因其特殊价值目标成为有别于诚实信用原则的独立原则，而在著作权默示许可领域，相较于诚实信用原则，信赖保护原则所展现的作用更为显著。在关于著作权默示许可效力认定方面，若对著作权许可人与被许可人适用诚实信用原则作用有限，原因在于对著作权许可人所表达行为仅予以道德评价，对默示许可效力认定并无太多帮助，对其表达行为外观及相关合理信赖予以考评才是重要认定因素；而诚实信用原则在考量被许可人是否存在主观善意及诚实守信等情形时发挥了积极作用，而此些情形则可作为合理信赖的判定因素予以关注考虑。[2]

2. 保护著作权被许可人合理信赖是维护交易安全的关键举措

交易安全是指在交易过程中交易行为所表现出的稳定状态。具体而言，其表现形式有二：一是交易行为须被主体合法信任，即此行为不会因法律禁止而失去效力；二是交易活动参与主体应对交易行为所产生效力存在明确期待，相关主体不得致使该交易行为长期处于非稳定效力。[3] 在民法中存在两个相对概念，即静的安全与动的安全。前者是指主体原本享有利益并以法律为保护方式的安全状态，如财产所有权；后者是指主体通过相关活动获取利益时，法律应对该项新取得利益予以保

---

① 马新彦：《信赖原则在现代私法体系中的地位》，《法学研究》2009 年第 3 期。

② 朱广新：《信赖责任研究——以契约之缔结为分析对象》，法律出版社，2007，第 138 页。

③ 孙鹏：《交易安全及其民商法保护论略》，《西北政法学院学报》1995 年第 5 期。

护使之保持效力的安全状态。相较于静的安全，交易安全旨在维护权利或财产在转移流通过程中确定合法状态，与后者构成要件契合，应归属于动的安全。在交易形态日益成熟的现代社会，静的安全自然不可或缺，然社会主流更趋向于权利与财产的飞速流转与高效利用，财产积累与增值已成为社会关注点，在此种背景下，交易安全作为典型动的安全表现形式逐步体现出优越性。具体而言，动的安全终极目的在于对具备期待利益交易行为的安全维护，交易参与者进行交易的前提是合理信赖交易行为可产生预期回报，该合理信赖包含诸多因素，如语言表达、相对行为、沉默所含意义等。由此可知，交易安全与合理信赖之间的关系相辅相成，合理信赖推进交易安全有序发展，交易安全保障合理信赖得以实现。在著作权默示许可中，若被许可人依据许可人所表达意图可推定出作品的使用许可，则著作权被许可人便在此过程中获得一项合理信赖，且该合理信赖亦得到相关法律的认同与肯定。反之，将使相关交易主体陷入既不公平亦不正义的尴尬局面，并对当前社会和谐稳定的市场秩序的构建起到一定程度的阻碍作用。故而，对著作权被许可人对于相关交易行为合理信赖进行保护是维护交易安全与良好市场秩序的重要举措。

3. 保护著作权被许可人合理信赖是提升交易效率的重要手段

现代法律将效率作为其重要价值目标的原因有三。一是取决于市场经济本质属性。市场经济本质在于追求效率，社会经济发展的终极目的为实现资源配置利用的最大化，从而实现大幅提升经济效益、降低交易成本。二是取决于交易本质属性。产品交换仅是市场经济的浅显手段，其实质目的在于借助交易而实现对于利益资本追逐的最大化。三是取决于现代交易特征。快捷、简便被视为当前现代交易两大重要特征，该两大特征亦是促进交易效率的重大体现，不仅简化了交易手续、缩短了交易时间，更大幅度降低了交易成本，减少了交易的诉讼纷争。[①] 若欲运

---

① 卢以品：《安全与效率的平衡——论合同法的价值目标》，《甘肃政法学院学报》2000年第1期。

用法律制度来维护交易安全，则必须明晰交易效率与效益安全两者之间的关系。具体而言，两者是相辅相成、互相依存而生的，只有对交易安全进行全面维护方可有效提升交易效率。以信赖保护原则举例说明，对交易安全有效保护，即对交易主体基于交易行为产生的合理信赖进行保护，可进一步简化交易事宜流程，有效降低交易时间成本，大幅提升交易活跃性与成交率。可以说，在信赖保护原则中，效率价值被置于靠前价值位阶，通过消弭相关交易主体在交易过程中出现的风险与不确定性，鼓励当事人积极交易，从而实现社会经济效能提升。在著作权许可行为中，著作权被许可人根据许可人相关行为判断及解读其意思表示，并对该意思表示产生合理信赖认为该许可人的确表达出许可意图，若该合理信赖具备成就意思表示的可能性且可避免不必要纠纷，则原本或许无效的许可行为将会重新赋予效力，对于被许可人而言，该默示许可生效节省各项交易成本，同时提高了作品流通效率，极大促进了知识产品运用与转化。

（三）信赖保护在著作权默示许可判定中的具体适用

信赖保护原则构成要素在英美法律体系中主要表现为：一是承诺人对于该诺言将使受诺人产生合理信赖且仍然作出承诺；二是受诺人的确存在合理信赖并因此受到利益损害；三是仅对承诺人实施强制执行才可维护公平；四是承诺人作出承诺存在证据印证。而该原则构成要素在大陆法律体系中体现为：一是客观方面存在外观事实；二是主观方面存在受诺人合理信赖；三是主观方面的合理信赖引发受诺人利益损害。因信赖保护原则在英美法系与大陆法系的历史渊源、适用范围等方面存在差异，从而导致其构成要素亦有所差别。然其对于保护合理信赖及矫正法律规则等方面存在一致性致使该原则适用效果产生同一性。[①] 故而，对于两大法系所创设的信赖保护法律制度包含以下关键要件。一是显著意

---

① 马新彦：《现代私法上的信赖法则》，社会科学文献出版社，2010，第272~282页。

思表示及事实构成。受诺人对于许诺人的合理信赖往往基于显著意图或者特定事实构成，该显著意图或特定事实由受诺人依据社会一般标准及理性人对事物的认识程度，并辅以外部迹象进行判定，从而推断出允诺人意思表示。二是信赖行为，该信赖行为主要特指受诺人基于对许诺人的合理信赖而产生的一系列行为。三是该合理信赖者须具备善意，亦即受诺人对于允诺人作出的承诺坚信不疑。四是责任可认定，即该允诺的产生与事实构成均可归责于相关主体。[①] 该信赖法则的构成要素不仅是合理信赖成立与否的界定条件，亦成为该信赖损害产生后的赔偿判定标准。在对相关主体允诺行为是否构成默示许可进行判定时，仍须对上述四项要素进行考量，需要强调的是，因案件情况差异性体现，各项要素在具体案件中反映程度亦有所差别。

此外，运用信赖保护法律制度进行著作权默示许可判定时须准确认定信赖损害，而信赖损害具有诸多形态，依据信赖损害产生时态差异分类为未来信赖损害与现实信赖损害；而依据信赖损害具体形态差异分类为机会利益损害与财产损害。适用信赖保护法律制度主要目的在于为维护交易双方公平正义价值，使受诺人因合理信赖取得预期利益并以此对信赖损害予以消弭，使原本并无强制效力的合同文本产生强制执行效力。而在著作权默示许可领域，其主要目的在于判定著作权许可人是否表达许可意图，而被许可人亦是否基于合理信赖产生自己已取得许可意念，对于其因合理信赖而产生的合理损害并不过分关注。换句话讲，著作权默示许可的认定重点在于对该许可关系是否成立的认定，而非被许可人基于合理信赖产生信赖损失的认定，故而，在著作权默示许可纠纷中，大多数著作权被许可人采取以默示许可已取得事由作为其侵权抗辩理由。

---

① 朱广新：《信赖责任研究——以契约之缔结为分析对象》，法律出版社，2007，第94~95页。

第二节　数字环境下著作权默示许可制度的经济分析

著作权与经济学密切相连，作品含有相应经济价值，对著作权制度仅从法理层面予以研究并不全面。法经济学认为法律在进行权利界定过程中须达成社会成本最低化，亦即对法律选择成本低廉的权利配置形式与实施程序提出相应要求。[①] 故而，法经济学更为注重法律制度为社会各界所带来的效益，因此，须基于经济学效益原理从激励理论、交易成本理论及长尾理论对数字环境下著作权默示许可制度进行深入了解与客观评价。

一　激励机制：作品创造与公众接触的经济驱动体现

（一）著作权法激励理论发展背景及经济激励结构

著作权法随时代变迁逐步演进，对其正当性理解亦随之变化。著作权法产生与发展为经济需求、精神需求、社会需求三方共同作用结果，而该三项需求的满足均须以对创作者创作行为进行激励为前提条件。激励理论不仅将财产权适用于著作权领域，更通过创作者对其作品享有专有权的方式以激励创作。在著作权领域，激励思潮最早于《安娜女王法》中出现，并在序言中强调，著作权法的目的在于谨防使用者不经创作者同意擅自对作品进行印刷、翻印或者出版，从而鼓励创作创新。随着历史演进发展，两大法系国家均认为著作权法是一种为激励创作者创作且促进作品传播的财产权制度。1842 年英国《著作权法》阐明，著作权法的制定可为创作者创作作品提供最大鼓励。1995 年美国在《有关知识产权与国家信息基础设施报告》中亦强调激励理论并认为，在数字进步大背景下，立法者应对著作权法进行分析从而保证创作者创作与

---

① 宁立志：《知识产权权利限制的法经济学分析》，《法学杂志》2011 年第 12 期。

公众接触作品之间的经济激励平衡。① 由此可见，创作者无法单靠赞许生存，一旦作品被侵权，创作者热情将会骤减。以垄断视角而言，著作权人对作品拥有绝对控制权；而以激励视角而言，作品可给予权利人经济利益，作品创作与传播亦基于其效用。需要强调的是，著作权法所具备的促进知识传播等公共政策目标与创作者因作品所享有的经济利益并不冲突。具体而言，著作权法创制目的之一为保护创作者进而对激励作品创作传播，正因此目的存在，公众才得以对作品进行接触。若无法对创作者进行保护，作品将遭受不法侵害，创作者必然不愿将作品投入市场并为创作付出更多心血，甚至存在选择将思想不予公开的可能性。

社会主体欲在经济活动中获取一定的经济利益与"经济理性人"设定相符，著作权法天然具备鼓励创新创造理念，已内化为创作者对其知识产品经济利益获取激励。虽然著作权法以推进社会知识进步为终极目标，但在具体制度设计中选择以市场经济利益来激励作品创作与传播。该制度设计不仅鼓励作品商业化发展，更允许创作者在作品商业化进程中获取应得经济利益。简而言之，著作权法重点关切点在于为创作者提供适当且充分的利益激励，并在利益驱动中激发创作从而实现公众对作品的合法接触与使用。值得一提的是，经济激励并非激发著作权人创作的唯一目的，而著作权法授予的专有权也并非建立在作品商业化基础之上。② 然著作权法激励创作目标与商业化经济利益紧密相连，以经济学视角分析，创作者可被看作著作权法范围内经济利益寻找者，若创作者对作品作出控制并尝试获得一定经济利益时，便已处于著作权制度激励体系之中。在该激励模型中，激发创作者创作的重要动因之一便是，其在作品商业化进程中所取得的市场经济利益。此外，著作权法还给予著作权人控制作品的独占权利，而此控制行为，相较可任意复制及

---

① Information Infrastructure Task Force, Intellectual Property and the National Information Infrastructure: The Report of the Working Group On Intellectual Property Rights7. 14(1995).

② Stewart v. Abend, 495 U. S. 207, 228-29(1990).

销售且无法律保障的作品而言，著作权人可获取更为可观的经济利润。故而，著作权法的经济激励结构便是赋予著作权人对于作品控制的绝对性专有权的同时，将作品商业化作为手段，提供市场经济回报激励新作品创作，从而促进全社会知识传播与利用，有效保障社会公共利益。[①]

（二）著作权法激励理论的经济学内涵

经济学理论为著作权法社会政策考量提供了重要依据，该理论重点关注内容是成本与收益相关问题，采用经济学理论进行著作权法正当性论述亦须从成本与收益问题切入。依作品创作角度而言，创作者毫无疑问需投入相当创作成本，如时间、劳作等；待作品创作完成后方可获取利益，该利益内容不仅为经济利益，更包含精神利益，如名誉、威望等，再加之作品社会属性影响，知识信息的传播利用亦能产生一定社会效益。故而，以理性经济人视角分析，创作者仅在作品收益大于创作成本时才能产生创作动力。[②] 然在此成本收益分析中不得忽视的重要考量因素为作品所体现的社会利益，因作品作为知识文化传播的重要媒介具有重大社会价值，若作品的社会需求足够强烈，则在作品创作成本大于取得收益时仍可激发作者创作热情。此外，著作权法以赋予著作权人专有权方式亦对激励创作发挥了积极作用，创作者不仅可以在作品传播与利用当中获取人格利益，更可依赖市场取回创作投资产生的经济权益。总而言之，当创作者私人利益置换为作品产生的社会利益大于社会成本后，有益作品将不断出现。以法律经济学维度而言，为作品提供激励机制继而产生有用社会价值是著作权法最终目的。为实现该既定目标，须对创作进行激励，具体方法为以市场产生的公正经济报酬来激励创作者创作，而对创作者进行权利保护亦有利于出版者对作品商业化进行投

[①] 17U. S. C. 106-106A(1994).

[②] 〔英〕亚当·斯密：《关于法律、警察、岁入及军备的演讲》，陈福生、陈振骅译，商务印书馆，1962，第 260 页。

资。故而，从经济逻辑而言，著作权法具备合理经济逻辑，著作权人对作品经济收益所享有正当控制权来源于该作品对于公众所产生的价值与贡献；从边际效用而言，作品边际效用市场与创作者个人努力及市场供求驱动力相符。

著作权法的构建更解决了垄断控制等外部性问题，为作品创造与公众接触提供持续经济驱动。具体而言，著作权法所产生的激励功效主要体现为对于作品创作本身的激励及对于作品产出利益的调整与控制，其不仅对作品地位确认并保护，从而排斥抄袭、剽窃等非法行为对作品合法性侵害，更设计相应惩罚措施以激发作品创作。此外，从市场机制及作品商业化视角亦可理解著作权法的激励效能。依照激励理论，作品所产生的市场经济报酬是作品创作与传播的驱动力，亦即以绝对性专有权方式，为权利人控制作品在市场流转过程中产出的经济利益提供保证，而该控制力可阻却他人获取自身作品的经济利益。在此情境下，著作权法可被视为为著作权争取经济利益的另一种形式市场机制。假设作品优秀至获得公众一致追捧，则创作者不仅可收回起初的创作成本，更可取得可观利润。恰如美国关于创作者收益规定，即对消费者添附于作品的所有价值均由该创作者获得，而非投资最低数额。在著作权领域中，作品与有形商品所存在的最大差异点在于，作品可在同一时间段进行相当数量的使用而不存在任何消耗。以经济学维度分析，向社会各界发行的作品，除去基本投入，成本几乎为零，电子版本体现更甚。在科技进步背景下，若著作权法保护缺失，"搭便车"行为便会产生，使创作者与相关出版者陷入创作成本无法收回的窘境，进而对创作热情及出版投资产生严重影响。若著作权保护机制缺失，除非创作者或出版商对经济收益并不在意，否则公众将很难接触并使用优秀作品。因此，为使创作者或者出版商能收回其投资成本，适用激励机制极其必要。

（三）激励机制的不足与欠缺

激励理论认为，著作权成为激励创作投资的方式之一，依本质而言，是统治阶级将其作为鼓励创造带动社会经济文化发展的手段。① 亦即通过授予创作者绝对性专有权利的方式，激励作品创作与积累，从而实现人类社会文明进步的总体目标。进而言之，著作专有权利的设计，除对著作权进行保护外，还具备相应激励功效，亦即通过减缓作品流通速度来提高作品产出数量并传播。正是此种可实现排他性占有与控制的权利，成为激励创作者进行作品创作的必要手段。正如边沁所言：只要有作品出现，整个社会均会效仿之，若他人不支付代价便可获得耗费如此心血的作品，则此人便将进行低价售卖，从而对创作者应有权益进行剥夺，无所收获，便无辛苦投入。②

回归著作权许可领域，依照激励理论分析可知，著作权默示许可与普通许可两者均具备激励功能而存在正当性。具体而言，著作权默示许可通过否定性形成权行使方式来阻却许可行为从而保证著作权人合法行为不受侵害，而在默示许可成立情形下，著作权人仍可享有报酬实现激励功效；而著作权普通许可在充分保证当事人意思自治基础上给予著作权人衡量实施许可行为的选择权，而后作出理性决定，作品使用者为著作权人提供相应报酬亦体现出激励价值。相较两者激励效果可知，默示许可激励效果不如普通许可显著，其正当性效用亦较低，从此角度而言，默示许可也许并非最优选项。须强调的是，激励理论并非唯一论证维度，有学者亦提出如此疑问：著作权具备垄断特质，而垄断将致使作品逐渐稀少且昂贵，质量亦不如从前。③ 该质疑理由的论点在于，激励机制是否可以作为充分必要条件来促进社会整体目标实现？答案显然为否定。故而，该理论的论证仍需其他论据进行补充，进而言之，仅用激励理论协调著作权人与其他主体以及社会公共利益之间的关系并不充

① 冯晓青：《知识产权法哲学》，中国人民公安大学出版社，2003，第 192 页。
② 转引自〔美〕保罗·戈斯汀：《著作权之道——从谷登堡到数字点播机》，金海军译，北京大学出版社，2008，第 143 页。
③ 〔美〕罗纳德·V. 贝蒂格：《版权文化——知识产权的政治经济学》，沈国麟、韩绍伟译，清华大学出版社，2009，第 99 页。

分，仍须以交易成本理论为平衡基点从制度效率维度进行探讨。

除此之外，激励理论亦可反映经济学外部性问题，即权利人对自身权益的追求将对他人或社会产生诸多外溢性功效。此外溢性影响既包括有益影响，亦包括有害影响，前者被称为积极外部性，而后者被称为消极外部性。[①] 假如某行为显现出积极外部性时，可增加第三者或整体社会效用且产生降低成本效果；相反地，若经济行为具备消极外部性，将降低第三者或整体社会效能并增加成本。因此，著作权基于激励理论必然致使他人及社会公众对于作品的使用成本增加，其外部性逐步趋向消极属性。需强调的是，该消极外部性将会对权利人效用产生影响，导致效用无法实现最优。与此同时，外部性还涉及经济学成本概念，亦即经济个体均以最小成本换取最大化利益为最终目标，换而言之，基于激励理论的著作权许可仍须从制度效率视角进行探讨，方可充分论证其经济学正当性，亦即须从交易成本理论中进行著作权默示许可经济学正当性全面论证。

二 交易成本理论："选择—退出"机制契合经济学效率要求

（一）交易成本理论内涵

交易成本理论主要以考量市场行为产生的交易成本及制度与交易成本之间的关系为重点研究对象，主张交易成本高低对财产权界定起到至关重要的作用。在交易成本理论中最具典型性的理论论述为科斯定理，该定理因美国学者科斯创立闻名，并表述为三项内容。科斯第一定律认为，若交易中存在零成本，则无论适用何种规则均可产生有益效能，亦即个体合作并发生无代价交易时，任何法律权利分配皆能出现有利影响；科斯第二定律认为，若交易成本存在，法律规则不可能均产生有益效能，原因在于权利界定不同，资源效能配置亦会存在迥异效果；科斯

---

① 冯晓青：《知识产权法哲学》，中国人民公安大学出版社，2003，第 203 页。

第三定律认为，权利界定与规制均会产生交易成本，且存在受高昂交易成本影响的可能性。对上述定理分析可知，社会实践中零成本交易实属罕见，更多实际交易均具有实在交易成本，包含信息获取成本、合同交涉成本及执行监督成本等。在此交易成本背景下，任意法律规则无释放有益效能的可能性，社会主体更倾向于选择适用产生成本最为微小的法律规则。科斯理论为社会各界了解与评判默示许可制度提供了合理路径，亦即法律应在权利界定过程中产生交易成本最小化。

社会主体生产劳动中存在精神生产与物质生产两大类别，创作作为精神生产表现形式之一亦为宝贵的精神财富。无论精神生产抑或物质生产，其最终目的为以交换方式实现效用最大化，作品具备与有形物品相同的商品性质，故交易活动可体现价值增值，从而实现市场经济资源最优配置。归根结底，交易本质为权利交换而非单纯物品，产权界定旨在实现交易，而所谓资源合理分配本质上是权利资源合理分配。

随着市场交易数量逐步增多，交易形式亦不断更新，为实现各方主体交易需求，须依赖强制性规范对其权利义务进行界定，而著作权便是该种依法获取财产权利的新方式，亦即著作权人将作品公之于众后，社会公众对于著作权人在某时空区间专有权利予以认可，而此观点被西方学者阐释为社会契约关系，以社会与创作者之间所达成的特殊契约。[1]而在著作权法领域，作品创作传播使用可涉及创作者、传播者、使用者三方主体利益，三者之间的交易活动均在市场体系中完成，然而市场流通运转并非自动达成资源配置最优，在三方主体存在的著作权交易链环中，对于作品使用行为存在正当使用或侵权使用可能性，便生成外部性问题。

外部性是指一人或多人行为未经第三方同意所强加的成本与收益。[2]外部性所导致的本质问题是消费者与生产者效益最大化行为的无

---

[1]　中国科学技术情报所专利馆：《国外专利法介绍》，知识出版社，1981，第12页。
[2]　〔美〕罗伯特·考特·托马斯·尤伦：《法和经济学》，张军等译，上海人民出版社，1994，第231页。

效益，从而造成市场经济失灵，而此情形根源在于权利归属不清从而在交易活动中产生障碍与摩擦。对此，科斯理论以交易成本理论视角深刻剖析法律制度对资源配置产生的重大影响，阐明权利界定在交易活动中的关键作用。该理论认为，在产权界定尚不明确情境下，交易活动因无法顺利完成而导致相关交易行为效益最低。在财产私有制社会中，虽然所有权关系通常较为明晰，但在局部经济领域存在不相容使用现象并由此产生权利冲突。对某一作品而言，创作者享有著作权、传播者享有邻接权、使用者享有使用权，故而在三方主体之间无法避免存在权利与利益之间的矛盾与冲突，为平衡各方主体利益，有必要对其权利再次配置。

依据科斯理论可知，在不相容使用关系情境内，权利分配应以效益最大化为出发点。众所周知，著作权效益既不源自静态生成，亦不来源于创作者自身使用，创作者欲收回智力成果生产成本并实现利润最大化，便要依赖各类传播主体的对于作品的广泛传播以及社会公众大规模使用。作品传播范围越广泛，使用越充分，创作者的利润收益便越丰厚。[①] 故而，著作权法对于权利配置模式为：创作者对作品享有独占使用并取得报酬的权利；传播者以获得授权许可及自愿交易为前提条件，向创作者支付报酬后对作品进行传播且享有收益；社会公众则以使用者身份，通过获得授权许可等合法渠道，对作品进行有偿或无偿使用实现公共利益需求。由此可知，著作权法的首要权利配置是赋予创作者专有性权利并由此使创作者获得激励产生持续创作动力。因该专有性权利为财产性权利，故具备可转让性。若著作权相关主体愿意支付合理交易费用取得作品全部或部分权利，且著作权人亦对该交易费用认可，则著作权人与相关主体之间便会发生著作权许可的交易行为。

综上所述，科斯理论主张须基于效率分配权利，最大化降低著作权

---

① 吴汉东：《合理使用制度的经济学分析》，《法商研究（中南政法学院学报）》1996年第 2 期。

交易市场中存在的交易成本。当市场失灵发生时，著作权人与其他主体之间因谈判作品使用许可而产生高昂成本，若交易行为因成本高昂未达成便无法实现资源最优配置。进而言之，若著作权市场中作品使用者从创作者获取授权许可成本小于作品使用收益即为合理且高效，相反，作品使用者授权许可成本大于作品使用收益即为不合理且低效。故而，为实现社会各方主体效益最大化，亟须一项原则对财产性权利的有效分配进行引导。① 构建著作权默示许可制度，不仅是对创作者、传播者及使用者权能的科学划分，还是对精神产权的有效配置，不仅使作品这一知识产品在著作权市场顺畅流通，更降低了非必要交易成本，满足了个人利益与社会公共利益之间的平衡与发展。

（二）数字环境下著作权交易成本的具体分析

获取创作者或相关权利人的授权许可是著作权许可交易行为产生的前提条件。在数字环境市场交易中，尤其基于数字技术飞速进步的背景，创作者与相关权利人实现经济效益的关键所在是作品的快速传播与广泛使用。若不论何种情况，传播者与使用者对于作品授权许可均须作者同意方可使用，虽然可充分体现创作者与相关权利人自身意思表示，但对作品快速传播与流转速率必然产生影响，亦无法实现创作者与相关权利人经济利益最大化。故而，法律须对此项制度安排再次考量，以保证在权利界定过程中实现社会成本最小化。这便要求著作权法在制度设计上选择一种产生成本费用较低的权利配置形式，且在各项制度的交易成本对比后确定更为合理。

1. "选择—加入"机制与"选择—退出"机制成本构成

在 Field v. Google 案中所明确的默示许可"选择—退出"机制与著作权法作品普通许可惯例存在差异。一般认为，作品普通许可通常采用"选择—加入"机制，即按照著作权法规定，著作权人最初并不参与至

① 张文显：《二十世纪西方法哲学思潮研究》，法律出版社，2006，第 181 页。

作品市场流通过程中，直至著作权人自主同意后才加入此过程，故而该加入行为是著作权人自主选择的结果。① 而"选择—退出"机制在最初始状态中推定著作权人已加入作品市场流通过程中，直至权利人明确拒绝后才退出该市场流通机制，故而该退出行为是著作权人自主选择的结果。对两项迥异的著作权许可机制对比可知，"选择—加入"机制优势在于：一是对著作权人意思自治有所保障，著作权人对于其是否加入作品传播使用市场流通过程充分考量并自主决定；二是传播者与使用者向著作权人支付作品使用报酬，著作权人可视情况而决定加入时机以获取理想经济利益。"选择—退出"机制的显著优势在于：一是在网络环境海量授权背景下，作品使用主体因无须事前取得授权而大幅度减少交易成本，提升了作品利用率；二是著作权人对于作品使用"选择—退出"，亦是尊重著作权人意思表示的体现，且该制度设计并不阻碍著作权人获取理想经济利益，仍可起到激励创作作用。根据科斯理论，若不存在交易成本，则权利界定不会对资源配置产生影响，而在社会实践中，上述情况几乎无出现可能性，即使存在许可协议，高昂交易成本仍会形成浪费继而阻碍资源有效分配。故从社会效率角度考量，在当前数字网络环境下选择交易成本较低制度更为适宜。

在"选择—加入"机制中，许可交易成本主要由搜索成本、权利人偏好成本及谈判成本组成。② 具体而言，搜索成本由使用主体著作权状态确定成本与消耗费用成本构成。相关使用主体对著作权状态的确认范围涵盖合理使用原则、思想表达二分法及作品著作权保护期限三项内容。其中，合理使用原则与思想表达二分法均涉及著作权保护界定的专业知识判断，具备相当程度的不确定性，相关使用主体在进行判断时存在一定困难与挑战，故而对此两项内容确认成本较为高昂。相较而言，

---

① John S. Sieman, "Using the Implied Licence To Inject Common Sense into Digital Copyright", 85 *N. C. L. Rev.*, 2007.

② Oren Bracha, "Standing Copyright Law on Its Head? The Googlization of Everything and the Many Faces of Property", 85 *Texas L. Rev.* 1799, 2007.

作品著作权保护期限相对容易判断，但因作品类型存在差异造成保护期限有所不同，若同一作品存在著作权复合的情况，使用主体确认成本亦相对增加。著作权人确认成本主要体现为使用主体对著作权人信息予以确认所产生的成本，因著作权授予自动性且权利获得不需登记等特性，并以数字网络环境为背景，对海量作品背后的著作权人进行逐一确认并不现实，再加之著作权财产权属性可进行转让，因而著作权人确认成本中须涵盖追踪成本，如此成本费用更为高昂，从整体而言，著作权搜索成本不容小觑。著作权人偏好确定成本是指对于著作权授权许可确认而付出费用，亦即著作权使用主体对著作权人予以确认后须与之联系明确是否可对作品进行使用而产生成本。而谈判成本则指使用主体与著作权人基于授权许可使用进行协商所需付出的费用。

在"选择—退出"机制中，许可交易成本主要由监视、通知及谈判成本组成。[①] 监视成本构成内容有二：一是使用主体监视成本。使用主体须将作品使用情形及时且透明进行公告使相关主体知晓，在此过程中所产生的费用便为使用者监视成本；二是著作权人监视成本，即著作权人对作品使用情况予以了解所产生的费用。而通知成本是指著作权人在知晓使用者对其作品进行后利用后表示反对且向使用者作出退出意思表示而产生的费用，亦即，对著作权默示许可行为行使否定性形成权而付出的成本。其中，对著作权默示许可行为所表达的反对意见主要包含对著作权默示许可行为反对或者对著作权默示许可条件反对两类情形。而在著作权人对默示许可条件不满的情形下，著作权人与使用者之间存在产生全新授权许可使用协议的可能性，由此产生的商谈支出便为谈判成本。[②]

2. "选择—加入"机制与"选择—退出"机制交易成本比较

承继上文，对于两者交易成本对比应从搜索成本与监视成本、著作权

---

① Oren Bracha, "Standing Copyright Law on Its Head? The Googlization of Everything and the Many Faces of Property", 85 *Texas L. Rev.* 1799, 2007.

② 梁志文：《版权法上的"选择退出"制度及其合法性问题》，《法学》2010 年第 6 期。

人偏好确定成本与通知成本、谈判成本三方面进行比对分析更为全面。

　　第一，"选择—加入"机制搜索成本与"选择—退出"机制监视成本比较。依前文所述，在搜索成本构成中，作品著作权状态因涉及合理使用原则、思想表达二分法等诸多不确定因素判定，再加之著作权保护期限差异算法复杂性，使用者所须付出成本相对高昂；监视成本是指使用者对使用作品进行公告使权利人知晓以及权利人了解作品被使用状况所产生的费用。相较而言，后者成本费用明显低于前者，原因在于：一方面使用者监视成本事实上少于搜索成本，另一方面著作权人监视成本排除了公共领域作品，因此成本较低，但对其搜索成本仍然存在且确认成本相当可观。此外，搜索成本中对于著作权人确认成本亦远远高于监视成本中对于著作权人确认成本，因著作权法赋予权利人自动获取权利资格并不产生公告信息，对此消极信息进行搜寻相当耗费时间精力甚至金钱；而使用者的使用行为须经公告并主动呈现使用者信息，就使用者所实施公告行为与著作权人确认成本相比较可知，后者成本远远高于前者，即便相当数量作品使用者所进行的信息公告无法避免产生一定成本费用，但须强调的是，该类公告信息为自动产生，该成本费用相比著作权人消极信息确认成本费用明显较低。

　　第二，"选择—加入"机制权利人偏好确定成本与"选择—退出"机制通知成本对比。在"选择—加入"机制中，任何著作权许可行为均会产生著作权人偏好确定成本，使用者对于任一作品的使用行为均须取得著作权人的授权许可意愿，故而该著作权人偏好确定成本相对较高，而在"选择—退出"机制中，通知成本并未必然存在，仅在著作权人对于默示许可形式否定性形成权时才存在，再加之著作权人策略性行为因素存在，著作权人偏好确定成本将继续增加。① 由此可见，前者成本费用远高于后者。

---

　　① 梁志文：《反思知识产权请求权理论——知识产权要挟策略与知识产权请求权的限制》，《清华法学》2008 年第 4 期。

第三，"选择—加入"机制与"选择—退出"机制之间谈判成本比较。该两者的重大区别在于，前者谈判成本将毫无疑问发生，而后者不一定发生，同样，并非所有著作权人全部会选择退出，尤其在学术作品领域，极少数著作权人会作出退出选择，对于学术作品而言，作品传播是著作权人更为看重的因素。故而，在著作权人作出不选择退出情形下，后者谈判成本为零，而小于前者。

综上所述，相较普通许可，数字环境下著作权默示许可更符合经济学效率要求，理由是默示许可更能满足交易成本最低化需求，并合理调整社会不同利益主体间的利益配置。故而，该制度可从根源解决数字时代海量作品授权难题，并使著作权人与使用者之间的利益调配至理想状态，亦即，达到经济学所言的帕累托最优，如此不仅使著作权人经济利益得到充分保障，而且能进行一定程度激励，加速作品传播利用，规制数字时代权利滥用现象。

三 长尾学说：数字产业变化语境下的授权模式改革

知识产权现代经济学学界代表教授 WilliamLandes 与法官 Richard-Posner 认为，若知识产权理论不包含经济学成分，则无法具有强有力的说服性。[1] 随着科技飞速进步，数字时代作品交易成本发生重大变化，"长尾经济"作为数字环境下作品低交易成本所衍生的独特现实，为著作权默示许可制度赋予了特殊意义。

（一）长尾学说的内涵

"长尾"一词来源于统计学，为幂律与帕累托分布特征的通俗表述，是指字常态分配两端数值极少且绵延部分。[2] 2004 年美国 Wired 杂

---

[1] William M. Landes & Richard A. Posner, *The Economic Structure of Intellectual Property Law*, Belknap Press of Harvard University Press, 2003.

[2] 欧阳进良、汤娇雯、庞宇、陈光：《国家科技计划及项目管理中的"二八"现象和长尾理论的影响浅析》，《科学学研究》2009 年第 10 期。

志主编 Chris Anderson 主张，若存在宽泛的传播通道，那些消费者购买动力不足商品所占市场份额，可与数量不多热销品所占市场份额相当甚至更高。换而言之，长尾理论呈现了经济文化由数量不多的主流产品逐步向相当数量非主流商品移转的显著变化，该理论包括畅销品向冷门商品转变、落后经济向发达经济移动、大量小型市场向大型市场集聚三方面内容。① 亦如 Chris Anderson 所言：现如今物理陈列面积与销售瓶颈无法限制我们，那些有限市场产品与大众产品同样具备吸引力。

谈及长尾理论，必言"二八定律"，"二八定律"亦被称作 20/80 法则。维弗雷多·帕累托认为，80%的财富由 20%的人所掌握。之后，管理学家约瑟夫·朱兰总结并推广了这一法则，使之成为传统非互联网领域适用最为广泛的原理之一。② 作为经济学中著名统计规律，该定律包含两层含义：一是 20%客户分布于 80%的市场；二是 20%的产品掌握了 80%的市场。由该定律所指导的经营模式可知，商品利润 80%来源于 20%的优质顾客及热点产品，在该思维模式中，商家不可避免被 20%的优质顾客与过硬产品所驱动，思维固化为若该产品并非热点产品便无法取得丰厚利润。而在数字网络环境下，社会主体更期望以互联网作为媒介对自身喜好进行表达，并拥有专属于自己且与喜好相吻合的产品，长尾商业模式由此问世。以著作权交易市场为视角，80%处于尾部曲线的非热门作品依然可取得丰厚利润，进而言之，其作品内容丰富、数量广泛、选择范围广，再加之互联网等新兴科技运用，必然将获取不错的长尾收益。理论上，长尾经济被视为"帕雷托规则"的相反理念。数字网络所带来的低廉交易成本使线上商家从实体环境中无法盈利的作

---

① 卜华白：《"长尾理论"及其对互联网商业运营模式的构筑启示》，《商场现代化》2005 年第 23 期。

② Joseph M. Juran, *Juran's Quality Handbook: The Complete Guide to Performance Excellence*, 6th ed., New York: McGraw-Hill Education, 2017, pp. 63-65.

品中获利。① 举例说明，网飞公司（Netflix）主营业务为在线出租将近 65000 部影片 DVD，但新电影仅占总影片数量的 30%，而老影片为总影片数量的 70%；占据亚马逊网站（Amazon）最高图书销售额的并非实体店亦可购买的畅销书，而往往是不会再次出版、销售的小众图书。在传统出版领域，作品发行成本极高且市场风险伴随发行成本正比例增长，部分冷门作品无法大量进入市场销售，更甚者无法出版，而该类冷门作品在数字技术所带来的低廉的交易成本背景下，以数字化形式在互联网广泛传播。互联网为"长尾经济"的发展提供了无法估量的空间存量以及超级高速网络，数字时代著作权交易市场已发生颠覆性变革，任何作品所产生的价值均不能小觑。

故而，长尾理论中必不可少的重要因素有三。一是热销产品逐步向利基产品变化。实际上利基产品一直存在，数字技术进步使利基产品接触成本大幅度降低，使之成为交易市场重要的构成部分。二是社会经济日渐富足丰盈。在物资短缺时代，社会无法提供充足空间为个人提供符合心意的产品，而伴随物质极大丰富，无论是社会经济水平抑或个人经济水平均得到极大提升，个性化特色产品亦随之产生。三是众多小市场逐步向大市场进行转变。就好比在一本字典当中，在字体使用频率方面，常用字并不一定多于生僻字，市场亦是同一道理。②

（二）长尾学说与著作权数字产业默示许可

依前文所述，长尾学说从另一角度呈现了外部环境在著作权产业从传统技术向数字技术过程中的颠覆性转变，亦表现出社会公众对传统授权许可模式亟须改革的迫切需求。

---

① Ronald J. Mann & Seth R. Belzley, "The Promise of Internet Intermediary Liability", 47 *Wm. & Mary L. Rev.* 239, 2005.
② Erik Brynjolfsson, Yu Jeffrey Hu, Michael D. Smith, *Consumer Surplus in the Digital Economy: Estimating the Value of Increased Product Variety at Online Booksellers*, Social Science Research Network, 2003.

第一，具备较高经济利益价值的作品数量与种类日益增长。在传统著作权领域中，创作者所创作具有较高经济价值的作品数量仅占整体社会作品产出数量的1/5，换句话说，仅有很少数量的产品可得到著作权市场的重视与喜爱。在此背景下，著作权领域所采取的普通授权模式，即事先个别形式授权许可能够产生有效作用，原因在于著作权人所掌控的作品数量与种类并不庞杂，其具备一定单独控制作品的能力与条件，在当时环境下所采用的著作权人事先且个别授权模式所产生经济利益往往小于成本。但在数字技术时代，热卖产品呈现向利基产品转变趋势，而所有作品均具备了较高著作权经济价值的可能性，不再仅是以往作品创作总量的1/5。在作品需授权数量激增的变化前提下，事先且个别授权模式将难以保证高效的制度效用，须强调的是，该模式所产生的经济所得并非不大于成本。

第二，互联网时代对创作者群体类型进一步细化。在传播技术尚不先进的传统著作权领域，作品在著作权市场流通交易成本相对高昂致使作品供应不足，热门作品才有资格准入交易市场，然意外的是，达到要求的作品类别与市场认同程度呈相反态势增长，若市场认同率较高，符合需求的作品种类必然较少，因作品种类过于繁多，必然对市场认同率有所分散。在此类情形下，著作权法保护关注对象为热点作品的创作者团体，而无法重点兼顾其他类型创作者。随着科技进步，数字时代彻底改变了原有情境，在网络环境下作品在著作权市场交易成本大幅度降低，进入市场作品种类不再局限于热点作品。创作者群体亦出现分裂态势，随之产生的是创作者多元化需求：一是热门作品创作者群体，其作品种类包含畅销图书、流行榜音乐、院线电影等，此作品往往位于头部正态曲线位置，著作权人对于其作品的著作权需求极为强烈；二是专业性质作品创作者群体，其作品种类包含科学知识、学术著作等具备深度专业知识且读者群体相对量少的作品，此类别作品一般处于曲线分布中间位置，其创作者需求通常较为模糊，更多期望在于作品可广泛传播，倾向以较低谈判成本来解决作品授权许可使用等相关问题，而非仅关注著作权经济利益；三是个性突出作品创作者，如在网络空间创作的个人作品，该类创作者若无足够重量级影响力，其更多需求在于知名度提升，无过多著作权保护需求。在此三类创作者群体中，后两者便是长尾理论中所称"长尾"部分，在网络技术支持下，该两者作品已聚合成为可与热门作品相抗衡的大型市场，而不再是原先著作权市场交易中的小型市场。故而，原本著作权法由投资者利益集团主导，仅针对热门作品的事先且个别授权模式，已无法适应如今著作权交易市场的迫切需求。

由此可知，长尾学说对著作权产业在新技术背景下所形成的外部生态转变进行了深刻剖析，并揭示了作品总量及创作者类型的变化对著作权制度带来的动荡局面，数字时代传统授权模式不仅增加了交易成本，更未满足甚至漠视创作者真实需求，著作权默示许可制度有效减少传统许可模式所产生的高昂交易成本与流通成本，亦赋予了创作者进行自我意思表示的选择机会与表达空间，可以说，默示许可与长尾理论所阐释的著作权制度变革需求形成了良好契合。

第三节　数字环境下著作权默示许可制度的利益平衡解释

利益平衡作为著作权法基本价值，直接决定著作权人所享有的专有权仅可为相对性权利，著作权的保护范围应适当且合理以保障各方利益有效平衡。然技术不断革新导致著作权与著作权保护过度扩张，且著作权限制持续萎缩，著作权法的内在利益平衡遭受严重损害，继而引起著作权法正当性危机，利益平衡为著作权默示许可提供坚实的理论支撑，亦在其制度运行过程中对此危机予以解决，充分实现了各方主体利益合理分配。

一　著作权法利益平衡机制解析：私权保护与公共利益维护

著作权因其私权属性使权利人无法避免自我利益的内驱力，而社会公众为保障其利益需要最大化接触作品，两者之间亟须达成平衡以减少利益冲突产生。质言之，著作权法本质上是利益平衡机制的体现，其中，私权保护与公共利益维护成为数字环境下著作权利益平衡机制的重要支撑点。

（一）著作权法本质上为利益平衡机制

利益，即主体通过一定方式所获得的好处。利益作为社会发展的本质驱动力，促使以利益为核心内容的社会关系逐步形成，具体而言，当社会主体对并不完全充足的公共资源产生需求时，社会将基于公共资源对主体进行合理分配，社会主体之间因分享公共资源从而产生的利益分配社会关系便由此形成。换而言之，利益本质可总结为人与人之间的利害关系。个人利益与社会公共利益由此呈现相辅相成的微妙状态，即个人利益促进社会公共利益实现，而社会公共利益保障个人利益成就。正如罗尔斯所言：任何社会公共利益均可落实至个人利益，个人利益与社会公共利益仅在体现的渠道上有所不同，两者在利益获得方面完全相同且该利益应分配至社会主体。[①] 由此可知，社会公共利益与个人利益的分类仅为对象群体不同，两者从本质而言均是利益的体现。在社会活动中，利益存量被分配于具体主体且时刻处于此消彼长状态，利益主体不同实现程度同样存在差别。为使社会主体之间达到一种稳定和谐状态，须对利益分配调整以达成平衡，然该利益平衡点并非永久固定，因外界条件、利益主体范围等因素变化而该利益平衡点亦随之改变。因此，利益平衡所追求的理想状态便是个人利益与社会公共利益基于公平正义作出妥协让步的同时实现利益最大化，从而有效协调社会各界利益冲突，维护和谐安定的社会秩序。

权利是利益获取的本质所在，社会主体间利益平衡实质为其享有权利之间的平衡。对著作权而言，其创设目的在于保护智力成果的同时激

---

① 冯晓青：《知识产权法前沿问题研究》，中国人民公安大学出版社，2004，第 54 页。

发信息传播，在此过程中，不仅须对市场垄断行为予以阻止，亦要防止权利人对其权利进行滥用，因此，著作权须在保障创作者权益的基础上，使权利人、使用者、社会公众之间达成利益平衡状态。具体而言，著作权保护私人利益特质使其被归为私权属性，而信息共享天然的公益性质，更为注重社会公众对于信息的接触与获取。著作权基本宗旨是以保护权利人利益为媒介，在维护作品使用者权益的同时，为使用者增加合理法律义务，从而实现权利人与使用者之间的利益平衡。当权利人对智力成果垄断性专有权与社会公众获得信息需求产生矛盾时，权利人权益便与社会公众利益产生冲突。智力成果作为财产权客体，其垄断性特征要求法律给予必要保护。但创作者的创作目的恰恰在于通过作品传播实现价值转化，这必然涉及社会公众对作品的接触与使用。由此引出著作权领域的核心命题：如何在保护智力成果的排他性与保障信息传播的公共性之间确立合理边界？具体表现为两难困境：若为杜绝侵权而严格限制传播，虽能最大限度保护著作权人利益，却使作品丧失公共价值，既违背创作初衷，也阻断公众获取知识的通道；反之，若放任作品自由传播，虽可满足公众使用需求，但过度削弱权利人的控制力将抑制创作激励，最终导致文化生态的源头枯竭。这两种极端状态均无法实现社会公益与私权的良性互动，因此著作权法的制度设计必须精准定位"保护"与"开放"的平衡点：既要维护权利人对智力成果的合法支配，又需保障公众在合理范围内的使用自由，通过动态调节使双方利益达到帕累托最优。[①]

　　为有效解决权利人权益与社会公共利益之间的矛盾冲突，我国著作权法制度在对权利人专有权益予以保障的同时专门作出限制性设计，具体有二。一是思想表达二分法，即对作品思想与表达进行区分。创作者的独到观点即为思想，而创作者将独到观点附加于作品中所实现的传播过程便是表达，相同或不同思想内容以不同表达展现并传播均可形成不

---

　　① 刘春田：《知识财产权解析》，《中国社会科学》2003 年第 4 期。

同作品，亦即创作者将其观点以表达进行展现并进行传播产生的智力成果便为作品。二是权利人与社会公众之间的利益平衡机制。

为了达到著作权人垄断专有权与公众信息接触权之间利益平衡，寻找两者之间的平衡点成为贯穿于该利益平衡机制始终的宗旨目标。从法律角度而言，法律并非生产资料，无法进行价值创造，但法律的特殊之处在于可以对智力成果创造及传播过程中所涉及的利益关系进行适度调整，使各方主体之间的利益关系达到平衡最优状态。因此，著作权制度在实现创作者垄断性专有权益的同时，能最大化维护社会公共利益，可以说，著作权制度在本质上便是一种典型的利益平衡机制。

（二）数字环境下著作权法利益平衡机制的基点是私权保护

考察著作权历史发展沿革可知，西方国家之所以具备领先技术与发达文化市场，源于"著作权为私权"法律原则的重要贡献。早在 20 世纪中后期，美国著作权法面临如复印机、录音机、计算机等新技术的挑战，从而引发学界激烈且极具价值的讨论，并以著作权法价值与激励功能为论点，衍生出新技术挑战下著作权被削弱甚至取消的可能性，然此次讨论以著作权保护反对派进行意见修正告终。由此可知，著作权法价值与私权保护原则虽经过挑战与波动，但其根基并未被动摇。① 《伯尔尼公约》指出，智力成果是社会、经济、文化发展的首要前提，公约创制宗旨是以有效方式对创作者智力成果合法权利进行保护。《与贸易有关的知识产权协议》开宗明义、提纲挈领指出"知识产权是私权"。

以作品特征为视角分析，作品不仅为著作权客体，更是一项智力成果，其基本特征如下。一是非常规可控性。创作者将作品一经公布，则该创作者将难以控制作品中所表达的信息内容，尤其在数字网络时代表现更为显著；若创作者将作品雪藏不进行公开发表，则创作目的无法实现，创作成本无法收回，作品社会价值亦未得以有效发挥。二是非常规

---

① 袁泳：《数字版权·知识产权文丛（第 2 卷）》，中国政法大学出版社，1999，第 9 页。

独占性。创作者对作品进行创作之后的个人欣赏与他人欣赏消费并不产生直接冲突，众多使用主体对已公开的作品信息资源可以共享。三是零损耗性。作品作为一项智力成果，对作品欣赏、使用等消费行为对其不会造成有形损耗，反而具有对社会知识信息总量进行扩容的可能性。四是天然稀有性。作品并非自动生成且取之不竭，作为历史最为悠久的智力成果，必然经过信息输入、加工及输出等生产环节，且须个体甚至社会智力与物力投资，及具有创造性、探索性、长期性的劳力支持方可实现。再加之，作品生产者所投入的智力及相关知识储备，决定了作品生产者供给不足。可以说，作品生成的繁杂长期过程，使作品具备了天然稀缺性。

数字环境下作品的非常规可控性、非常规独占性、零损耗性特征使作品传播成本降低，天然稀有性成为作品生产成本高昂的首要因素。若缺乏专有性保护，忽视创作者一定程度的垄断地位，则智力成果被无限制无偿使用，不仅创作成本无法收回，激励创新创造目的亦无法实现，最终创作者作品提供数量无法达到市场最优指标，产生作品供给不足。[①] 故而，对著作专有权进行法律保护极为必要，对其尊重与维护亦应在著作权法中作为原则被明确。而在数字环境下该原则同样须被认可，数字技术虽在不断进步，但对创作群体的激励仍是未来社会经济与文明向前发展的原动力。若创作者在具备商业价值作品中应有合法权益无法得以保障，创作者对于智力创造的积极性必然被打击，则技术与文化创新便受到阻碍，尤其在互联网时代，创造性作品的质量与数量成为信息社会发展进步的关键因素，著作权人私权保护更应该被高度重视。

（三）数字环境下著作权法利益平衡机制的另一支撑点是公共利益维护

虽然利益平衡的前提要件是私权保护，但真正实现利益平衡须对著

---

① 吴汉东：《关于知识产权基本制度的经济学思考》，《法学》2000 年第 4 期。

作权人权利保护进行有效制约。换而言之，达到利益平衡仅进行权利保护远远不够，法律制度仍需对社会公众利益增加关注。近年来，诸多国家法律与相关国际条约对著作权保护力度持续加大，司法审判与行政执法对权利保护亦不断重申，然伴随着作权权利保护高水平发展趋势，再加之科技进步、经贸活动范围扩张等因素，权利人存在权利滥用损害社会公共利益的可能性。[1] 由此可知，利益平衡天平的基点为私权保护，而另一平衡点则为社会公共利益保护，为实现各方之间利益平衡，著作权法律制度须对权利人专有性垄断权进行适度限制，且合理考虑社会公共利益，以期实现社会文化秩序的良性发展。

以作品公共属性视角分析可知，作品法律属性兼具着公共利益与私人权益。进而言之，智力成果生产是一项具有长期性的动态活动，并在先前知识积淀的基础上展开创作并积累传承。因此，人类社会存在的知识储备量是创作活动的基本前提，作品虽然是创作者根据其情感、经验、信息储备等进行创作活动的生成物，但该创作活动须对前人作品进行借鉴与吸收。[2] 亦如美国莱瓦法官所述，智力创作活动没有纯粹原生的思想与发明，任何进步均站立在先前思想家的肩膀上，可以说，知识创造在一定程度上归属为派生性质。[3] 由此可知，仅对私权利益保护而对缺乏社会公共利益维护的做法，是个人自由对公众自由的否定，难免有失偏颇。鉴于作品与生俱来的传承性与社会性，若对公众接触使用作品进行阻止，创作者对于创作的投入必然更大，不论智力，抑或财力。因此，权利人让渡部分自由完全必要，对其进行权利限制以获得受益更多的社会公共自由。[4]

互联网技术兴起使著作权人权利呈现扩张趋势，新类型权利不断增加，权利体系逐步完整，同时新型技术措施的出现亦对原有权利范围有

① 陶鑫良：《网络时代知识产权保护的利益平衡思考》，《知识产权》1999 年第 6 期。
② 杨利华、冯晓青：《著作权限制的法理学思考》，《电子知识产权》2003 年第 10 期。
③ Pierre N. Leval, "Toward a Fair Use Standard", *Harvard Law Review*, 1990.
④ 易艳娟：《著作权法利益平衡机制之要义》，《电子知识产权》2007 年第 2 期。

所突破，在数字环境下，著作权制度应随着技术进步有所调整。进而言之，科技进步与保护强化虽可促进著作权人权利保障，但对权利人与使用者之间的利益平衡将造成一定影响，数字环境下使用者过往所采用的使用方式不再适应，任何使用行为均须与著作权人进行一一授权谈判并不现实，主体之间的矛盾冲突在互联网时代日益凸显。为更好地保障著作权人利益，回应社会公众接触使用作品合理诉求，亟须创设科学完善的制度体系，对各方利益进行分配调节以达到平衡状态。反之，著作权人专有性垄断权愈发强势，在各方利益博弈中，社会公众地位逐步弱势，利益天平最终向著作权人倾倒，后果将不堪设想。因此，为了使社会公众能够共享智力成果，继而对社会文化进步作出应有贡献，著作权法应对社会公共利益给予适度关注，顺势作出合理调整。

二 数字环境下著作权正当性危机与默示许可：消弭与契合

数字技术不断进步使传统著作权制度显现出一定程度的不适应性，引发一系列正当性危机致使著作权内在利益关系严重失衡，著作权默示许可制度因其特殊属性与数字技术运行机制相契合，可积极应对该危机产生的负面影响并有效恢复社会各方主体间的利益平衡。

（一）数字环境下著作权的正当性危机及其表现

1. 公共利益遭受严重侵害

在传统著作权领域中，利益平衡通过著作权保护制度与著作权限制制度相结合的运行机制体现，但在数字环境中该利益平衡机制被严重破坏，传统著作权限制制度范围大幅度限缩，主要影响因素有二。一是技术措施。著作权人采用技术措施后可跟踪、控制他人对作品的使用行为，可以说，技术措施为著作权人提供的保护范围远远大于法律，严重限制了社会公众对于作品的使用行为。举例说明，浏览行为在传统著作权领域属例外情形，而在数字网络环境下，著作权人采用技术措施对作品进行保护，公众通过付费获取密码后方可浏览作品。当技术措施被法律予以确认后应用更为广泛，如此一来，尽管技术措施目前主要适用于数字作品，但随着数字技术不断进步，传统领域作品使用范围逐步限缩，技术措施的实施势必对传统领域著作权限制制度产生一定程度的影响。二是格式合同。数字环境下，著作权人通过合同方式对著作权限制范围行为予以排除屡见不鲜，如软件销售许可合同，其在合同条款中禁止任何使用者的复制行为，并以"点击许可"及"拆封许可"等形式扩展其权能范围，规避限制著作权限制制度规定。该类借助技术手段支持的格式合同，对社会公众利益与创作者利益之间的平衡产生了严重威胁。[①]

故而，当前数字网络环境下著作权保护采用了"法律+合同+技术措施"模式[②]，该多重保护机制将作品任何使用行为均纳入著作权控制范围，著作权逐渐从激励创作者创作的狭窄权利体系演变为无限度保障著作权人的绝对性权利要求。[③] 科技进步使信息更为便捷化流通，世界经济与发展组织（OECD）在《以知识为基础的经济》报告中明确"知识通过通信系统与计算机网络传输造就信息社会，信息价值体现为知识扩散与知识创造同等重要"[④]。然"法律+合同+技术措施"模式大幅提升信息获取门槛，并以牺牲信息流通性为代价将著作权保护模式打造成为封闭僵化机制，不仅与技术发展初心不符，更显现出该保护模式与目前数字技术环境的不匹配性。

2. 著作权利益主体发生变化

在数字网络环境中，传统著作权保护模式被严重威胁，不仅社会公

---

① 朱理：《著作权的边界——信息社会著作权的限制与例外研究》，北京大学出版社，2011，第 173 页。

② 易健雄、蒲奕：《版权的未来》，《电子知识产权》2009 年第 1 期。

③ Niva Elkin-Koren, "It is All About Control: Rethinking Copyright in the New Information Landscape", *The Commodification of Information*, 2002, p. 84.

④ 陶鑫良：《网上作品传播的"法定许可"适用探讨》，《知识产权》2000 年第 4 期。

共利益遭受损害，创作者利益在一定程度上亦面临挑战，其利益主体地位逐步削弱，主要体现如下。一是投资主体逐步向权利中心移动。科技进步对著作权产生不可估量的影响，著作权在扩张过程中由创作中心逐步转为投资中心，随着投资人团体的出现，作者中心地位受到威胁，呈现边缘化趋势。[①] 在传统著作权领域中，著作权根本目的是保障社会公众利益，激励创作仅为了促进社会公共利益，而刺激投资目的亦在于激励创作。而在当今数字网络环境中，刺激投资逐步向著作权中心转移，并掌握了著作权利益主导权，著作权保护的规则制定及话语权均被利益集团所控制。[②] 如此境况下，社会公众利益无法得以保障，创作者权益亦被忽视。二是创作者意愿表达被禁锢。数字网络环境下采取僵化的"法律+合同+技术措施"模式未体现出著作权的人格利益，更多的是对财产利益的关注，故而该保护模式作为一种绝对权利样态，仅赋予创作者对于著作权利益完全接受抑或全盘放弃的单一选择，并未全面反映创作者真实意愿。然在现实生活中，创作者通过对作品利用控制享有财产权利的同时，期冀以此方式享有人格权利，而"法律+合同+技术措施"模式使该期冀无法实现，原因在于权利的获取与投资利益集团的诉求相伴而生，而非创作者意愿的表达。

（二）著作权默示许可制度的适宜性

利益平衡机制的终极目的是达成社会公共利益与个人利益的平衡，并实现两者利益最大化。依前文所述，"法律+合同+技术措施"著作权保护模式对社会公共利益与创作者个人利益均造成了损害，形成与利益平衡机制最终目的背道而驰的尴尬局面。为实现利益平衡机制的最终目标，须对著作权制度作出必要调整，而默示许可所蕴含的特殊属性恰恰符合机制需求。

---

① 易健雄、蒲奕：《版权的未来》，《电子知识产权》2009 年第 1 期。
② 张平：《网络环境下著作权许可模式的变革》，《华东政法大学学报》2007 年第 4 期。

1. 著作权默示许可有利于消除信息流通障碍

数字时代信息传播速率与信息流密度明显攀升，权利人享受着数字技术所带来的信息流通成果。具体而言，信息流高密度飞速传播使得著作权主体的可期利益与实际权益随之增长，同样的创造物与成本投入在数字网络环境中存在获得更高收益的可能性，此外，信息高密度获取亦为创作者提供了更多的灵感来源。而在如今著作权保护机制日益僵化且封闭，为实现利益平衡，必须对著作权专有性权利进行弱化与限制。在数字环境中，实现著作权权利的限制与弱化，须消除信息传播与知识扩散的阻碍，包括纸至网、网至网、网至纸等各个环节，同时保障著作权人相应经济收益。[①] 而著作权默示许可制度因提前已设定完成权利许可推定，形成著作权许可行为触发机制，可以说，著作权默示许可制度所具备激励许可适应的特殊制度属性，不仅保障了使用者对于作品信息的有效接触，且兼顾了创作者的经济利益。总体而言，著作权默示许可制度完全契合数字技术背景下消除信息传播与知识扩散阻碍，防止著作权限制制度范围进一步萎缩，实现各方主体利益平衡的时代需求。[②]

2. 著作权默示许可有助于实现创作者人格利益与经济利益平衡

著作权默示许可制度对权利人授权许可的意思表示进行推定，不仅尊重权利人意思表达真实意愿，赋予其授权许可效力形成权，更保留创作者获得报酬权，有效保障了创作者人格利益与经济利益。相较于法律、技术、合同、措施并行的权利保护模式，著作权默示许可制度突破其"全是或全否"单一样态，为创作者提供了更多选择可能性。在数字环境背景下，科技进步促使创作工具面向社会公众普及使用，创作者群体逐步脱离"职业化"，日益呈现主体多元化样态，如博客、微博、微信公众号等自媒体产生，使社会公众以单纯的消费者逐步向创作者转

---

① 陶鑫良：《网络时代知识产权保护的利益平衡思考》，《知识产权》1999 年第 6 期。

② 翟中鞠：《"网络时代的著作权保护"国际研讨会综述》，《法商研究》2004 年第 4 期。

变，开始具备消费者与创作者的双重身份。① 此类特殊创作主体伴随数字技术发展出现，其关注点更多在于作品创作与传播而非以经济利益为唯一目的。著作权默示许可制度因其特殊灵活性机制，可使不同类型创作者因个人需求不同，将关注点放置作品传播实现经济利益或人格利益的自主选择上，全面维护创作者合法权益。

3. 著作权默示许可更契合数字技术运行机制

传统著作权保护模式核心在于以授予权利人独占性专有权利的方式享有权益，他人对作品的使用行为须经过权利人授权许可后方可实施。提及独占性专有权利，其主要围绕"复制"概念建立，未经权利人授权许可的复制行为必然侵犯权利人合法权益。数字技术关键功能在于复制与传输，尤其对于计算机网络而言，其根本目的在于社会公众通过数字媒介对信息进行复制、传播及演绎，若将复制传输予以排除，数字技术功能将无法有效发挥。② 数字网络环境社会公众对于复制的需求量巨大，如使用者每人均申请著作权人授权许可其复制行为，则数字技术将无法在网络环境中有所发展。故而，数字技术适宜环境前提为任何复制行为不需经权利人逐一授权许可，至少不需权利人明示授权许可。③ 著作权默示许可特有的"默示"弹性机制，不仅可消弭庞大复制行为的许可申请障碍，而且对著作权人权益体现出最大程度的尊重。

因此，著作权默示许可制度在本质上与数字技术运行机制更为契合，其有力消弭"法律+合同+技术措施"著作权保护模式缺陷，既有效维护了著作权限制制度的适用范围，保障了社会公众利益，亦实现了

---

① John S. Sieman, "Using the Implied Licence To Inject Common Sense into Digital Copyright", 85 *N. C. L. Rev*, 2007.

② Christopher Jensen, "The More Things Change, the More They Stay the Same: Copyright, Digital Technology, and Social Norms", 56 *Stan. L. Rev*, 2003.

③ John S. Sieman, "Using the Implied Licence To Inject Common Sense into Digital Copyright", 85 *N. C. L. Rev*, 2007.

创作者人格利益与经济利益之间的平衡。质言之，默示许可作为著作权领域的特殊形态，对其价值予以充分认知并进行科学制度架构，将在尊重并维持现有著作权制度结构基础上，最大化恢复著作权法日益失衡的利益关系，维护著作权法利益平衡宗旨。

第三章 数字环境下著作权默示许可制度的域外考察

第一节 英美法系著作权默示许可制度的发展演进
——以美国为例

默示许可制度在著作权领域并非完全陌生无法触及，该制度踪迹在英美法系国家很早便已出现，在具体适用方式上，其主要存在于判例法，并通过较为丰富的司法案例推动制度不断发展演进，最终形成了清晰的脉络历史与完整的制度结构。美国作为英美法系最为典型国家，早在 19 世纪，专利穷竭制度就基于合同默示条款理论建立，源于该事实支撑，美国著作权默示许可制度的发展丰富且显著。纵观发展历程，美国著作权默示许可制度主要在传统环境与数字环境中逐步发展进阶。不同阶段的著作权默示许可制度既存在于相同的脉络发展主线中，又在发展过程中体现出一定的断裂与升华。

一 美国传统环境下的著作权默示许可制度

美国传统著作权领域的默示许可制度以合同法中的默示条款理论为基础，未在现行版权法中作出直接规定，隐含于合同法或相关条文之中。其制度意义在于探寻合同当事人之间潜在意思表示，对合同关系形成更深层次的补充完善。整体而言，默示许可制度在美国传统著作权领域主要经历了萌芽初始阶段、平稳发展阶段与徘徊停滞阶段三项重要发展历程。

(一) 萌芽初始阶段

依前文所述，19世纪下半叶，专利穷竭制度以合同法中的默示许可条款为依据建立，若专利权人或专利许可人在产品首次售出未提出设限条件，推定购买者获得许可将该产品等同于普通产品自由使用并转售。① 换而言之，依据默示许可运行规则，在专利产品购买时，买受者便获得对产品以适宜方式进行使用的授权。因专利权的垄断特质，其权利效力涵盖面积较广，覆盖了现实中全部使用方式。若放任权利绝对控制，则后果不堪设想。基于默示许可的专利权穷竭制度便是对利益失衡状况的纠正与弥补，并认为在此种情形下应预先假定专利权人已给予专利产品购买人使用该专利的默示许可，并允许该购买者以合理适宜方式使用其专利产品。故而，专利法中的默示许可制度基于公平公正及合理期待的价值起点，被美国判例采纳并大范围适用。在 Met-Loil Sys. Lorp v. Komers Unlimited，Inc 案中，法官阐述道：若专利权人将专利产品向购买者出售时没有作出严格限制，则购买者在支付足够价款后便认为其已交付了该产品的权利金，专利权人在购买者使用或者转售该产品时提出继续支付权利金要求，既不公平亦不合理。② 而裁判者在 Intel Corp. v. ULSI Sys. Tech，Inc 案中认为，专利权人即便未直接销售产品，只要该产品占有合法，默示许可便持续存在，购买者可对产品无限制使用及处分。③

之后，权利穷竭制度发展延伸至著作权领域，即发行权一次用尽制度。在传统版权法领域，发行权作为作品传播的重要手段发挥着极其关

---

① 尹新天：《专利权的保护》，知识产权出版社，2005，第65页。

② Met-Loil Sys. Lorp v. Komers Unlimited, Inc. 803F, 2d684, 231USPQ 474(Fed. cir 1986).

③ Intel Corp. v. ULSI Sys. Tech, Inc, 995F. 2d1566(Fed. cir. 1993).

键作用，作品的经济价值亦通过发行权方式实现，如不对其制约，作品传播成本将大幅上升，公众接触获取作品的困难度亦随之提升。为实现权利人与社会公众之间的利益平衡，必须对发行权进行限制，发行权一次用尽便由此产生。该制度是指著作权人将作品首次置于交易市场后，权利主体对于已销售作品便失去控制权。无论是在英美法系抑或大陆法系国家该制度均被运用。例如，《美国版权法》第 109 条规定，作品合法制作者或复制者，有权未经著作权人许可对作品合法复制件出售及处分；作品所有者或被许可人，有权未经最先著作权人许可对于作品进行处置并公开展示。

与权利穷竭理论相同，默示许可理论亦是发行权一次用尽重要理论支撑。进而言之，权利人进行作品交易目的在于实现作品经济对价取得，买受者交易目的在于最大化享有作品价值，因此，买受者在作品交易完成时便当然取得了合理利用作品的默示许可。故在作品首次进入市场交易之时，权利人已对该销售的作品失去了控制权。在发行权一次用尽规则下，虽使用者对于作品的使用方式限于销售或移转作品载体，但其他存在可能性的使用方式仍将受到控制。总而言之，美国在默示许可制度萌芽初始阶段，以发行权一次用尽形式出现并展示特殊的运行机制，该机制以销售行为为界限，旨在协调处理权利人与作品载体所有者以及受让者之间的利益冲突，为各方主体规划出合理生存空间。

（二）平稳发展阶段

发行权一次用尽制度虽以平衡创作者与社会公共利益为基本出发点，但仍与默示许可制度有所差异。两者的根本区别在于，发行权一次用尽制度作为一项已成型的法律规则，仅可规制法律已明确的行为类型；默示许可制度是以对权利人默示许可推定后形成的抽象法律原则，具备规制更多行为类型的可能性。可以说，相较发行权一次用尽制度，默示许可制度适用范围更为广泛与灵活。故而，默示许可被引进司法实践为著作权合同法律关系提供应对之策，并迅速发展壮大。

在美国司法实践中，为保障作品购买者对于作品享有充分使用权，往往有必要对原有合同进行补充或解释，此时合同条款将会添入默示许可以厘清合同关系存在的受让范围，确认作品购买者对于作品的具体使用方式。在此背景下，当事人对于作品授权许可意图并未进行明确表述，需要借助合同主体所存在的法律关系来探寻判断其中隐藏的意思表示，而在美国司法实践中运用默示许可制度的典型案例便为 Effects Associates.，Inc. v. Cohen 案。①

谈及 Effects Associates.，Inc. v. Cohen 案，不得不提 Oddo v. Ries 案②，因 Effects Associates.，Inc. v. Cohen 案在很大程度上依赖于 Oddo v. Ries 案的判决意见。在 Oddo v. Ries 案中，Oddo 为某修理型号卡车作品创作者，其许可出版商 Ries 在其他著作添入该文章，由出版商 Ries 为作者 Oddo 提供资金，最终 Oddo 交付给 Ries 作品手稿，该手稿中亦包含 Oddo 以前创作的文章内容，而作者 Oddo 认为出版商将此创作内容进行出版侵犯了其版权。联邦第二巡回法院经审理认为，依据作者 Oddo 负责创作且提供稿件以及出版商 Ries 为其支付报酬的事实，可认定两者在此创作出版过程中形成了合伙关系，而作者 Oddo 最终完成并交付于出版商 Ries 的手稿中包含曾经存在的资料，故而该手稿可被视为衍生作品。在此情境中，若出版商 Ries 对该手稿出版必然侵犯作者 Oddo 的权利，除非作者 Oddo 许可出版商 Ries 对其作品进行出版，然基于两者在创作出版活动中所形成的合伙关系，可推定得出作者 Oddo 以交付手稿行为默示许可出版商 Ries 出版，否则合伙关系便由此停滞。

在 Effects Associates.，Inc. v. Cohen 案中，被告 Cohen 是电影 *The Stuff* 的编剧、导演及制片人，为使电影视觉效果更加引人入胜，被告 Cohen 聘请特效公司原告 Effects Associates 为其制作特效电影镜头。之

---

① Effects Assosiates, Inc. v cohen, 908F. 2d555(9th Cir. 1990).

② Oddo v. Ries, 743F. 2d 630(9th Cir. 1984).

后被告 Cohen 对原告 Effects Associates 制作的特效镜头不满，仅支付原先约定的一半报酬，原告 Effects Associates 几经追讨均未果。然被告 Cohen 最终仍在电影中采用原告制作的特效镜头并进行市场发行，而后 Effects Associates 将 Cohen 诉至法院，认为被告在拖欠报酬情况下无权使用自己制作的特效电影镜头，被告做法是对自身权利的侵犯。联邦第二巡回法院借鉴 Oddov. Ries 案的判决意见认为，虽然被告 Cohen 仅支付原告 Effects Associates 原本报酬的 1/2，仍可使用原告使用的电影特效镜头，但原告 Effects Associates 应被告 Cohen 要约进行作品交付，目的在于在电影中被采用并在市场进行复制发行，若原告 Effects Associates 将其制作作品交付被告 Cohen 时未授权许可在电影中使用，则意味着作品对于电影而言无价值贡献，更与被告 Cohen 原本与原告 Effects Associates 约定的 5.6 万美元的高昂报酬相悖，故原告通过交付行为方式默示许可被告对其作品进行使用。该判决被上诉法院确认为指导判例后，默示许可在美国著作权领域得到广泛运用，成为诉讼抗辩理由与诉讼焦点问题。随着默示许可相关问题数量增长，法院将 Effects Associates., Inc. v. Cohen 案判决思路予以总结，归纳得出三步骤适用法，从而进行默示许可判定。第一，被需求作品必须按照使用者的需求实施创作；第二，创作者依照使用者需求对作品进行创作，并向使用者交付该定制作品；第三，创作者本身具备将定制作品交由使用者进行使用的意思表示。除此之外，美国法院还总结出识别合同当事人之间默示许可三要素，亦即合同主体之间为短暂交易抑或长久合作；对于作品未来使用需要授权许可与否，是否以书面形式进行确认；作品被定制创作且交付后，是否明确使用者在未得到创作者授权的情形下对于作品可持续使用。[①]

由此可知，美国版权默示许可制度呈现了稳定攀升态势，不仅被司

---

① Melville B. Nimmer &David Nimmer, Nimmer on Copyright, Matthew Bender & amp; Company, Inc, 2003, Chapter 10. 03[A].

法实践充分运用，还形成了系统的识别判定标准。在此阶段的默示许可作为一项特殊合同原则，其目的在于，寻求合同法律关系中相关主体所暗含的对作品可进行合理使用的许可意思表示，从而协调创作者与使用者之间的利益冲突。故而，在美国传统环境下平稳发展阶段的默示许可制度被渲染了浓重的合同法色彩。

（三）徘徊停滞阶段

1. 传统环境下著作权默示许可的局限性

美国默示许可制度经过萌芽初始阶段与平稳发展阶段的成长历程，在合同领域发挥出良好的制度效果，对权利人与使用人之间的利益平衡起到了一定协调作用，然其制度范围仅局限于固定的合同法律关系，适用范围相对狭窄，从而产生亟须解决的现实问题，亦即，若某行为超出原有使用范围被排除在合同法律关系之外，则该行为能否构成默示许可？故而，具备浓厚合同法色彩的默示许可，使自身陷入了另一种困境，而该困境被 Nimmer 一针见血地指出：我们的难题并非合意的隐藏，而是因技术进步所引发的合意缺失。①

此困境在 Boosey & Hawkes Music Publrs., Ltd. v. Walt Disney Co. 案中体现得极为明显。在该案中，被告于 1939 年获得某电影中音乐作品的授权许可，以新视频形式发布电影，电影中便包含此音乐作品。原告为该音乐作品的受让人，其认为被告电影中以录像带及碟片等形式发行的音乐作品明显超出 20 世纪 40 年代的许可范围，是侵权的表现。因而，新视频形式能否涵盖于 1939 年许可范围内成为案件焦点。初审法院认为，40 年代"电影"（motion picture）范围不应涵盖未来出现的新颖使用形式，故支持原告诉讼请求，认为被告的做法侵犯了原告的合法权益。而上诉法院否决了初审法院意见并阐明：科技进步必然使曾经许

① Melville B. Nimmer & David Nimmer, Nimmer on Copyright, Matthew Bender & amp; Company, Inc, 2003, Chapter 10. 03[B] .

可范围产生变化，并形成全新许可。莱瓦法官亦对此案作出如下评价：若合同能够合理表达出另一层含义，则受益方可以此含义对合同进行理解，而相对合同主体仅可接受该含义所导致的不利负担。此种解读并非源于许可人意思抑或被许可人愿望，只是对词义的单纯理解。①

在 Boosey & Hawkes Music Publrs., Ltd. v. Walt Disney Co. 案中，Nimmer 所言默示许可困境被淋漓尽致呈现，双方当事人矛盾冲突来源于技术进步所产生的新型作品使用方式。案件当事人对已更新的作品使用方式未达成合意，甚至意见有所冲突时，莱瓦法官从时代背景为着眼点，放弃以往探寻当事人合意的陈旧经验，认为"电影"词义伴随技术进步毫无疑问推动使用方式迭代更新，故推定原先合同含有新使用形式的默示许可。进而言之，莱瓦法官对案件未局限于之前案例所主张的三步骤适用法或三要素识别法，而是根据基本案情进行司法推理时加入了相应的价值判断。从表面上看，好似仍旧在对合同进行解释，但实际上，默示许可制度适用对作为合同原则的制度样态已有所突破，其功能并非仅为探寻合同当事人之间的隐藏合意，而已形成了独具特色的制度功能，并对客观事实的存在进行合理价值判断，从而更好地实现相关主体之间的利益平衡。②

此外，舍弃传统三步骤适用法的还有 Lexmark International, Inc. v. Static Control Components, Inc. 案。在该案中，原告 Lexmark 作为制造商专门生产打印机与墨盒，打印机中特殊添加程序亦支持墨盒使用功能，并在销售合同中明确，打印机购买者首次用完墨盒后须归还墨盒并重新购买。被告 Static Control Components 开发了一项芯片并进行销售，该芯片的特别之处在于可使原告打印机的配套墨盒重复使用。由此，原告向被告提起侵权请求。然法院审理后对原告诉讼请求未予支持，Feikens

---

① Boosey & Hawkes Music Publrs, Ltd. v. Walt Disney Co, 145F. 3d481(2th Cir, 1998) .

② Orit Fischman Afori, "Copyright Infringement without Copying-Reflections on the Theberge Case", 39 *Ottawa L. Rev.*, 2008.

法官认为，原告 Lexmark 在打印机销售合同中已表明购买者不得自行重复装墨，故而，不能推断出购买者在墨盒用尽后仍对打印机特殊添加程序的默示许可，但从购买目的进行考量，对于打印机的其他工作程序，可推定使用者取得与打印机使用时限相同的默示许可。[①] Feikens 法官基于对合同条款的尊重，提出与大多数法官不同的意见，其仅排除了默示许可效力范围内对打印机特殊添加程序的使用，对于其他程序默示许可仍予支持。若使用传统三步骤适用法，则默示许可将排除打印机任何程序的使用行为之外，原因在于打印机所包含的应用程序均非购买者定制，亦非按照购买者需求所创造。由此可见，Feikens 法官将默示许可相关使用行为进行如此细致的区分，足以表明局限于合同关系的默示许可制度在实践中已产生一定不适应性。

2. 默示许可的反思

Boosey & Hawkes Music Publrs., Ltd. v. Walt Disney Co. 案虽进一步探寻了默示许可新型制度功能，但缺憾是该案仍处于合同解释框架之中。谈及冲破默示许可合同桎梏，不得不提 Kozinski，其作为 Effects Associates., Inc. v. Cohen 案的审理法官，在 Foad Consulting Group, Inc. v. Musil Govan Azzalino 案中完全展现出对于著作权默示许可合同原则的努力突破。具体案情如下：受托人 GenCom 于 1995 年委托原告 Foad Consulting Group 对某购物中心工程蓝图实施设计工作，完工后得到受托人肯定并被市政府批准实施，之后 Claire Enterprises 获得了受托人 GenCom 的权利转让。1996 年，Hawkeye Investments 被 Claire Enterprises 雇佣为工程实施人，而 Hawkeye Investments 而后雇用了 Musil Govan Azzalino 进行具体工程实施。在工程实施过程中，原告 Foad Consulting Group 设计的工程蓝图被 Musil Govan Azzalino 复制并使用，原告 Foad Consulting Group 提起诉讼认为，其与受托人 GenCom 签订了委托合同，且合同中并未将所设计购物中心工程蓝图的使用权授权给他人，而 Musil Govan

---

① Lexmark International, Inc. v. Static Control Components, 387F. 3d522(6th Cir. 2004).

Azzalino 未经其许可使用工程蓝图便是对设计图版权的侵犯。

该案特别之处在于，诉讼双方主体之间不存在特定合同关系。故而，此案的突破点在于未存在特定合同关系主体间是否能够形成默示许可。若将其圈定于合同关系，并适用传统默示许可判定的三步骤适用法及识别三要素法，此案原告 Foad Consulting Group 与被告 Musil Govan Azzalino 之间无法认定存在默示许可。美国第九巡回法院审理后肯定了主体间默示许可的存在，Kozinski 法官认为：部分默示许可合同只要存在当事人合意，哪怕合意表达不甚明确，亦可毫无疑问归为合同法范畴，被认为是真正意义上的合同。而部分默示许可中并未包含当事人合意，亦无任何迹象表明当事人之间存在合意，则该类型默示许可并不归属于合同法范畴，也不被认为是完全意义上的合同。进而言之，该类型默示许可可视作法律附加于当事人之间的义务，即使该主体之间并未有权利义务之间的约定，作为版权的产物之一，该默示许可应归为著作权法领域，并非合同法领域。[①] 简单而言，Kozinski 法官在 Foad Consulting Group，Inc. v. Musil Govan Azzalino 案中的解读是对 Effects Associates.，Inc. v. Cohen 案中有关默示许可理解的进一步深入，相较于 Boosey & Hawkes Music Publrs.，Ltd. v. Walt Disney Co. 案中莱瓦法官所运用的合同解释法，Kozinski 法官悟到默示许可须对合同解释有所突破方可适用。进而言之，合同主体语言明确表达及相关行为是合同解释的主要对象，其流程如下：首先对合同条款含义进行分析，而后参考条款所引出的其他证据。即使合同解释完全取决于外部证据，亦是根据合同主体的相关交易行为与客观环境所决定，与法律因素无关。换而言之，合同解释方法无论如何新颖，仍以合同关系作为边界，且合同主体的交易意愿与客观环境为其关键因素。[②] 著作权作为协调各方主体利益平衡的产

---

① Foad Consulting Group, Inc. v. Musil Govan Azzalino, 270F. 3d821(9th Cir. 2001).

② Orit Fischman Afori, "Copyright Infringement without Copying-Reflections on the Theberge Case", 39 *Ottawa L. Rev.*, 2008.

物，默示许可与著作权的契合之处在于默示许可对于许可意思表示推定的内在机制便是为了使权利人与使用者之间利益和谐统一。若默示许可内在机制仅限定于合同领域，则著作权领域独特价值判断与政策考量便无法融入默示许可适用范围，从而削弱了默示许可对于全新环境的适用功能，亦降低了应有的制度价值。

可以说，在传统著作权领域，默示许可面临了诸多现实困难与发展局限，在默示许可停滞徘徊的特殊阶段，美国司法实践不断试图将其从合同桎梏中剥离，构建成为具有弹性与开放性的新型运行机制，结合著作权领域内独特价值判断与政策考量，更好应对著作权领域内更为庞杂的利益关系。具体而言，美国司法实践所作出的努力应从两方面予以肯定。一是依现实维度分析，尝试构建新型默示许可运行机制可融合于著作权法制度环境。著作权法中具有诸多开放性及弹性概念与原则，可以说，这些开放性及弹性概念与原则构成了著作权法的制度基础与环境。二是依合理性维度分析，默示许可制度存在具备充分依据。程序正义论的主张者罗尔斯认为，结果公平公正须经合理程序方可达成。著作权领域所存在的特殊现象是利益主体的身份会经常变更，例如作品的创作者虽对于作品具备绝对性垄断，但在另一角度，该创作者亦会转变为使用者期望快速、便捷使用他人作品。故而，为协调各方主体利益，严苛且古板的制度规则无法满足主体需求，具备开放性及弹性机制便应运而生，从而实现著作权法所应有的公平正义。传统环境的默示许可囿于合同法，其功能仅在于探寻合同条款中当事人合意，无法体现法律深层次的价值判断。技术进步亦使默示许可适用陷入发展瓶颈，从而损害全新环境下主体利益，若将其从合同法限制范围中释放，默示许可制度与生俱来的许可推定机制将会为协调利益平衡提出一种新思路。

二 美国数字环境下的著作权默示许可制度

总体而言，合同法领域的默示许可制度在美国著作权法领域对平衡权利人与使用者之间利益关系发挥了良好作用，因默示许可形态具有局部性，故而其虽在制度适用上一定程度地出现了发展瓶颈，但并不足以影响整体著作权范围内默示许可的发展。随着技术进步，著作权由传统环境逐步进入数字环境，默示许可适用空间不仅被压缩限制，其制度功能亦受到严重影响。主要原因有二：一是在数字环境下，作品利用方式日益更新，在权利人与使用者均无意识的情况下，在相当数量的作品利用方式中很难判断两者之间是否存在合意；二是数字时代的合同相对性受到极大挑战，作品的使用主体不再仅是双方，多方使用主体更是屡见不鲜，在此情形下，默示许可所具备的合同功能便无处发挥。故而，在数字环境下，默示许可制度亟待有所突破，并结合著作权法特点，探寻新型发展路径。

（一）初步探索阶段

依前文所述，美国传统版权环境中默示许可对事实上的合同关系难题基本可予以破解，然新型问题逐步突破合同关系，默示许可的适用空间随之缩小，再加之，传统著作权领域其他制度亦未能妥善解决新问题，故默示许可制度对于解决新问题进入初步探索阶段。

1. 搜索引擎问题

搜索引擎作为数字环境下重要的搜索工具，被社会公众广泛使用，同时其便利的效用功能亦在一定程度上产生了侵权风险。具体而言，为提升搜索速度，搜索引擎首先通过互联网将图片、网页等相关信息资料检索后存储于自身数据库，同时为搜集好的信息资料建立索引分类，以方便相关主体更为快捷地搜索利用。在此过程中，便存在如此疑问：搜索引擎对于信息资料的搜索、存储行为是否侵犯相关主体的合法权益？进而言之，该信息资料存储行为是否是对权利人复制权的侵犯？若再将该信息资料存储后为相关主体提供阅读浏览，是否又侵犯了权利人的传播权？面对此疑惑，合理使用制度虽可解决小部分问题，却无法解答所有疑惑。

在 Kelly v. Arriba Soft Corp 案中，法院阐明，被告 Arriba 复制原告 Kelly 图片及提供降低分辨率并缩小后图片的行为应定性为合理使用，原因是提供降低分辨率且缩小后的图片与原图片在功能上存在质的差异，并不会对原图片市场造成影响，更不必说替代，故而应将该行为认定为合理使用。[①] 但从该判决中可发现的潜在问题是，若搜索引擎为使用者提供的图片是原本尺寸图片而非缩小图片，则具有侵权的可能性，从而致使合理使用的判决标准产生不确定性。而在 Perfect 10 v. Google, Inc. 案中，上述问题体现得更为明显。初审法院审理后认为，本案被告 Google 所展示的图片与 Kelly v. Arriba Soft Corp 案中被告 Arriba 相较缺乏转换，故而对原告 Perfect 10 图片在手机上的销售将造成影响。[②] 上诉法院并未认同初审法院观点主张，相较原告 Perfect 10 的图片销售损失，被告 Google 对图片的转换使用更值得关注。相较原告 Perfect 10 对图片的使用目的，被告 Google 的使用更具有价值。[③] 客观来讲，上诉法院对于此案的判决基于更为宏观的政策考量之上，而非仅为合理使用。上诉法院以搜索引擎所具备的功能与作品可能造成的市场价值损失进行对比，从而体现出搜索引擎对于公共利益所发挥的重要作用。但将搜索引擎抗辩理由采用为合理使用并非无懈可击，原因在于，搜索引擎对于作品使用的潜在市场仍会造成一定程度的损害。

2. 数字链接问题

作为数字时代的重要技术，数字链接是网络能够顺畅运行的重要助推因素。数字链接存在的主要目的在于，将不同服务器中的信息资料连接起来，可使用户方便、快捷地浏览不同页面，从而实现对相关信息资料的快速查阅。具体而言，其运行原理为，链接设置者事先将其他网址存储在自

---

① Kelly v. Arriba Soft Corp, 336F. 3d 811, 815(9th Cir. 2003).
② Perfect 10 v. Google, Inc, 416 F. Supp. 2d 828, 844(C. D. Cal. 2006).
③ Perfect 10 v. Amazon. com, 487F. 3d 701(9th Cir. 2007).

己的页面中，当浏览者对已存储的网站点击时，便会自动跳转至预先设置好的网页。进而言之，在浏览者点击页面时，其浏览器将对网址自动匹配并请求网页复制，当匹配网址接收到信息后，便将网页复制件发送给请求浏览器，而后使用者浏览器便可显示该网页内容。数字链接是目前互联网运行过程中不可或缺的重要组成部分，但在美国互联网产生早期，数字链接被视作一项侵犯相关主体传播权的行为，使权利人对于作品的控制能力大幅度减弱，强烈的冲突便由此产生。对于数字链接中所涉及的临时复制相关问题，美国司法判决结果并未统一，在 Ticketmaster Corp. v. Tickets. com, Inc 案中，法院认为网络使用者自动转入目标网站，数字链接并没有产生复制行为，好比图书馆的图书目录功能，仅为可以形成更快速有效的网络搜索，故而临时复制并不属于复制权控制范畴。[1] 而在 Kelly v. Arriba Soft Corp 案中，法院认为数字链接从本质而言应为网络应用中的转换性使用，应定性为合理使用。[2] 此外，还有观点对数字链接以不正当竞争标准判定并认为，网络页面中所包含的普通链接并不会产生经济利益损失，深度链接因巧妙避开了页面中的广告，对该页面所有人的经济利益造成了损害，故而构成不正当竞争。[3] 总体而言，虽然判决思路迥异，但法院均以避免信息正常传播受到不必要干涉，同时尽量保持利益平衡而非向权利人倾斜过多。而将此类问题定性为合法使用或者以反不正当竞争作为个案裁判，增加了对该行为判定的未知性，从另一层面而言，迥异的司法判决本身也增加了此类问题的不确定性。

3. 数字作品传播问题

在传统著作权法领域，美国对数字作品传播有两种应对之道：若依照默示许可，使用者对该作品使用具备合理性；若依照发行权一次

---

[1]　Ticketmaster Corp. v. Tickets. com, Inc, 54U. S. P. Q. 2d(BNA) 1344, 1346(C. D. Cal. 2000).

[2]　Kelly v. Arriba Soft Corp, 77F. Supp. 2d 1116, 1118−19(C. D. Cal. 1999).

[3]　Eugene R. Quinn, "Web Surfing 101: The Evolving Law of Hyperlinking", 2 *Barry L. Rev.* 37, 2001.

用尽，使用者对作品载体有处置的权利。然部分著作权利益集团相当反对，且以软件产业为甚，因传统领域作品复制成本高昂，权利人权益不会因作品再次传播产生影响，而数字作品复制成本几乎可忽略不计，因此，数字作品的再次流通对于权利人经济利益可产生相当大的影响。以软件产业为例，软件产业以开封许可的方式将软件销售许可替换为销售软件产品。具体而言，软件产品使用者仅获得软件产品使用权，而非软件产品本身，故而在软件已被销售后，软件产品仍可被权利人掌控，且开封许可模式作为典型的格式合同，使用者对于软件产品一开始使用便已接受了相关许可条件，故权利人对于其使用方式可予以控制。

司法实践中，裁判机构往往对软件产业做法持赞同态度。在 Adobe Sys., Inc v. One Stop Micro, Inc 案中，法院认为，软件产业拥有依照市场需求决定发行方式的权利，数字作品权利人利益事项比作品复制件的销售更为重要。[①] 然仍有少数法院对此软件产业的做法所造成的利益失衡局面提出异议，具体包含以下情形。第一，对合同性质确认并认定销售行为，典型案件为 Softman Prod. Comp v. Adobe Sys, Inc 案。在该案中，原告 Softman 作为一家软件销售公司，从被告 Adobe 处购进一批软件产品进行销售，而被告 Adobe 以许可协议限制为理由禁止原告 Softman 销售，因此原告 Softman 提起诉讼。法院经审理认为，软件产品生产者与使用者之间并非纯粹的许可使用行为，而是经过伪装的销售行为，因销售者支付了产品全部价格并对货物瑕疵风险进行承担，故而销售者拥有对于软件继续销售的权利。[②] 第二，对合同相对性进行明确并确认义务不可转嫁至第三人，典型案例为 Vernor v. Autodesk, Inc 案。在该案中，原告 Vernor 购买一定数量的 AutoCAD 软件在 eBay 网销售，而AutoCAD 软件许可合同明确禁止再次转售行为，原告 Vernor 认为该许可

---

① Adobe Sys., Inc. v. One Stop Micro, Inc, 84F. Supp. 2d 1086, 1091−92(N. D. Cal. 2000).
② Softman Prod. Comp v. Adobe Sys, Inc, 171F. Supp. 2d 1075(C. D. Cal. 2001).

合同条款并不合理，由此产生纠纷。法院在审理过程中认为，若适用发行权一次用尽制度须先厘清主体之间存在销售行为与否。Callahan 法官认为，许可销售与销售并无明晰界限，本案中依据原告 Vernor 预先支付产品价款并持有软件的事实，可认定两者之间存在销售行为，亦可适用发行权一次用尽规则。此外，因许可协议不可转让，故两者之间的许可协议对第三方不发生效力。[①] 第三，以消费者保护法规则标准限制软件行业行为，典型案例为 Novell，Inc v. Network Trade Ctr.，Inc 案。在该案中，软件所有者亦声明仅授权许可软件使用权并禁止销售软件复制件。法院认为，软件所有者与购买者之间应认定为销售行为，且软件购买者与其他产品购买者并无差别。因此，软件产品交易不应局限于使用范围内，权利人所作出的禁止转售声明无效。[②] 由此可见，美国司法实践为平衡软件行业与购买者之间的利益关系，仍以合同关系为突破口努力寻找许可使用行为与销售行为之间的差异，致使判决结果不一致性更加凸显。

（二）突破发展阶段——"选择—退出"机制产生

如果说 Effects Associates.，Inc. v. Cohen 案被称为美国传统环境下著作权默示许可制度适用的第一案，那么 Field v. Google 案便是美国数字环境下著作权默示许可制度所确立的首例案件。在数字环境下，网络服务巨头 Google 公司的两次创新做法为默示许可制度的停滞不前状态提供了转机，亦为"选择—退出"机制的产生提供了契机，更是将 Foad Consulting Group，Inc. v. Musil Govan Azzalino 案所确立的默示许可原则转换为具体法律适用规则。

1. Field v. Google 案——美国数字环境下著作权默示许可的初次实践

在 Field v. Google 案中，原告 Field 是内华达州的一名律师，其创建

---

① Vernor v. Autodesk, Inc, 555F. Supp. 2d 1164(W. D. Wash. 2008).

② Novell, Inc v. Network Trade Ctr., Inc, 25F. Supp. 2d 1218(D. Utah 1997).

了某网站并在网站发布了自己创作的 51 篇小说，后该 51 篇小说被 Google 公司存储于数据库内，并允许网络用户在线读取数据库中作品。2004 年 4 月，原告 Field 认为 Google 公司未经许可将其作品上传于数据库侵犯了自身著作权提起诉讼，要求该 Google 公司支付 255 万美元的赔偿金。法院经审理查明，Robot 作为搜索引擎的一项自动搜索程序，作用在于对其他网站内容进行自动搜索。为避免 Robot 扫描页面并将其收录至搜索引擎索引中，网站所有人通常在网页中添加 "非存档" 元标签代码阻止搜索引擎对网页进行存储，而 Robot 自动搜索程序亦会依据该元标签代码指示对网页内容放弃扫描。可以说，该基本操作为一项行业惯例被整个业界熟知。被告 Google 公司同样对该行业惯例了如指掌，其网络用户几乎遍及全球，若对网页定位检索采取手动方式且逐一获得著作权人许可无实现的可能性。为了减低侵权行为，提升网页检索效率，Google 公司特意设计 "选择—退出" 机制，以供网页权利人采用技术措施对搜索引擎检索作出拒绝索引的选择。具体而言，"选择—退出" 机制具体操作方式如下。第一，"Robot 排除协议" 的采用。网站所有者为避免搜索引擎扫描索引可设置 "Robot. txt" 文档。第二，"非存档" 元标签代码的采用。该代码可引导搜索引擎对页面的使用方式，但与 "Robot 排除协议" 的差异在于，前者以单独页面为对象，而后者以整个网站为对象。第三，网站所有者可直接向 Google 公司提出删除缓存链接要求。而原告 Field 的网页不仅未添加 "非存档" 元标签代码，还使用了 "Robot 协议" 许可搜索引擎对其网页进行索引，且原告亦承认对上述行业惯例了解熟知。此外，Google 公司知晓 Field 对于其页面索引不满后，迅速对缓存链接采取了删除举措。

　　联邦地方法院对该案审理意见如下。首先，Google 公司的行为并未直接侵犯原告 Field 的版权，原因在于原告 Field 的行为授予了 Google 公司对其网站定位索引并显示作品页面快照的 "默示许可"，且依据衡平法中 "允诺禁止反言" 原则，原告 Field 既对被告 Google 公司的定位索引行为表示允许，便不得再次针对该搜索引擎提出侵权诉求。其次，被告 Google 公司搜索引擎对于网页扫描缓存的行为应认定为合理使用，而非侵权。最后，被告 Google 公司搜索引擎的相关行为符合《数字千年版权法》安全港条款，不构成侵权。[①]

从上述审理意见可知，联邦地方法院对 Google 公司搜索引擎对于网页的索引缓存行为较为支持，并从默示许可、允诺禁止反言原则、合理使用及安全港条款角度多方予以论证。然而，Field v. Google 案的重要意义并不仅是对于搜索引擎实施网页利用行为的认可，更多的是对于著作权默示许可制度发展的深入与突破，具体体现在以下方面。一是司法实践中对传统著作权领域默示许可制度已固化的适用范围进行突破，将原本所要求的特定主体间的合同关系扩展至数字环境下不特定主体间，是对该制度适用空间的大幅拓展。二是以往传统环境下著作权默示许可制度的判定条件主要采取三步骤适用法及三要素标准，而该案判决将前两者判定条件调整为知晓使用与鼓励使用，以法律要件形式对制度范围扩大化予以遏制[②]。三是确立"选择—退出"机制作为数字环境下著作权默示许可制度的新型运行机制，其重要特征如下。第一，"选择—退出"机制不仅对数字环境下著作权法所具有的价值判断与政策考量有所考虑，且对于数字环境中著作权人、传播者及使用者的利益平衡关系进行了良好协调，并不断加强其适用上的可操作性，将默示许可由传统环境中的一项原则发展成为富有弹性、开放性且具有独立品格的具体制度规则。第二，"选择—退出"机制是对著作权法现有理论的进一步突破，著作权作为一项排他性垄断权利，阻止他人对作品的非授权许可使用是基本功能，故而作品使用者担负着获得授权许可的义务，而"选择—退出"机制将该义务负担向权利人进行转移，亦即若权利人对其作品未声明不得使用，便认为是对该作品的默示许可。

---

①　Blake A. Field v. Google Inc, 412F. Supp. 2d 1106(D. Nev. 2006).
②　张今、陈倩婷：《论著作权默示许可使用的立法实践》，《法学杂志》2012 年第 2 期。

2. Google 图书馆案——美国数字环境下著作权默示许可的再次探索

2004 年 12 月，Google 公司与多所著名大学及公共图书馆推出了"图书馆计划"项目，将图书馆馆藏图书采用数字化技术予以扫描制作相应电子版本，存储于 Google 公司数据库中，范围包含绝版作品、公有领域作品及保护期限内作品，从而为全球互联网读者提供免费检索阅读书目信息甚至部分图书内容。作为项目回报，Google 公司免费向各图书馆作品发送数字副本。项目公布引发了巨大争议，尤其以创作者与出版商反应最为激烈，认为 Google 公司的行为侵犯了著作权法赋予创作者的合法权益，并展开了诉讼行为。面对社会各界的严厉指责，Google 公司于 2005 年被迫暂停了对于著作权保护期限内作品的数字扫描工作，并在计划中拟添加曾在 Field v. Google 案中被法院所支持的"选择—退出"机制，具体内容为：创作者与出版商等相关群体应向 Google 公司提交清单，该清单包含不愿意被数字化扫描的作品，而 Google 公司依据清单列表放弃相关作品数字化扫描。然而，Google 公司的新计划因将侵权责任与义务转移至他人，故而该计划并未得到创作者与出版商的支持。[①] 同年 9 月，创作者与作家协会以"图书馆计划"侵权为由提起诉讼，同年 10 月，以 McGraw-Hill Gos 为首的五家版权集团提起诉讼，要求判定 Google 公司侵权并禁止其作品扫描行为。历时 3 年，Google 公司最终与创作者和出版商达成和解，协议内容为，创作者和相关出版商授权许可其自愿数字化的作品并储存于由 Google 公司出资 1.25 亿美元建设的"图书档案"中，Google 公司不再承担侵权责任，并以商业化模式对相关创作者与出版商进行合理利益分配。此外，Google 公司所建立的电子数据库，不仅面向机构开放，还向个人用户提供销售电子书服务并在该网页投放广告等商业性使用，获取收益后将其中的 63% 分配给创作者及出版商。然该和解协议因竞争对手及相关机构的反对最终未获得

---

① 吕炳斌：《网络时代的版权默示许可制度——两起 Google 案的分析》，《电子知识产权》2009 年第 7 期。

法院支持。①

依前文所述，Google 公司对"选择—退出"机制适用范围进行扩展的同时，还对其内容进行了完善，在和解协议中 Google 公司对创作者及出版商收益进行了大幅度提升，但仍未获得法院认可。具体原因有如下几点。一是数字图书馆与搜索引擎存在本质区别。在搜索引擎行业，通过原标签代码对网页索引已成为行业惯例，可以说，该"选择—退出"机制已成为互联网运营的基础。从数字图书馆层面而言，"选择—退出"机制未被采用且并非行业惯例，是否采用该机制对互联网用户及相关利益主体而言不会产生较大影响。二是 Google 公司的商业集团身份及相关商业行为对"图书馆计划"公益性大幅缩减。图书馆进行作品利用通常以公益性为主，为保障社会公共利益实现，著作权法会对此领域进行一定限制。Google 数字"图书馆计划"虽极大便利了互联网用户对图书作品的使用，但 Google 公司的商业巨头身份以及之后一系列商业操作对原本公益性便利有所阻碍，致使法院没有充分理由为 Google 公司行为提供支持。

综上所述，"选择—退出"机制作为默示许可制度的新型样态，美国司法实践对搜索引擎中"选择—退出"机制的适用给予了肯定，但当该制度涉及更为广阔且较为传统领域时，法院仍选择相对保守态度。虽然在 Google 图书馆案中法院对和解协议予以驳回，但不得不对数字图书馆所带来的积极意义予以肯定。从数字化发展趋势的视角看，图书作品数字化不仅有利于作品长久保存，更有利于文化的进一步传播与共享，故而其对于图书便捷化利用具有重大意义。Google 图书馆案中已对"选择—退出"机制作出进一步完善，在具体适用时仍须结合多方因素加以考虑，总体而言，"选择—退出"机制为著作权默示许可制度数字图书馆领域提供了发展方向，具有一定的借鉴价值。

———————————

① Author Guild v. Google Inc, 98 U. S. P. Q. 2D(BNA) 1229.

第二节　大陆法系著作权默示许可制度的发展演进

大陆法系国家将著作权默示许可制度置于较为次要地位，该制度既未在成文法中以制度规范形式出现，亦未在相关实践判例中得到充分发展与演变，再加之，大陆法系国家更为注重法律稳定，在著作权默示许可制度适用方面较为谨慎。相较于英美法系著作权默示许可制度的丰富与鲜活，大陆法系国家的制度内容体现更接近隐性，不仅散见于个别成文法规范中，而且遇到数字环境相关新问题并未像英美法系国家对著作权默示许可制度适用范围不断扩展，一般仍基于原有框架与民法理论基础寻求答案。可以说，著作权默示许可制度在两大法系中根植的理念不同而呈现制度迥异的形态。

一　德国著作权默示许可制度的发展演进

（一）德国著作权默示许可制度立法概况

1. 公共文化传播中的默示许可

《德国著作权法》第 49 条第 1 款规定："广播评论及报纸文章未对权利声明保留，涉及政治、经济、宗教时事等内容时，同类报纸允许转载与再现该评论或文章；而应给予该评论或文章的著作权人相应报酬，概貌或简短摘要形式再现该评论或文章的除外。"通常而言，上述规定被认为对于报刊转载相关公共文化传播行为的法定许可[①]，但依据条款中"未对权利声明保留"限制性条件，其与默示条款的性质更为契合。从逻辑结构角度分析，该条款首句对法律行为的合法性予以确认，次句对权利义务内容进行明确，故《德国著作权法》第 49 条第 1 款规定的法律性质应从首句法律行为的合法性予以判定。根据首句条款内容，在

---

① 胡开忠：《知识产权法比较研究》，中国人民公安大学出版社，2004，第 161 页。

其他相似新闻报纸上允许转载再现该评论或文章的行为存在，具体要件表现为：一是保留权利未声明；二是政治、经济、宗教时事的广播评论与报纸文章。对其内部逻辑分析可知，后者作为一般性条件是前者的前提，而前者作为附加限制性条件又对后者作出了进一步限制。换句话讲，政治、经济、宗教时事的广播评论与报纸文章可被同类报纸转载传播，作者对此传播再现权利作出保留情形除外。即先对许可意思表示进行推定，继而赋予权利人反对的权利，因此，第49条既具备默示许可的推定因素即法律推定，亦具备所许可内容即转载传播，故而其性质属于著作权默示许可中的法律规范型默示许可。

2. 教堂或教学汇编物使用的默示许可

《德国著作权法》第46条对权利人默示许可使用教堂或教学汇编物作出如下规定："该汇编物向教堂或学校提供使用：（1）篇幅较小的音乐、语言、摄影等作品出版后被汇编成册用于教堂、学校或教学使用，则对该类汇编物允许复制与传播，但须对用途进行标注；（2）前款音乐作品提供至通常意义学校教学，而非音乐学校；（3）作品使用意图须以挂号信方式对著作权人进行通知，若著作权人住址或居住地不明，则须对专有用益权所有人进行通知或在联邦公报上通知，并在挂号信发出后两星期才可对作品进行复制；（4）对于作品的复制与传播应给予创作者相应报酬；（5）若权利人因作品不符合其意愿或不愿继续使用该作品而收回现有用益权，权利人可对该作品禁止复制与传播。"

对上述条文分析可知，第46条与第49条逻辑结构大致相似，先明确合法性行为，即向教堂、学校提供篇幅较小作品的使用传播行为；继而给予著作权人否定性权利，对上述行为进行限制，即若权利人因作品不符合其意愿或不愿继续使用该作品而收回现有用益权，权利人可对该作品禁止复制与传播。第46条以法律推定其著作权人默示许可的意思表示，亦属于法律规范型默示许可。与第49条明显差异之处为，其创作者并不具有全部的否定权，其前提条件为创作者对作品不满意，并取消且收回之前授权的普通许可行为，方可否定之前对作品所作出的默示许可。

（二）德国著作权默示许可制度法律实践

德国著作权默示许可制度在数字网络环境下亦可适用，最为经典的案例便是"预览图片"案，具体案情如下。2003年，原告德国某创作者创建网页后将自己创作的美术作品进行上传，并在每件美术作品复制件上进行署名。被告Google搜索引擎将该创作者的美术作品定位检索后对图片进行压缩，原告提起诉讼认为Google公司对图片作出的压缩行为侵犯了自身合法权利。经审理，二审法院认为，原告所设定的元代码为搜索引擎检索其页面提供了方便，原告在图片上的署名行为表明其允许他人使用作品的复制件，故法院未认可被告所提出的默示许可抗辩，且认定Google公司对图片检索后的压缩行为属侵权行为；对于原告的诉讼行为，法院定性为滥用著作权的行为从而对原告诉讼请求予以驳回。该案经过三次审理后，联邦最高法院虽与二审法院的判决结果一致，但给出迥异的审判理由：著作权人向使用者进行默示许可授权须满足著作权人对于作品具有物权处分的权利，换而言之，著作权人对于作品具有所有权的前提条件下，继而授权他人使用时不产生冲突方可发生效力。在本案中，原告在网页上传作品复制件时并未设定"非存档"元标签代码，由此可推定创作者对他人使用其作品并不排斥，但创作者在作品复制件上的署名又可判定创作者不允许他人对其作品进行任何改动，同时创作者亦可对该授权许可随时予以否定，但该否定必须采用上述技术规定，否则不意味着其对该意思表示进行了否定。①

通过对上述案例分析可知，该案具有两个重要特征。一是在关于默示许可的认定方面参照了民法理论，即权利人在作出"默示许可"意思表示的同时应具备物权处分或债权请求的权利。依据此判定方法可

---

① 刘晓海：《德国知识产权理论与经典判例研究》，知识产权出版社，2013，第118页。

见，德国仍采用将默示许可限定在传统环境下合同关系领域的基本方法，对于互联网时代所出现的社会需求较难满足。二是因原告未采用"非存档"元标签代码而推定其对被告进行单方面授权许可使用，可以说，该推定在某种程度上承认了技术保护措施作为搜索引擎领域的行业习惯被公众广泛知悉，虽对默示许可在搜索引擎领域中的适用漏洞可予以填补，但从最终产生功效看，效果并不明显。

二 日本著作权默示许可制度的发展演进

（一）日本传统环境下的著作权默示许可法律实践

关于默示许可制度的具体规定在日本法律中并不普遍，《日本著作权法》第 63 条虽然对著作权人许可他人使用作品有所提及，但并未对具体许可方式作出明确规定，故法律并未排除对默示许可适用的可能性。同样在其权利限制相关规律中，亦对默示许可制度有所体现，例如转载时事评论的相关规定，即对于报纸、杂志所刊登的时事评论，其他报纸、杂志可以法律所允许的方式转载，声明禁止使用的除外。[①] 该条虽未对默示许可明确规定，却直接体现出默示许可制度的适用规则，即以法律明确规定的形式推定权利人明知作品刊登将默认为许可他人使用作品，同时法律对权利人退出默示许可形式亦进行明确规定，即若权利人对禁止他人使用作品未进行明确规定，最终的法律效果为权利人采用消极行为方式授权许可他人对于作品的使用。

在司法实践中，有关默示许可的纠纷绝大部分产生在传统领域，其中较为典型的是 X 诉高砂案及一桥大学博士论文案。在 X 诉高砂案中[②]，法院判决认为，在必要前提下，若权利人对作品存在变更的默示许可，如删减、改动等，使用者在对作品进行复制时对作品的删减、改

---

① 《日本著作权法》，李杨译，知识产权出版社，2011，第 30 页。
② 平成 18 年 8 月 24 日東京地方裁判所（平成 17 年（ワ）第 1720 号）、知的財産高等裁判所第 1 部（平成 18 年（ネ）第 10027 号）。

动不视为侵犯作品保护完整权。[①] 在一桥大学博士论文案中，法院主张，分歧产生原因来源于合作作品使用，基于创作者之间的合同关系可认定一方对另一方作品使用的默示许可。[②] 此外，酒店服务台程序请求使用费案[③]、销售赛车照片案[④]均对默示许可制度有所提及，但遗憾的是，上述案件裁判出发点均为当事人是否存在合意，进而判定是否适用默示许可。由此可知，日本立法实践对于默示许可认定采取相对保守慎重的态度，从本质而言，默示许可仍然仅为探寻合同双方主体间授权许可意思表示的工具，并未超越民法领域演变成为著作权领域的独特制度存在。

（二）日本数字环境下的著作权默示许可法律实践

科技网络的全球化发展，使各个国家在网络环境下均将面临新问题与旧制度之间的矛盾冲突。伴随网络时代到来，作品使用方式呈现新形态，日本著作权亦面临来自互联网浪潮背景下的新挑战。轰动一时的 Field v. Google 案出现后，日本学界对于搜索引擎所引发的问题进行了深入探讨。在平成 19 年（2007 年）修改《日本著作权法》时，对于默示许可在搜索引擎中的适用问题，学界普遍认为，在现实生活中存在权利人对搜索引擎拒绝检索方法并不知晓的可能性，或者作品经他人非法上传至网络，故而，无法以网页元标签或 "Robot 排除协议" 等方式对搜索引擎的索引复制予以阻止。如此便产生了搜索引擎在未获得权利人真实意愿的背景下作出对网页索引复制行为，故学界认为采用默示许可的方法解决搜索引擎所引发问题并无可操作性。在科技进步大背景下，

---

① 著作者が，第三者に対し，必要に応じて，変更，追加，切除等の改変を加えることをも含めて複製を黙示的に許諾しているような場合には，第三者が当該著作物の複製をするに当たって，必要に応じて行う変更，追加，切除等の改変は，著作者の同意に基づく改変として，同一性保持権の侵害にはならないものと解すべきである。

② 平成 21 年 06 月 25 日東京地方裁判所（平成 19（ワ）13505）、平成 22 年 03 月 29 日知的財産高等裁判所（平成 21（ネ）10053）。

③ 平成 13 年 04 月 16 日東京高等裁判所（平成 12（ネ）1689）。

④ 平成 21 年 12 月 24 日知的財産高等裁判所（平成 21（ネ）10051）。

日本搜索引擎相关问题未得到妥善解决，而在现实生活中默示许可规则却成为搜索引擎领域普遍适用的行业惯例，同时亦被默认为解决搜索引擎相关问题的最优方案，原因在于互联网的本质属性为信息的快速传播与共享，绝大多数作品创作者更愿意是让更多的人在网络世界中了解且知晓其作品内容，虽然有部分创作者拒绝搜索引擎对其作品索引复制，但在互联网普及时代，创作者通常具备知晓排除搜索方法的能力。因此，《日本著作权法》在 2009 年修改之时，特意将默示许可在搜索引擎领域的适用内容增加在第 47 条第 6 款中，即搜索引擎服务商若实行搜索服务，可在一定限度内索引复制网络中已公开信息，但须满足两项附加条件方可实行：一是相关网站已采取技术措施声明禁止搜索引擎索引复制的信息不得收集；二是网站作品信息内容非法且搜索引擎服务商知晓该情况的，不得对信息予以收集。[①]

三 其他国家及地区著作权默示许可制度的发展演进

（一）西班牙著作权默示许可制度立法实践

《西班牙著作权法》第 33 条第 1 款对公众文化传播中默示许可相关内容予以明确，即在大众媒体中所刊登的时事文章，其他大众媒体可以复制、发行等方式向社会传播，但前提是该时事文章无保留版权声明，且对文章来源和作者姓名应予以说明。[②]

《西班牙著作权法》第 33 条第 1 款与《德国著作权法》第 49 条第 1 款相似之处在于：一是均在公众文化传播领域以"权利保留"条款方式对默示许可制度进行规定；二是著作权默示许可制度条文的逻辑结构相似，具体而言，《西班牙著作权法》第 33 条第 1 款将大众媒体可以复制、发行等方式向社会传播认定为合法行为，而除外限制便是权利保留

---

① 《日本著作权法》，李杨译，知识产权出版社，2011，第 30 页。
② 郭威：《版权默示许可制度研究》，中国法制出版社，2014，第 109 页。

声明，因此该默示许可的意思表示由法律所推定存在，可定性为法律规范型默示许可。

（二）我国台湾地区著作权默示许可制度立法实践

无独有偶，我国台湾地区"著作权法"第 61 条亦对公共文化传播领域中的著作权默示许可制度作出规定：报纸新闻及网络关于时事政治、经济社会等问题，可以被其他媒体杂志以及网络转载传播，但声明不得转载、传播的除外。[①] 由此可见，我国台湾地区同样以"权利保留声明"条文方式推定权利人默示许可使用者对其作品进行使用，同时给予权利人相应否定权。与其他国家和地区立法相比，该规则更为简易，除了规定作品限制于时事范围外，仅要求使用者使用作品时标明来源出处即可。[②]

综上所述，大陆法系国家及地区更为看重法律的稳定性，加之其特殊的立法体例，大陆法系国家及地区的法官无法通过判例对著作权在数字环境中所面临的新问题予以解决，故而大陆法系在默示许可制度方面的使用相对较为谨慎，且其对于数字环境中新问题的解决方式更多是从原有框架或采用民法基础理论角度出发，而非如同英美法系国家对默示许可适用在突破边界进行有益探索。

第三节　英美法系和大陆法系数字环境下著作权默示许可制度的比较

一　两大法系数字环境下著作权默示许可制度分野

通过前文所述可知，英美法系国家与大陆法系国家及地区在著作权

---

① 郭威：《版权默示许可制度研究》，中国法制出版社，2014，第 110 页。
② 我国台湾地区"著作权法"第 64 条规定："依第 44 条至第 47 条、第 48 条之 1 至第 50 条、第 52 条、第 53 条、第 55 条、第 57 条、第 58 条、第 60 条至第 63 条规定利用他人著作者，应明示其出处。"

默示许可制度的具体规定上存在明显差异，在制度特色中存在显著分野。该制度在英美法系中发展历史更为漫长，发展脉络亦更为清晰，具备广泛适用空间。反观其大陆法系的发展状况，不仅适用空间较为狭窄，制度体系亦尚未完全形成，仅隐含于个别法律规范之内。具而言之，著作权默示许可制度在两大法系中在立法态度、立法目的与范围、制度依据、制度形态、具体规则设定方面均存在明显差异。

（一）立法态度分野

对比默示许可制度在两大法系的具体适用情况可知，英美法系国家对默示许可的制度适用更为关注，并在司法实践中以案例逐步积累并演化，从而形成各阶段独具特色的制度规则，使著作权默示许可制度具备较为清晰的发展脉络以及相对较为广泛的适用空间；而著作权默示许可在大陆法系国家几乎无概念存在，作为一项隐性制度，其制度规则往往散见于传统法定许可制度中，亦未得到立法的明确认可。因此，大陆法系国家并未对默示许可制度的独立价值进行充分认识，制度适用与发展空间较为局限。

（二）立法目的与范围分野

著作权默示许可制度的内容在英美法系国家较为丰富充实，其并非仅局限于某一特定领域或范围中，而是广泛存在于多种类型的作品使用行为之中。进而言之，英美法系国家立法宗旨是，以默示许可制度为工具推动作品传播与利用，可以说，英美法系国家的立法目的更多呈现向社会公共利益倾斜趋势。而著作权默示许可制度在大陆法系国家适用范围较为狭窄单一，基本上仅局限于特定公共适用领域，旨在规范公共文化传播过程中作品的使用行为。由此可见，大陆法系国家立法目的为较好地维护权利人与创作者的利益，在法律允许的前提下，基于社会公共利益可进行较为广泛的使用，使权利人与创作者权益不被过于侵犯。从深层次维度分析，英美法系与大陆法系各自的立法目的与其权利限制制度的偏好和重点具备统一性。具体而言，前者在权利限制制度方面侧重于选择适用于传播更为快速、受众面更广的使用途径，如卫星传播、有线转播等；而后者对作品在教育及教学方面的法定许可适用更为普遍。故而，英美法系与大陆法系著作权默示许可制度的立法目的与范围均为两者著作权权利限制制度的延伸与扩展。

（三）制度依据分野

著作权默示许可制度在英美法系中的法律渊源为合同默示条款，最早自专利制度引入著作权领域演变形成。可以说，其制度价值始于明确合同当事人之间的权利义务，以追求合同正义效率为制度基线，从而扩展至作品使用行为效率以及维护社会公共利益。而著作权默示许可制度在大陆法系中的法律渊源为默示行为理论，旨在判定或推定创作者及相关权利人的默示许可意思表示，将法律行为中的形成权赋予创作者及相关权利人，从而维护该主体的著作权权益。依本质而言，英美法系国家致力于公共利益得以充分保障；大陆法系国家更为注重尊重并理解创作者及相关权利人默示许可意思表示，关注点在于私益保护。

（四）制度形态分野

英美法系国家中的著作权默示许可制度主要表现方式为判例法，并以法律原则作为具体体现，其显著优势在维持不同主体间利益平衡时，弹性与灵活性都更为明显。而大陆法系国家中的著作权默示许可制度主要表现方式为成文法的具体规定，作为固定化的法律规则，其显著优势在于具备了较强的稳定性和明确性，能够更加充分地实现立法目的与宗旨。

（五）具体规则设定分野

著作权默示许可制度因在英美法系与大陆法系国家的立法目的与制

度依据存在差异，其规则设计亦有所不同。前者制度规则基本来源于司法判例，关注点主要为作品传播与利用，因此规则设计体现为默示许可的识别与判断；后者制度源自成文法规定，关注点在于对权利人权益的尊重与理解，故而其具体规则内容为主体之间具体权利义务的规定，侧重于著作权默示许可制度下法律关系的稳定与明确。

总体而言，英美法系国家著作权默示许可制度的立法价值倾向于推动作品快速传播与使用，而大陆法系国家著作权默示许可制度的立法价值倾向于保护创作者以及相关权利人权益，两者因历史文化与法律传统不同而产生迥异的立法理念。英美法系以版权为导向，复制权为其立法核心内容，其立法理念更侧重于维护市场需求与社会公共利益；而大陆法系以作者权为导向，其立法初始考察核心为确认及保护创作者及其相关权利人权益，以保护创作者、出版者及其他相关权利人权益为立法理念。① 两者立法理念的差异在著作权领域具体体现在以下几个方面。

一是文化思想传承不同。依前文所述，大陆法系国家的立法理念以作者权作为导向，加之西方文明发源于欧洲，故看重各类具有创造性的文学艺术成果，社会各界对于创作者的权益同样予以尊重与理解。以德国为例，日耳曼民族的缜密思维逻辑及一定哲学基础，并倾向于强调创作者权益，才可调整作品创作与传播的社会关系。相较于大陆法系国家的文明发展，英美法系国家更倾向于注重市场引导，从而解决实际问题。简而言之，其立法主要以实用主义为体现，在市场调节需求中将私人权益保护包含在内。②

二是基础渊源不同。大陆法系国家所推崇的作者权来源于罗马法及自然法准则，在罗马法中，创作者将作品看作自己的子女，作品虽非自身肉体分离物，却是自己的智力成果，该古老传统的观念至今仍存在影

---

① 费安岭：《著作权法教程》，知识产权出版社，2003，第2~7页。
② 梁清华：《数字时代与著作权传统、作者权传统之间鸿沟的弥合》，《人民司法》2004年第9期。

响，例如，"署名权"被称为"身份权"，亦即作品的主人为创作者，作品仅可为创作者所拥有的财产，独创性与创作者及作品同时存在。[①] 英美法系国家以实用主义为哲学基础，认为劳动付出必须以等价物质报酬进行交换方可体现公平，故在其著作权交易市场中，作品被视为商品化信息产品，作品产生销售的导向仅为消费者的选择与偏好。[②]

三是保护侧重点不同。大陆法系国家要求对创作者进行全面充分保护，在著作权中需要重点保护的是创作者的人身权利，故而大陆法系国家尤其推崇"人格价值观"。英美法系国家将著作权更多视作财产权，并强调"在习惯法国家中，著作权的核心内涵便是财产权"[③]。因此，英美法系国家著作权以商品性质作品经济投入为保护核心，而非创作过程。

四是权利地位不同。大陆法系国家认为著作权是因创作产生的自然权利。而英美法系国家虽认同著作权由创作活动产生，但仍主张法律是权利的根本，著作权仅是法定权利的一种，社会公共利益始终为英美法系著作权所考量的首要因素，其次才是关于创作者经济报酬权的考量，作为最终保障社会公共利益的一项必要手段，创作者利益须服务于社会公共利益。

二 两大法系数字环境下著作权默示许可制度契合

因两大法系著作权立法理念不同，默示许可在不同法系国家中存在明显差异，但两者之间仍存在共通之处，即制度深层次所蕴含的利益平衡理念。作为著作权法中内化的、富有弹性的一项权利限制制度，著作权默示许可制度在通过推定默示许可意思表示使作品的传播与利用最大化，保障社会公共利益尽可能实现的同时，赋予著作权人对该效力推定

---

① 郑成思：《知识产权法》，法律出版社，2003，第 318 页。
② 袁泳：《数字技术与版权领域的利益平衡论》，《南京大学学报》（哲学·人文科学·社会科学版）1999 年第 3 期。
③ 费安玲：《著作权法教程》，知识产权出版社，2003，第 5 页。

的否定权，全面保证创作者及其相关权利人权益不被侵犯。由此可见，著作权默示许可制度对社会公共利益与创作者及相关权利人等多方主体间的考量，无疑全面诠释了利益平衡理念。

具体而言，大陆法系国家适用过程中的利益平衡理念体现为法律通过对他人使用作品的行为赋予创作者及相关权利人否定性的形成权进行限制，在保障社会公共利益的基础上，实现创作者及相关权利人权益最大化；英美法系国家适用过程中的利益平衡理念体现为限制权利人权益，通过限制创作者及相关权利人权益，实现作品的快速传播与高效利用。故而，著作权默示许可制度在两大法系中具体适用方式虽有所不同，但仍在本质上表现出利益平衡理念的契合性。当今时代，"著作权"与"版权"之间不可逾越的界限在逐步缩小，数字技术进步及市场经济现实需求是一小部分因素，起到关键性作用的则是立法中所体现的利益平衡理念。①

随着英美法系与大陆法系著作权法的发展与进步，国际视野范围内社会各界对著作权法的目的逐步形成共识，具体体现为两个层面：一是关注创作者与相关权利人的利益维护，如作品传播者等，不仅使创作者在作品创作过程中获取收益，从而进一步激发创作者"创作源泉"，而且使传播者在作品传播过程中得到相应报酬从而激励作品快速传播，增进社会财富累积；二是充分保障社会公众对于创作者所创作作品的接触和使用，从而推动整个社会文化水准进一步提升。谈及该两个层面的关系可知，前者体现了著作权法近期目标或直接目标，是后者实现的必要前提，若创作者创作热情缺失，或传播者对作品传播动力不足，则著作权法坚实根基将产生动摇，继而成为"无根之木"；而后者体现了著作权法的长期目标或最终目标，亦即实现最终社会文化水准的全面提升。亦如学者冯晓青所言：著作权作为一项垄断权，其正当性体现为对于信

---

① 梁清华：《数字时代与著作权传统、作者权传统之间鸿沟的弥合》，《人民司法》2004年第 9 期。

息知识的接近以及公共利益的保障。① 可以说，上述著作权法目的所体现的两个层面亦是著作权法宗旨的多面性。短期目标与长期目标通常情况下虽会表现出一定趋同性，但在特殊情形中两者并非一致。对于作品保护而言，法律将垄断权赋予创作者，让其自行决定对作品的许可使用以及具体方式，需要强调的是，垄断权利的赋予对于创作者及其作品的确能够进行强有力的保护，但在一定程度上也存在阻碍社会公众接触并使用智力成果的可能性。故而，在著作权法领域内，长期目标与近期目标、最终目标与直接目标之间的协调平衡便成为永恒的议题，而利益平衡理念始终贯穿于该永恒议题中。基于著作权法中所蕴含的利益平衡理念，著作权法在赋予创作者垄断性权利的同时，为保障社会公众对于作品的接触与使用创设权利限制制度，著作权默示许可制度作为权利限制的重要组成部分，存在的根本价值与意义便是对于利益平衡理念的贯彻与维护。

---

① 冯晓青：《著作权法目的与利益平衡论》，《科技与法律》2004 年第 2 期。

第四章 数字环境下我国著作权默示许可制度的现状检视

第一节 我国著作权默示许可制度的立法现状

迄今为止，对于默示许可制度，我国著作权法尚未作出明文规定，再加之，《著作权法》第 26、29 条以及《著作权法实施条例》第 24 条均对使用作品的限制条件予以明确，即订立许可合同为使用作品的前提条件，若权利人未在合同中明确授权，则不得擅自使用。由此，学界有部分观点认为，我国法律及条例仅支持明示许可，对于著作权默示许可制度并不认可。[①]

然以民法视角而言，该制度在民法理论及具体规范中均有存在的依据，无论是前民法典时代《民法通则》第 56、140 条、《合同法》第 10 条以及《民通意见》第 66 条，还是《民法典》第 140、469 条，均对民事法律行为可采取其他形式作出规定，该其他形式毫无疑问包含默示。而在著作权立法中，若对条文规定进行仔细探究，仍能发现默示许可存在的踪迹。《著作权法》相关具有权利保留声明的争议条文，有学者将其称为"准法定许可"[②]，此外，其在条例中亦有所体现。

---

① 路聪:《著作权默示许可制度研究》，载中华全国专利代理人协会主编《提升知识产权服务能力 促进创新驱动发展战略——2014 年中华全国专利代理人协会年会第五届知识产权论坛优秀论文集》，2014，第 308~319 页。
② 李祖明:《互联网上的版权保护与限制》，经济日报出版社，2003，第 240 页。

一 《著作权法》中的"默示许可"条款

在我著作权立法领域内,《著作权法》第 25 条的编写出版教科书许可、第 35 条第 2 款的报刊转载许可、第 42 条第 2 款的制作录音制品许可涉及默示许可制度。具体条文因独特的但书设计,在国内理论界引起广泛讨论。有学者认为条文中的"除外条款"实质上为著作权默示许可制度;也有学者认为其应为法定许可的一种特殊形式,甚至被称为"准法定许可",但最终未形成统一意见。

从前述默示许可制度与法定许可的对比可知,两者虽具备一定相似点,但仍存在本质区别,不能混为一谈。从法律性质而言,我国《著作权法》上述条款中的"除外条款"与默示许可制度的特征内涵更为接近。自 1990 年《著作权法》颁布始,至 2001 年、2010 年、2020 年三次修订,默示许可制度涉及内容主要分布如下。

(一) 编写出版教科书默示许可

探究教科书编写使用许可发展脉络可知,我国著作权立法较之发达国家相对滞后,1990 年《著作权法》未对教科书编写许可作出立法规定。[①] 2001 年《著作权法》修订时,在第 23 条第 1 款中对教科书编写许可作出规定,并在内容中强调"除作者事先声明不得使用的外,可以不经著作权人许可……"与默示许可制度规则完全契合。而 2020 年《著作权法》取消了保留声明及限制条件,但对使用对象"作品片段"予以保留。

具体而言,教科书编写默示许可规则在 2001 年《著作权法》中被创设,在教科书编写领域设置法律条款原因如下。一是国际公约及其他国家在此方面均有规定,如《伯尔尼公约》第 10 条第 2 款,诸多英美

---

① 陈波、马治国:《著作权法定许可中"教科书"的概念辨析》,《南京社会科学》2012 年第 12 期。

法系国家如美、英、澳，大陆法系国家如德、法、意、日等，为实现教育目的均设置了相关权利限制制度。① 为与相关国际层面立法保持同步，我国《著作权法》亦创设教科书编写领域的权利限制制度。二是基于社会公共利益维护因素。教科书是关乎教育水平乃至一国文化实力的关键因素，对教科书编写许可进行专门立法，可促进优秀作品在素质教育中普及，进而提升教育事业进步。实践中教科书使用所产生著作权问题层出不穷，对教科书编纂、结集出版，甚至相关教学活动产生严重影响。教育事业与国家经济、文化及科学发展情况息息相关，全社会均应给予大力支持。

考虑到权利人利益平衡因素，加之创作者存在对曾经发表作品不满意或者其他原因，不愿将作品再次出版或被他人使用的情形，我国创设了与国外法定许可有所区别的"除外条款"，亦即当前教科书编写默示许可规则。② 在《著作权法》（第三次修改征求意见稿）关于教科书编写行为的具体规定中，原本 2001 年《著作权法》所设定的默示许可规则变换为法定许可规则，且确立了相关程序性要件如申请备案、标明来源、支付使用费等。③ 虽 2020 年《著作权法》最终将上述要件予以删除，但总体而言，2020 年《著作权法》本意欲对加强著作权人保护，却将原本的默示许可规则转换为法定许可，不仅是对权利人表达自身意思表示的阻却，更是对权利人权益保护事实上的削弱。

（二）报刊转载默示许可

报刊转载默示许可规则在 1991 年《著作权法》第 32 条第 2 款便已存在，2001 年《著作权法》对上述条款仍旧在第 32 条予以完全保留，2020 年《著作权法》延续保留前款规定。

---

① 张杰：《我国〈著作权法〉中"教科书法定许可制度"的现状及立法完善》，《中国编辑》2014 第 3 期。
② 姚红：《中华人民共和国著作权法解释》，群众出版社，2001，第 174 页。
③ 熊琦：《著作权法定许可制度溯源与移植反思》，《法学》2015 年第 5 期。

对比 1991 年《著作权法》与 2001 年《著作权法》可知，后者对前者关于报刊转载默示许可规则的全面保留同样基于利益平衡因素考量。首先，以社会大众视角而言，在传统著作权环境中，报纸期刊作为社会公众所接受信息的主要来源，为社会大众提供了较为通畅的信息传播渠道。为了充分保障社会公众接触权益，必须适度限制私人权益。其次，从报刊社视角来讲，传统报刊存在其自身特点，即发行频率频繁，短则一天，长则一月或两月，因此，对其他报刊已经发表的作品进行转载不会对报刊的销量造成影响。最后，以创作者视角分析，鉴于作品已经发表，若以全新形式继续传播，通常与创作者意愿不相抵触，再加之，作品转载使用者亦会支付创作者合理报酬，故而报刊转载行为不会对创作者合法权益造成侵犯。整体而言，该款报刊转载默示许可规则设置较为合理，然在实际生活中往往存在报纸杂志单位为使自身权益不被侵犯，作出代创作者声明拒绝转载的越矩行为。《著作权法》（第三次修改征求意见稿）一稿、二稿、三稿针对以上情况予以明确，对于杂志社刊登作品，只有获得作者授权才可享有出版权，若存在不得转载声明的，不得转载。可以说，这是对报刊转载默示许可规则设置的具体细化。在 2020 年《著作权法》中，该条款又回归"原始状态"，虽说此条规定再无修改，但在历经十年的修法工作中，均显现出一定"举棋不定"的犹豫状态。

（三）录音制品默示许可

我国录音制品默示许可规则在 1991 年《著作权法》第 37 条第 2 款有所规定，2001 年《著作权法》第 39 条第 3 款除对该条款保留外，重新设定了适用条件，将录像制作者的使用对象由"已发表"限定为"已经合法录制"。2020 年《著作权法》除删除原第 40 条第 2 款内容外，未删除权利保留声明。

具体而言，对录音制品默示许可规则发展历程进行分析，1991 年

《著作权法》设定该规则的理由如下：第一，基于许可现实操作层面，一部录音制品通常包含音乐、童话、戏曲等众多精短作品，若录音制作者逐一获取创作者许可，实际操作中较为困难①；第二，基于权利人传播倾向层面，创作者将作品公开发表，一般情况下代表着创作者希望作品传播的意愿，若创作者因特殊缘由不愿作品继续传播，作出排除声明即可。2001年修改时，虽保留了默示许可规则，但对使用条件进行修改。进而言之，作品使用条件由"他人已发表作品"变更为"他人已经合法录制为录音制品"，故作品使用限制条件呈现严格化趋势。此外，从规则变化角度分析，2001年《著作权法》基于立法理念变化，着重强化权利人权益保护，考虑到创作者存在特殊原因不愿意将其传播等情形，法律特此提供了除外条款予以处理。2020年《著作权法》中对权利人权利声明条款予以保留，反映出立法机构对于此问题的慎重考量。

（四）广播电台、电视台播放录音制品默示许可

我国2010年《著作权法》将广播电台、电视台播放对象分为播放普通作品与播放录音制品两大类，其默示许可规则因播放对象不同有所差异。对于广播电台、电视台播放普通作品的许可规则，1991年《著作权法》以默示许可形式作出；2001年《著作权法》将默示许可规则修改为法定许可；在著作权法第三次修订所公布的修订案中，几乎均延续了2001年条文。故而，仅在此讨论广播电台、电视台播放录音制品所涉及的默示许可规则。

对于广播电台、电视台播放录音制品默示许可规则，1991年《著作权法》以合理使用方式对其作出规定，2001年《著作权法》将该条内容以默示许可规则进行修改，之后《著作权法》（第三次修改征求意见稿）以及2020年《著作权法》均将该条文取消。

具体而言，在我国《著作权法》修改历程中，从广播电视、电视

① 胡康生：《著作权法释义》，北京师范学院出版社，1990，第90页。

台播放录音制品使用行为的条文变化可知，立法者逐步呈现维护权利人利益的趋势。而 1991 年《著作权法》以合理使用的方式对权利人权益进行完全限制，引起了录音作品创作者的强烈反对，因此，2001 年《著作权法》将其修改为对默示许可规则进行妥协。需要强调的是，依据立法解释，此处默示许可规则中"权利保留声明"意义在于：第一，使用录音制品应支付报酬，若约定不付报酬的，按照约定行使；第二，录音制作者、表演者不涉及授权与报酬问题，其不享有播放录音制品的权利，但因该两者亦付出劳动，可在合同中约定来维护合法权益，如约定作品不得播放等。① 对该立法解释进行分析可知，其与默示许可内涵仍存在差异：一是该"默示"是指不获取报酬，而非授权许可；二是表演者、录音制作者对录音制品并不享有授权许可权利，表面上看，虽与著作权默示许可规则形式相符，但该默示许可规则建立在主体并不享有权利的基础上，可以说，该规定反而变相扩张了主体权利范围。故而，目前《著作权法》所规定广播电台、电视台播放录音制品默示许可，与所言的真正默示许可规则相去甚远，成为《著作权法》数次修改草案将其删除的重要原因。

（五）公共媒体使用特定作品默示许可

公共媒体使用特定作品行为默示许可规则是关于我国《著作权法》第 24 条第 4、5 项所设定的权利限制规则，其所确立向公众传播特定作品行为同样具备默示许可制度的内涵特征。1991 年《著作权法》便对公共媒体使用特定作品行为作出规定，2001 年《著作权法》在第 40 条第 4 款中加入默示许可规则，2020 年《著作权法》并未将"网络"添加至媒体公共媒体使用特定作品范围，而仅将第 4 款条文时事性文章"作者"修改为"著作权人"。

一般来讲，第 24 条被公认为合理使用规定，因条文中存在"使用

---

① 姚红：《中华人民共和国著作权法解释》，群众出版社，2001，第 257 页。

作品可不经著作权人许可，且不支付报酬"陈述，使其符合合理使用的构成要件。然而1991年《著作权法》第5项、2001年《著作权法》至2020年《著作权法》第4、5项，其除外条款的设置赋予了创作者意思自治的权利，显然与默示许可制度更为契合。进而言之，条文"使用作品可不经著作权人许可，且不支付报酬"陈述，从法律效力解释维度可视为一般条款，而条文"作者声明不得使用的除外"为特殊规则，依照特殊优于一般规则，我国《著作权法》对于公共媒体使用特定作品行为的规定应为默示许可规则。

总体而言，公共媒体使用特定作品行为默示许可规则主要包含两项要件。一是使用主体范围特定化。在该项规则下，使用主体为报纸、期刊等公共媒体，且将其延展至网络。二是使用范围特定化。公共媒体对于作品使用须具备公共性质，作为特殊情形，时事性文章未在1991年《著作权法》列入，其余法律文稿中作品使用范围均包含时事性文章与公共场合讲话。关于合理使用条款中单独对公共媒体使用作品作出特别设计的缘由，立法资料仅提及因《伯尔尼公约》增加了相关条款，即"时事性文章若作者声明禁止刊登、播放，须禁止刊登、播放"，并未言及其他。笔者认为，该特殊设计具备合理性的原因在于，公共媒体的作品使用行为受众为不特定公众，故其受众范围更为广泛，对于权利人权益影响亦相对较大；考量所使用作品同样具备特殊性，即具有较强的政策性与时事性，为了使各方利益达到平衡，在保障社会大众接触的基础上，赋予创作者选择是否进行保留的权利。

二 《信息网络传播权保护条例》中的著作权默示许可

默示许可除了在我国《著作权法》相关条文中有所体现之外，在《信息网络传播权保护条例》中亦发挥重要作用。相较于《著作权法》，默示许可在我国《信息网络传播权保护条例》中所涉范围相对狭窄，主要体现为特定作品网络传播、公共文化传播、网络远程教育及网络扶贫等方面。

1. 特定作品网络传播中的默示许可

特定作品传播使用著作权默示许可规则，主要涉及《信息网络传播权保护条例》第 6 条第 7、8 项及第 10 条规定。其中，第 6 条第 7、8 项对特定作品，即时事性文章、公众集会讲话，在网络空间传播使用作出不经许可且不需付报酬的规定。第 10 条第 1 款特别规定，不得提供作者事先声明不许提供的作品。有学者认为，条例第 6 条第 8 项在性质上被定性为合理使用，并以《著作权法》第 24 条为基础，将其扩展至网络环境中。[①] 事实上，在《著作权法》第 24 条规定的全部合理使用类型中，除 4 种使用行为不涉及网络传播未列入《信息网络传播权保护条例》，其余 8 种情形均被列入其中。回归上述《信息网络传播权保护条例》第 6 条第 7、8 项内容，从表面上看，该两项内容均符合合理使用定性要求，但若结合第 10 条第 1 款内容，时事性文章及公众集会讲话在网络并不可完全传播使用，权利人仍被赋予限制他人使用的权利。由此可知，第 6 条第 7、8 项内容与著作权默示许可制度的性质更为契合。

对《信息网络传播权保护条例》关于网络传播中合理使用行为同《著作权法》对公共媒体特定作品使用行为的规则设计相似原因，立法未作出过多说明与解释，仅指出参照《著作权法》第 24 条第 1 款第 4、5 项及第 25 条所规定的著作权人事先声明不许使用作品，条例第 6 条第 7、8 项，第 8 条，第 9 条，均不得提供作者声明保留作品。由此推定，上述条款的设立与《著作权法》公共媒体使用特定作品默示许可的设立，存在相同创制原因。

2. 公共文化传播中的默示许可

《信息网络传播权保护条例》第 7 条第 1 款关于默示许可引争议，即"五馆"通过网络向服务对象提供数字化作品及复印件时，除作者存在权利保留声明外，可不经许可，不支付报酬。该款内容通常被认定

---

① 张建华：《信息网络传播权保护条例释义》，中国法制出版社，2006，第 25 页。

为合理使用，这一观点似乎在《信息网络传播权保护条例》第 10 条亦可以得到印证。第 7 条因规定了"可不经著作权人许可""不用支付报酬"等要件，再加之第 10 条对于作者除外声明的排除，似乎可被确切判定为合理使用。然问题的关注点在对第 7 条权利人声明保留与第 10 条特别规定之间联系的理解。根据相关法律解释，图书馆在对电子出版物引入时，若该电子出版物存在创作者作出限制条件的可能性，图书馆则应在该限制条件的规制下对电子出版物进行使用。而第 7 条对"当事人另有约定的除外"作出的笼统规定，将涉及图书馆制作电子复制件时与权利人之间的关系，即若当事人与图书馆另有约定，则可视为图书馆对法定权利予以放弃。① 由上述解释可知，权利人可按照自身意愿对使用行为的合法性予以排除，换而言之，虽然法律事先设置了"不需许可及付酬"前提要件，但该要件因权利保留声明的存在而失去原本效力，与默示许可构成要件相契合。故而，第 7 条第 1 款在性质判定上可被认定为默示许可。

3. 网络远程教育中的默示许可

《信息网络传播权保护条例》第 8 条规定，为实施相关教育规划，远程教育机构在制作或传播课件使用他人作品时，可不经许可，但须支付报酬。该条款被视为我国《著作权法》第 25 条在数字环境中的延伸，同时被称为网络远程教育中著作权法定许可制度，即把法定许可的规定适用至远程教育课件制作与提供。虽从表面上看，《信息网络传播权保护条例》第 8 条毫无疑问应归属于法定许可，但依据体系解释，其第 10 条第 1 款提到，若此条款存在作者权利保留声明，则不得使用与提供。换言之，第 8 条所规定的网络远程教育活动不得提供作者事先声明不许提供的作品，这就意味着，创作者可通过自我意愿排除许可行为效力。从此角度而言，《信息网络传播权保护条例》第 8 条并非在性质上为法定许可，应归属为默示许可。

---

① 张建华：《信息网络传播权保护条例释义》，中国法制出版社，2006，第 32 页。

4. 网络扶贫中的默示许可

《信息网络传播权保护条例》第 9 条是首例在学界无较大争议且被认定为属于默示许可制度的条款，立法资料亦指明其具备不同于法定许可的特殊性在于，其是为农村提供作品而专门设计的特殊法定许可制度，是一种创新。回顾立法历程，在最初送审稿中并未有第 9 条制度设计，考量到我国现实需求，故而增加此条款。虽最初采用了法定许可制度，但考虑到对创作者权益影响较大，更换为目前立法方式。可以说，条款创新之处在于，不仅对著作权精神有所体现与尊重，还详细规定了该特别许可的成立要件，列明了法律适用条件，实现了结合自身特点的实务探索。

对条款内容进行分析可知，该条款应归属为 "规范型诱因" 默示许可，即依据法律规定推定权利人默示许可意思表示。具体而言，该条款中与默示许可构成要件的契合点如下。一是对作品选择的严格性。在该项特征中，作品的严格限定性体现为两方面，一方面作品创作者限定为中国公民、法人或其他组织，另一方面作品须限定在已发表的种植养殖、防病治病、防灾减灾与扶助贫困及适应基本文化需求范围内。二是对许可行为控制的严苛性。相关主体不得因许可行为实现经济利益，无论该利益取得为直接或间接，原因是作品提供目的在于帮助农村居民，从而对其物质和文化权利进行保障，进而言之，在该许可行为中，因扶贫项目的公益性，权利人亦承担了相当作品传播与使用成本，若网络服务平台在此项目中盈利，可被认定变相通过权利人牟利而被禁止。[①] 三是程序性与实体性相结合。条款内容除了作出权利义务等实体性规定外，还为权利人提供了程序性规定，如公告程序等，最大化保障权利人合法权益。四是许可生效的特殊性。网络扶贫中默示许可与其他默示许可的明显差异为许可生效的特殊性，条款中规定以公告之日起 30 天为界限，30 天之内权利人不同意提供的，网络服务提供者不得进行作品

---

① 王迁：《著作权法学》，北京大学出版社，2007，第 230 页。

提供，满 30 天后，权利人无异议方可提供。进而言之，若权利人在 30 天之内提出异议，该默示许可不发生效力；若 30 天未提出异议，该默示许可效力发生转化，自使用行为发生时生效。该生效规定与通常默示许可中的除外条款适用规则完全不同，以"除外条款"作为保留声明的默示许可在权利人未作出保留声明的情形下，赋予了使用者获得许可的权利，权利人在此后不得提出异议，换而言之，此类默示许可虽同样给予了权利人形成权，但形成权必须在初始阶段适用，并不存在法定异议期间，故而，以"除外条款"作为保留声明的默示许可并非效力待定的法律行为。

第二节　我国著作权默示许可制度的司法实践发展

目前，著作权默示许可在我国立法条文有所涉及并分布于特定领域，在司法实践中亦有所体现。因社会经济活动所特有的前驱性，实践中数字环境下著作权默示许可制度涉及领域更为广泛，不仅对立法制度内容进行延伸，同时折射出立法中所存在的空隙与改进之处。

一　雏形准备期——以关东升诉道琼斯公司案为例证

作为 21 世纪初期影响力颇广的案件，关东升诉道琼斯公司案对著作权默示许可制度雏形准备阶段具有重要意义，在尚未存在默示许可专门条文的情形下，裁判机构已开始探索将默示许可运用于司法实践，开启了制度先河。该案虽仅涉及了默示许可制度些许基础问题，但其向学术界与实务圈传达了肯定态度，即默示许可被建立并服务于社会发展的现实需求。

1994 年春夏时节，原告关东升撰写一幅字画，其中字画中包含"道"字及"君子爱财、取之有道"等，并将字画交付道琼斯公司。同年 11 月，道琼斯公司将该字画中的"道"字用于商业标识。1996 年，道琼斯公司邀请关东升参加其发布会与 100 周年纪念活动，并在邀请函中提及关东升为商标"道"字创作者。之后，道琼斯公司支付关东升参与活动酬劳，且关东升再次撰写"道"字，落款标明"道琼斯指数发行一百周年纪念"字样。2002 年，原告关东升知晓道琼斯公司将其创作的"道"字未经许可擅自使用，其使用范围包含网页、图书、报纸广告等各类材料中，而字画中所包含关东升名章、闲章等题跋、落款被删除，由此引发诉讼。①

原告认为，"道"字是赠与道琼斯公司总裁的作品，原件虽应归属于受赠者，但著作权在双方并无约定的情况下应归于自己。此外，道琼斯公司总裁对于受赠作品有权展览，却不得以商业为目的进行复制使用，且道琼斯公司在自己专门为其商业使用创作作品及商业使用得到自身许可方面采用证据证明，故而该商业使用行为应属于侵权行为。针对原告关东升控诉，被告辩称：第一，双方当事人虽未对 1994 年"道"字作品采取书面协议，但两者在意见一致情形下，原告为被告创作并拒绝给予相应报酬提议，故而，道琼斯公司可将其使用于包含企业商标等商业标识的商业活动中；第二，在"道"字作品创作之后的十年间，双方友好往来，且并未对"道"字的商业使用存在异议；第三，道琼斯公司去除关东升题字及无关内容原因由使用方式导致。②

由此可见，本案焦点主要集中于两点。第一，原告关东升对于作品原件的赠与是否包含商业使用行为的默示许可。被告道琼斯公司主张原告关东升在见证人在场情况下为其创作作品，即原告通过作出一定行为表现出默示许可意思表示。其中关键点在于，原告关东升将作品赠送给道琼斯公司的真实意图是什么。笔者认为，法院判定道琼斯公司仅拥有作品所有权而非著作权的使用许可具备合理性。简而言之，可推定前提、相对人知晓可能、真实表示为推定行为意思表示的构成要件，案件

① 郭威：《版权默示许可制度研究》，中国法制出版社，2014，第 67 页。
② 参见北京市第一中级人民法院（2003）民初字第 2944 号民事判决书。

争议点便为可推定的前提是否存在。质言之，该前提的判定须以行为人符合逻辑的思维方式或行为方式的假定，继而从其表述或行为中进行推定。在本案中，原告关东升所创作作品除"道"字之外亦涵盖如"康比德先生正"等其他内容，应被认定为完整且具备收藏价值的艺术作品赠与道琼斯公司总裁康比德先生收藏，而非用以商业标识。从道琼斯公司取其作品"道"字而舍弃其他亦可从利益角度证明，该作品商业使用行为的默示许可并不包含于该赠与行为之内。

第二，原告关东升于1996年撰写"道"字及落款行为是否可推定为对作品的商业使用。被告道琼斯认为，关东升已知作品商用未提出异议且参加发布会，后存在再次撰写作品并落款行为，应认为存在对作品使用的默示许可。针对此主张法院未予支持的原因在于，许可须由当事人作出明确、直接的意思表示。然该判决理由与常理不通，亦与法律规定相悖。特定前提存在、意思表示者具备表意能力及除外规则是沉默行为意思表示的构成要件。后两者构成要件毫无争议，无须讨论，关键点在于判定特定前提的存在。通常而言，存在特定前提须有在先行为，从而在行为中对主体意思表示进行推断。原告关东升在邀请函中已得知作品被进行商业使用，未提出异议且参加发布会活动后，再次书写"道"字作品，以自身行动许可了道琼斯公司对作品的商业使用，完全符合默示许可要件。①

此案件在司法实践开启默示许可制度先河，并具有重要意义：其体现出与默示意思表示相关认定问题，是行为型诱因默示许可的典型案例。而在案件出现之时，该类著作权默示许可正是我国立法实践空白区域。若法院在进行司法实践活动中能对其重要性充分认识，以此案为契机对著作权默示许可制度相关问题进行有益阐释，如其构成要件、法律内涵等，对于该制度发展将起到积极助推作用。

①　杜君豹、杨玉珍：《论著作权默示许可制度》，《人力资源管理》2016年第12期。

二 制度起步期——以三面向公司诉金农公司案为例证

关于我国农村贫困人口数量调查，国家统计局数据显示，2013～2020 年，全国农村贫困人口累计减少 9899 万人，年均减贫 1237 万人，贫困发生率年均下降 1.3 个百分点，如期完成了消除绝对贫困的艰巨任务。① 可以说，在扶贫事业方面，我国付出了艰苦卓绝的努力，亦取得了巨大的成就。2006 年《信息网络传播权保护条例》对扶助贫困默示许可予以明确规定，在相当程度上解决了"三农"问题，提升了贫困地区居民的文化素质。② 之后，司法实践中即出现了该类规范的实践适用，不仅体现了实际生活中对规范的应用需求，更反映出社会公众对于新制度仍存在认识误区，相关机构须进一步增强制度指导运用。三面向公司与金农公司案作为《信息网络传播权保护条例》出台后实践适用的典型案例，引起了社会广泛关注。

2005 年 3 月 15 日，"三农中国"网站刊载署名为廖星成的一篇文章，且未对不得转载及摘编作出声明，后廖星成与三面向公司签订著作权转让合同，约定后者获取作品独占许可权，署名权仍由廖星成享有。2005 年 3 月 24 日，该文章被金农网转载并将来源标识为"中国农药网"，由此三面向公司提起诉讼。金农公司认为：一是基于网络扶贫规定文章已取得默示许可，因文章属于扶贫作品并以互联网为媒介向农村地区提供，网站转载行为不以营利为目的且适应基本文化需求，故不应承担侵权责任；二是文章获取了转载默示许可，即文章作者与"三农中国"网站均未声明不得转载与摘编，故而金农网转载是被许可行为；三是文章转载行为符合"避风港原则"免责条款，即金农网已声明文章

① 国家统计局：《脱贫攻坚战取得全面胜利 脱贫地区农民生活持续改善》，https://www.gov.cn/xinwen/2022-10/11/content_5717712.htm，最后访问日期：2022 年 12 月 25 日。

② 黄玉烨、舒晓庆：《扶助贫困法定许可制度探究》，《中国社会科学院研究生院学报》2014 年第 3 期。

由会员自行发布，而自身仅为网络服务提供者，并未实施侵权行为。[①]

经审理，法院最终未支持金农公司所提出的抗辩理由，关于网络扶贫中的默示许可及转载许可，法院未以《信息网络传播权保护条例》第 9 条举示证据证明，因被告对付酬标准未进行公告，亦未履行付酬义务[②]；而对于金农公司采取"避风港原则"抗辩理由亦未支持，该网站并非搜索引擎或者网络服务商，《信息网络传播权保护条例》第 14、15 条并不适用。整体而言，本案判决结果虽无偏差，但对于默示许可的审理意见并不准确，该案作为《信息网络传播权保护条例》实施后具有代表性的典型案例，遗憾之处在于，在司法实践中法院既未对新型立法制度给予详细说明，亦未对著作权默示许可制度进行准确运用。

铺开而言，一是关于网络扶贫默示许可。通过上文对《信息网络传播权保护条例》第 9 条分析可知，其构成要件对主体、作品范围、程序以及许可行为经济利益获取均有严格限定。法院审理意见对主体及许可行为经济利益取得判定无不妥之处，而对于要件二、三的裁决有待商榷。在作品范围认定方面，法院从时事性文章角度切入，将涉案作品性质判定为非时事性文章，该预判与《信息网络传播权保护条例》第 9 条规定的扶助贫困有关及适应文化需求的作品难以等同。故而，法院将涉案作品未适用第 9 条规定归因为非时事性文章，在一定程度上对社会公众思维造成偏差。在程序构成要件判定方面，法院主张金农公司未在作品提前进行公告且未支付报酬，故而未取得默示许可。但此判定亦引申出立法中无法避免但未明晰的以下问题。第一，若作品使用者延迟公告或未进行公告及支付报酬，该默示许可效力如何？成立、未成立抑或效力待定？法院审理意见似乎倾向于认定提前公告及付酬为默示许可成立的前提要件，而条例第 9 条仅为程序性规定，旨在操作程序更为方便

---

① 参见黑龙江省高级人民法院（2003）知终字第 4 号民事判决书。

② 苏红英：《图书馆以默示许可方式开展在线扶贫信息服务的版权使用规则——结合我国立法、司法和国家图书馆实践的分析》，《图书馆》2016 年第 2 期。

快捷，结合本案应在立法层面予以澄清。第二，何方为报酬支付主体？在本案中，法院认定报酬支付方应为网络服务提供者，根据条例第9条规定理解无偏差，但问题是条文规定默示许可形成条件之一是所提供的作品须免费，那么该成本由网络服务提供者承担，仿佛并不合理亦影响法律实际效果。第三，报酬支付方式为何？该问题同样值得深思，在本案中，若不存在如同三面向公司一般专业著作权代理公司处理相关事宜，创作者报酬获取方式在具体操作存在较大困难，条文设计的公告程序所产生效果便有所抵消。

二是关于网络转载默示许可。在我国立法进程中，最高人民法院《关于审理涉及计算机网络著作权纠纷案件适用法律若干问题的解释》（以下简称《计算机网络著作权解释》）几经反复，最终取消了网络转载、摘编默示许可，故而网络转载、摘编默示许可在立法中并无依据。而法院认为，著作权人与"三农中国"网站对不得转载、摘编未予声明，且金农公司未支付报酬，从而形成侵权，换言之，对于网络转载、摘编默示许可裁判机构持肯定态度，辅以支付报酬条件便可成立。因我国立法并无此规定，审判意见与法律亦产生了冲突，也在另一层面显现出公众对《计算机网络著作权解释》所包含的网络转载、摘编默示许可存在实际社会生活需求。

综上所述，本案既反映了《信息网络传播权保护条例》中网络扶贫默示许可的法律确认，又体现出著作权法立法已扩张至网络环境的必然趋势。案件中法院对于金农公司在网络环境中使用特定作品行为的判定过程，反映社会公众对于网络环境纠纷解决的制度需求，同时也显现出立法对网络环境社会行为回应有待提高，相关立法实践与数字时代作品使用需求，均印证了我国默示许可制度的建设进程与社会预期仍存在一定差距。

三　发展突破期——以北大方正诉广州宝洁案为例证

作为2011年北京市十大知识产权典型案例之一，北大方正诉广州宝洁侵害著作权纠纷案无论在理论界或是实务界均备受关注，讨论热潮迭起，或批判或赞扬，其热度无疑映衬出该案具有非同凡响的重要意义。对于案情所透射出的法理光芒，媒体如此评价："字库"著作权保护，不仅保护权利人的合法权益，更要保护语言传播、公众需求等社会价值利益。① 审理法院值得称道之处在于，审判过程并未过多纠结涉案客体的可版权性，而是洞察到默示许可对纠纷化解的特殊含义，继而另辟蹊径。该案对默示许可构成要件的深入阐释，不仅有效弥补了我国著作权默示许可制度立法缺陷，更成为理论和实践运用的重大突破。

"倩体字库"著作权人为北大方正公司，2008 年，该公司发现宝洁公司未经许可将自己研发的倩体"飘柔"二字使用于 24 款洗护产品包装，遂以侵权为由提起诉讼。北大方正公司认为，作为"倩体字库"及单个字体著作权人，宝洁公司擅自使用该字体是对其合法权益的侵犯。NICE 公司作为宝洁公司委托设计方，虽购买了字库软件，但软件协议中明确了限制二次使用且未授予其再许可权，宝洁公司未经授权许可将该样稿印刷至产品包装投入市场使用，侵犯了自身合法权利。宝洁公司辩称，倩体字与公有领域汉字并无显著差异，故不能被认定为美术作品，诉讼请求无法成立。②

在具体审判过程中，一审法院与二审法院均未支持原告方正公司诉求。一审法院认为，倩体字因具备独创性，可被认定为美术作品，然单字不得以美术作品予以保护，故而被告行为不构成侵权。③ 二审法院未对一审判决思路延续，即对单字是否构成作品过多纠结，而将案件关键点引至宝洁公司是否获得北大方正公司许可，主张 NICE 公司对倩体字

---

① 杨书林：《计算机字体单字著作权保护——兼评北京方正诉宝洁公司著作权纠纷案》，《内蒙古电大学刊》2020 年第 1 期。
② 吴雨豪：《论著作权中的默示许可——从"方正诉宝洁"案说起》，《网络法律评论》2013 年第 1 期。
③ 参见北京市海淀区人民法院（2008）民初字第 27047 号民事判决书。

设计成果许可宝洁公司的使用行为，已取得方正公司的默示许可。[①]

此外，法官在审判中专门为著作权默示许可制度设定了成立要件进行制度适用判定。一是积极要件，即作品使用方式存在"合理期待"。一般而言，当购买主体实施购买行为并支付对价时，必然对对价所换取的使用价值产生期待，否则，该购买行为便无存在的实际意义。基于此，购买行为便被视作合理使用该作品的默示许可获取。进而言之，法院对合理期待使用方式区分为本质使用与后续使用。一般而言，购买主体购买字库产品目的在于屏幕显示或家庭打印使用，该使用行为性质为本质使用，而该案中 NICE 公司以商业目的对字库使用便为后续使用。家庭使用字库，必然通过单字在电脑屏幕显示，否则该产品对购买主体而言便不具备实际价值，此种使用方式便可归属为合理期待使用行为。而对于以商业为目的购买主体而言，通过对单字设计来满足客户需求，可以说，当商业利益主要来源为该使用方式，那么，该使用方式亦为合理期待的体现之一。若对其加以禁止，并要求获取原著作权人许可，在一定程度上对商业经营产生影响，购买知识产品的实际价值亦随之减弱。

二是消极要件，即使用行为属合理期待，并不代表在后续使用期间，权利人不能对该使用行为作出相关限制。若此限制在合理范围内，且购买主体亦表示接受，那么，该后续使用便被合理期待的使用行为排除。需要强调的是，该限制设定必须在合理范围内，不得对使用者正当权益形成阻却。原告方正公司虽然在许可协议中仅许可使用者对字库单字适用于屏幕显示与打印输出，但其并未对字库产品进行个人版或企业版区分销售，极易使商业性使用购买主体认为权利人对商业性单字使用行为未予禁止。以 NICE 公司等购买者角度而言，其购买目的是通过作品使用进行商业经营，若对该使用方式进行限制，产品便失去了购买之

---

① 参见北京市第一中级人民法院（2011）民终字第 5969 号民事判决书。

时的合理预期，故而并非合理限制，北大方正公司对此使用行为应被视为默示许可，事先所列明限制条件无效。①

由此可见，案件所主张的默示许可与"合理性诱因"默示许可完全契合，其以许可行为所产生的目的性为基础，将许可行为所产生的潜在价值为诱因，并以"合理且必要"为识别标准，若可从双方当事人之间许可意图推断出须通过相关使用行为而产生交易效果，则该许可便为一种隐形存在。二审法院不仅对当事人之间存在默示许可进行确认，基于"合理期待"，还细分行为类型以明确判断标准。更为重要的是，二审法院还对默示许可与明示许可条款间的效力标准予以区分，即除非明示限制条款具备一定合理性，否则无法否定默示许可效力，这与合同默示条款理论关于默示条款效力低于明示条款效力截然不同。该效力区分标准既体现了利益平衡原则，在保护权利人合法权益同时兼顾他人利益，亦尊重了市场交易规则，保障交易者支付价款后获得产品所产生合理使用价值。换而言之，知识产权作为一项财产权，判定智力成果能否为知识产权客体，并非仅挖掘其性质，而是须了解其价值。②

综上所述，本案之所以能够引起巨大轰动的原因在于，裁判者摒弃以往裁判者对所涉字体案件所采用的"字体是否构成作品"传统思路③，而是将解决方案以默示许可为视角进行尝试，不仅详细阐述了其基本原理，更提出独特见解以推动进程发展，形成了跨越式重要突破。具体而言，一是准确阐述默示许可制度价值，提升公众认知水平。法院将公平正义与利益平衡确定为价值导向。公平正义原则作为民法中以市场经济为基础的古老原则，主张在市场交换规律中，购买者为某产品支付对价的原因为该产品将产生合理期待使用价值，若再次要求购买者支

---

① 芮松艳：《计算机字库中单字的著作权保护——兼评"方正诉宝洁"案》，《知识产权》2011年第10期。
② 左玉茹：《当"字体"权利遭遇公共利益》，《电子知识产权》2012年第1期。
③ 李丽丽、李瑛琇：《小议方正字体维权》，《电子知识产权》2012年第4期。

付额外价款，既与市场规律不符，亦与公平正义原则相悖；而利益平衡原则是知识产权领域的基本原则，要求不得对权利人进行绝对化保护，须兼顾社会公众利益，对知识产品使用合理期待，不仅是对权利的适度限制，更是默示许可的秉持观念。二是对著作权默示许可制度成立要件与判定标准进行详细阐释。案件不仅确立了著作权默示许可成立的积极要件与消极要件，还将默示许可的行为类型进一步区分，完善制度内容的同时，回应了社会需求，为我国著作权默示许可制度的进一步发展起到了极大的推动作用。

四 范围扩张期——以特殊领域著作权系列侵权纠纷案为例证

在我国著作权法建设初期，实践中默示许可所体现的著作权纠纷，可依托民法相关理论与合同法制度解决。随着数字技术不断发展，著作权法原有的利益平衡逐渐被打破，立法前景不确定性随之增加，再加之法律制度缺位等因素存在，权利状态亦呈现不稳定性。司法实践中著作权纠纷涌现，并体现于数字环境诸多新型领域如网络转载、数字图书馆、网络共享空间、搜索引擎等，著作权默示许可制度的重要作用日益凸显。

（一）网络转载领域

1998年，世纪互联公司网站创设的"小说一族"栏目对王蒙等六位作家作品进行刊载，其中三位作家的作品是该公司成员从其他网站下载并在计算机内进行存储，其余作品为他人以邮件方式供稿。作品在页面均标记了作者署名，并留有"内容均在互联网所得，若存在不妥请告知"字样。1999年王蒙等六位作家认为世纪互联公司侵犯其著作权而提起诉讼。世纪互联公司辩称，我国法律当时并未对网络转载他人作品须经权利人授权及权利人付酬标准作出规定，故在"法无明文规定"

背景下不构成侵权。① 法院主张，著作权法并未穷尽作品所有使用方式，科技进步伴随新型作品载体产生，作品使用范围亦得到进一步扩张，而作品在互联网中传播则应认定为作品使用的新方式。②

作为处于《著作权法》2001 年修改前并由网络时代初期作品传播所引发的著作权纠纷案件，"王蒙等作家诉世纪互联公司案"显得格外引人注目。③ 对案件具体分析可知，法院判决无疑正确且具备前瞻性，在当时法无明文规定情形下，对已有条文进行合理扩张解释，为 2001 年《著作权法》修改埋下伏笔。④ 而从世纪互联公司角度而言，其不存在过错的故意，尤其在作品转载自其他网站的情形下，由世纪互联公司完全承担侵权责任显失公平。假使当时法院运用默示许可对此纠纷予以解决，给予权利人相应报酬，在不损害权利人权益前提下，给予网络转载使用方式法律确认，则结果将更为圆满。需要强调的是，在该案审理后的次年即 2000 年，《计算机网络著作权解释》颁布，第 3 条便是对网络转载许可规则的明确，虽 2006 年司法解释修订时该条被删除，但所体现出的意义仍然重大而深远。

（二）数字图书馆领域

网络信息技术的发展改变了社会主体获取、利用、传播知识产品的方式，作品数字化发展成为大势所趋，信息资源开发与建设的任务紧急且重大。2000 年，"中国数字图书馆工程"正式实施，该工程的实施不单是信息技术革命与世界情势变化带来的挑战，亦是我国文化繁荣发展

---

① 张广良：《王蒙、张抗抗、张承志、张洁、毕淑敏、刘震云等六位作家诉世纪互联通信技术有限公司侵犯著作权纠纷案——案情及评析》，《科技与法律》（中英文）2000 年第 1 期。

② 参见北京市海淀区人民法院（1999）海知初字第 57 号民事判决书。

③ 李顺德：《改革开放 30 年十大经典著作权案例分析（下）》，《科技与出版》2009 年第 5 期。

④ 陈锦川：《北京法院审理网络案件情况及其意见（上）》，《信息安全与通信保密》2001 年第 3 期。

的重要契机。① 毫无疑问，数字图书馆建设成为我国图书馆事业发展过程中的重要转折点，但其在建设与运行中的法律问题亦随之凸显，进而言之，在数字图书馆运营过程中，著作权人、数字图书馆、社会公众在信息利用方面产生激烈冲突，呈现于外部便是数字图书馆侵权纠纷的产生。②

陈兴良诉数图公司案作为首例数字图书馆纠纷案，对于我国未来图书馆建设以及法律发展方向均产生了深远影响。原告陈兴良是我国著名刑法学家，其于 2001 年发现"中国数字图书馆"网站未经授权许可刊载了自己 3 部著作，且该网站内容经读者付费后方可下载，由此产生纠纷。法院最终作出被告"中国数字图书馆"网站侵犯原告信息网络传播权并给予经济赔偿裁判。③ 该案不仅在裁判中确定了"接触说"，为日后纠纷的解决提供了判例依据，更重要的是，对于未来数字图书馆数字化作品的取得方式适用，给予了社会各界一定的思考空间。④

而已于 2004 年尘埃落定的郑成思诉书生公司案亦给我们对于数字化作品如何利用同样的启示。⑤ 在具体案情中，原告郑成思在"书生之家数字图书馆"网站中发现，该公司未经许可擅自使用原告作品。法院亦裁判侵权成立，被告给予原告经济赔偿并致歉。⑥ 而谢晓慧诉万方公司案亦涉及此问题，原告谢晓慧于 2005 年将硕士学位论文保存至中国科学技术信息研究所，以供科研机构查阅，2008 年发现该研究所未经许可授予万方公司上载网络进行付费使用，由此引发诉讼。万方公司辩

---

① 徐文伯：《建设中国数字图书馆意义重大》，《图书馆》2000 年第 1 期。
② 赵静：《从司法审判看我国数字图书馆建设中的著作权法律适用问题》，《科技与法律》2005 年第 3 期。
③ 参见北京市海淀区人民法院（2002）海民初字第 5702 号民事判决书。
④ 李恩来：《数字图书馆版权侵权分析——对陈兴良诉中国数图公司一案的思考》，《图书馆建设》2003 年第 5 期。
⑤ 于雯雯：《作品数字化引发版权纠纷的思考——从郑成思教授诉书生公司著作权侵权案谈起》，《中国律师》2009 年第 12 期。
⑥ 参见北京市海淀区人民法院（2004）海民初字第 12509 号民事判决书。

称，其受中国科学技术信息研究所委托，属于履行国家职责。法院经审理认为，万方公司未经谢晓慧授权擅自对其硕士学位论文上传至网络为侵权行为，而非履行国家职责。① 此后，万方公司多次被创作者起诉，其中包含 502 名硕士、博士联合起诉该公司侵权，在该侵权纠纷中万方公司同样未获得创作者授权许可。② 万方公司屡次败诉的事实显示，无论在何种情形下，创作者的权利必须予以尊重。在上述案件中，万方公司的服务对象为公益性图书馆，其行为亦具备一定公益性，然《信息网络传播权保护条例》中公共文化机构信息网络传播规则却排除该种使用方式。不禁使我们深思，在数字图书馆的使用行为中如何协调相关主体间的利益冲突？为保障我国数字图书馆的良性发展，我们应该如何去做？若万方公司依照普通许可模式向创作者逐一获取授权，不仅无法获得公益性行为应享受的优惠政策，而且因授权方式繁琐难以实现不利于我国论文保存制度进一步发展。笔者认为，若法院在处理此类型案件中可推定万方公司获取了创作者的默示许可，对创作者合法权益能够进行更好维护的同时，可进一步促进论文数据信息的开发与利用。

（三）网络共享空间领域

2006 年，中国媒体市场呈现"百花争艳"的繁荣局面，互联网技术的不断成熟促使媒体创新意识不断提升。Web2.0 时代的到来，新媒体发展方向日趋草根化与虚拟化，博客发展如日中天。CNNIC 发布的《2006年中国博客调查报告》表明，博客注册量已超 3374.7 万人，阅读者达 7556.5 万人次，博客亦成为当时互联网使用者最多的应用之一。③ 当博客

---

① 参见北京市第二中级人民法院（2008）二中民终字第 18604 号民事判决书。
② 成雅男：《图书馆数字化建设中的知识产权保护——500 硕博同诉万方数据侵权案的思考》，《四川图书馆学报》2008 年第 6 期。
③ 白云：《中国博客专业化研究进程的展开——2006 年博客研究综述》，《新闻知识》2007 年第 2 期。

被列入网络空间四项交流方式后①，随着社会影响力逐步增大，问题与纠纷亦随之增多，最具代表性的便是秦涛与搜狐公司案，被称作"博客著作权第一案"②。该案情并不复杂，原告秦涛开设了个人博客，且注册协议中运营商明确规定，博客作品著作权由作者享有，对其转载须经作者授权许可。秦涛亦在专栏中添加"转载请协商授权"等字样，而搜狐网未经秦涛许可对其两篇博文转载，秦涛认为搜狐公司侵犯了其著作权，遂向法院提起诉讼。③

对于绝大多数创作者而言，一般情况下，通过传播行为高效利用作品是创作者最真实的意愿，而非过度追求自身权利。换言之，网络空间作品创作者基于标注来源及非商业用途条件下，对于转载等使用行为并不反对，若博客注册者已作出特别声明，使用者应予以尊重。回归本案，秦涛在其作品中已表明"转载请协商授权"，以对默示许可产生进行阻却，而搜狐网对权利人意思表示置若罔闻，显然无说服力。

再将目光投至郭泽龙诉茶颜及天猫公司案，原告郭泽龙于2012年在微博发布已署名的歪脖卡通形象图片，后其发现茶颜天猫店铺对其美术作品进行商业使用，遂将两公司诉至法院。被告主张，图片使用得到原告明示及默示许可，并未侵犯原告权利。终审法院认为，原告在博文发表"送给大家使用""记得关注我微博"等字样，且在图片免费下载链接中未作出权利保留声明，公众完全有理由相信，原告发布歪头卡通图片的目的在于提升人气与影响力，并非需要获取报酬，对涉案作品自然能够自由使用，因此，茶颜公司的使用行为具备正当性。④

结合案件可知，被告对原告提起的诉讼以默示许可作为抗辩理由，

① 当时网络四项交流方式：Email、BBS、ICQ、Blog。
② 姚芸、潘琳：《网络环境下的著作权纠纷法律问题探析——以博客著作权的保护为视角》，载内蒙古自治区律师协会等《第三届西部律师发展论坛论文集》，2010，第537~544页。
③ 参见北京市海淀区人民法院（2007）海民初字第6419号民事判决书。
④ 参见浙江省杭州市中级人民法院（2015）浙杭知终字第244号民事判决书。

法院在审判过程中虽未以默示许可作为直接裁判理由，但以原告未作出权利保留声明来进行被告使用行为的合理性认定，完全契合默示许可的逻辑判定：第一，原告未作出权利保留声明，便具备沉默的既定事实，与"沉默"要件相符；第二，免费下载行为的出现，使公众产生"可以进行使用"的信赖条件，而该信赖条件源自对于原告许可的推定，亦与默示许可的运行机制吻合。故而，该案从本质而言，反映了互联网时代默示许可问题，亦是司法实践运用默示许可的典型回应。①

随着互联网技术的日益成熟，网络应用亦如雨后春笋般涌现，侵权问题不只体现于微博平台，同样会存在于其他新型应用中，如微信、新闻聚合平台等。数字环境下，法律规范应成为社会公众对信息进行充分接触的保障而非阻碍。需要强调的是，互联网中信息创作主体仍是创作者，只有对创作者智力成果进行保护，才可不断激励创新创造，持续扩大信息源，进而保障社会公众对于信息作品的合理接触。故而，默示许可重要制度价值已在司法实践中凸显，亟待我们加以重视，即在尊重权利人意思表示基础上，促使作品高效传播并快速利用，最大化保障社会公众对于作品的接触权益，从而实现互利共生的良好局面。

数字时代到来，著作权制度所处环境随之改变，与网络有关新型作品使用行为亦随之增多，因法律制度的缺位致使有效科学协调机制尚未产生，而因处于闭环中各类主体利益分配不均，从而产生侵权纠纷，著作权默示许可制度需求随之凸显。因此，构建科学完善的著作权默示许可制度成为解决此类纠纷的根本之策。

第三节　我国数字环境下著作权默示许可制度的不足

目前，我国著作权默示许可在各个层面均存在不足之处，具体而言，在宏观层面表现为立法宗旨与发展方向相对模糊，欠缺逻辑科学的

---

① 杜君豹、杨玉珍：《论著作权默示许可制度》，《人力资源管理》2016 年第 12 期。

制度体系；在中观层面表现为制度内容涵盖领域不尽合理；在微观层面表现为认定标准不明确，相关保障机制有待完善。

一 宏观层面：立法宗旨与发展方向相对模糊，缺乏逻辑科学的制度体系

（一）立法态度未统一，发展方向呈现摇摆态势

欲对我国著作权默示许可制度现状进行分析，需先对制度特征有所了解。目前，我国著作权领域中所涉及默示许可基于作品传播为目的的假设，立法条文采取"作者声明除外"形式，即先明确使用行为的构成要件，同时充分尊重创作者表达真实意愿的权利。如此先许可后使用排除的规则设计显现出立法者对于创作者许可使用意向进行事前推定，而此规则设计亦被得以印证。以报刊转载举例，立法解释阐明，鉴于作品已发表，新的传播方式不会对创作者意志有所违背，且向创作者支付合理报酬不会对作者合法权益造成影响。[1] 而对于教科书编写默示许可，立法解释阐述更为明确，作者权利保留设计原因在于考虑到创作者对先前发表作品不满意以及政治、历史、创作水平等原因，排斥他人再次出版使用。[2] 可以说，该类基于传播假定的规则设计与我国早期权利意识与保护水平不足相符，随着意识与水平不断提升，权利优先意识逐步成为主流观点，基于传播假定的规则设计亦呈现被排除趋势，著作权默示许可制度逐步显现出附属品特征。

虽然部分立法条文涉及了默示许可，但并未被单独明确，而是被纳入法定许可范畴之中。即便是《信息网络传播权保护条例》中争议最少的网络扶贫默示许可，立法将其解释为有别于传统法定许可制度，可认定为方便向农村提供作品所设定的特别法定许可制度。[3] 此外，历经

---

[1] 姚红：《中华人民共和国著作权法解释》，群众出版社，2001，第212页。
[2] 姚红：《中华人民共和国著作权法解释》，群众出版社，2001，第174页。
[3] 张建华：《信息网络传播权保护条例释义》，中国法制出版社，2006，第41页。

《著作权法》数次修订一直被保留的"合同未明确权属归属"条款中亦阐释，在许可使用与转让合同中，对于许可或转让的权利未经著作权人明确授予，他人不得行使。而此条规定与默示许可完全相悖，亦从侧面反映立法者并未对著作权默示许可制度的重要价值进行充分认识，默示许可也只是立法过程中基于创作者传播意向假定对传统法定许可制度修改所衍生的附属品，该制度特点亦反映出我国著作权默示许可制度伴随着先天不足。

正因著作权默示许可制度在立法领域中所具备的附属品特征，决定了立法者对该制度的保守、犹豫态度。以网络转载与摘编为例，2000年《计算机网络著作权解释》将《著作权法》第35条拓展至网络空间，构建数字时代媒体转载摘编默示许可制度以应对网络背景下科技飞速发展、作品快速传播引起的新问题。而2001年修订的《著作权法》中却未吸收此具有现实意义的条款，2002年《关于审理著作权民事纠纷案件适用法律若干问题的解释》对该条款呈排斥态度。在2006年我国网络著作权法制度建设如火如荼时，《信息网络传播权保护条例》与《计算机网络著作权解释》第二次修订仍将该条款予以删除，著作权默示许可制度在数字环境所确立的理想在反复纠结中湮灭。立法发展方向的摇摆不定，对知识产品的创作与传播形成了极大制约及影响，同时也从侧面反映立法者对于数字环境下著作权默示许可制度对权利人与使用者权利界限划分的犹豫与保守。

此外，立法发展方向的不确定性同样会降低法律的权威性。以广播电台、电视台播放行为默示许可制度为例，2001年《著作权法》修改之后，为了增加权利人限制，对广播电台、电视台播放普通作品规则由原本默示许可修改为法定许可，然法定许可对于权利人的限制远远强于默示许可，在2012年《著作权法》（第三次修改意见稿）第一稿中对2001年修改予以延续，在第二稿中再次予以删除。立法过程中所产生的立法逻辑不清晰以及发展方向不明确易造成司法审判的不确定性。

（二）欠缺科学且富有逻辑性的制度体系

互联网时代诸多问题均需著作权默示许可制度予以解决，可以说，该制度有着独特的制度价值。我国《著作权法》中所涉及的默示许可条款，大多数情况下赘述于法定许可中，虽然在一定程度上发挥相应作用，但默示许可与法定许可是两个迥异的概念。著作权默示许可制度规定散见，缺乏严密统一的逻辑，完整制度体系亦未构建完成。以《著作权法》第25、35条以及《信息网络传播权保护条例》第9条为例，三者所规定的适用主体与具体方法截然不同。进而言之，从适用主体维度分析，教科书作品使用默示许可权利保留声明的主体为作者，而报刊转载摘编默示许可权利保留声明的主体为著作权人，由此可知，该两款默示许可规定进行权利保留声明的主体存在偏差。从具体使用方法维度分析，上述两种情形的相关主体未发表权利保留声明，则使用者可自动获得许可，然该声明却未规定时间限制，同时亦无权利人获取报酬规定。再谈扶助贫困默示许可，《信息网络传播权保护条例》第9条规定了著作权在30天的公告期内未拒绝作品使用即为同意他人使用作品，此条款中存在公告期的设定，且包含作品使用方法与相关报酬事宜，此规则设定与上述两项条款迥异。故而，相同默示许可理论基础却产生无论是适用主体还是具体方法均存在巨大差别的规则设定，根源便是制度内缺乏严密科学的逻辑体系。依功能而言，虽然法定许可与默示许可均可提高授权效率，但是两者的价值目标和关注点并非完全相同：法定许可基于社会公共利益政策，对著作权人相关权利进行排除限制；默示许可本质上仍为自愿许可，即便社会公共利益政策亦无法排除著作权人权利。因法定许可与默示许可在法律条款中的混同，不仅使公众在概念判断上存在误解，同时在具体适用中亦较为茫然，故而，尽快建立逻辑统一的制度体系，对相关法律条款进行科学合理设定，方可有效发挥制度功能，体现应有制度价值。

二　中观层面：数字环境下著作权默示许可所涵盖领域不尽合理

我国著作权默示许可制度内容相对鲜明，但具有天生缺陷与不足，制度发展双向性及立法和司法实践趋同性与排异性共存等特征，造成了数字环境下著作权默示许可涵盖领域不尽合理的尴尬局面。

第一，制度发展双向性。在立法实践双向性方面，我国立法中著作权默示许可制度主要是基于立法维护公共利益需要、促进作品高效传播而特别设定，具体体现为权利限制领域与邻接权主体特定使用行为，前者体现在教科书编写、网络扶贫、远程教育、公共媒体特定作品使用等方面；后者体现为录音录像制品制作、广播电台电视台播放、报刊转载摘编等方面。前数字时代，默示许可在合同范围内体现得更多，并以民法默示行为理论与合同法默示条款规则来处理合同当事人之间的相关纠纷。对默示许可在立法与司法领域的体现比较可知，该制度在立法领域基本体现为"规范型诱因"默示许可类型，根据立法特定目的产生并演变；而司法领域中的著作权默示许可制度多数可归类于"行为型诱因""合理型诱因"默示许可类型，以实践交易为切入点，旨在维护交易公平而专门设定。总体而言，著作权默示许可制度的立法规范与司法实践发展的双向性从侧面亦显示出该两种发展路线重心与关注点不同，交集领域较少，两者连接点更为薄弱，在一定程度上存在脱节现象。在制度规制对象双向性方面，数字时代的到来使默示许可制度所规制的对象在不同环境中亦体现出双向性。具体而言，"规范型诱因"默示许可关注点在于对原有权利范围削弱与限制，主要体现在传统环境，而"行为型诱因""合理型诱因"默示许可类型侧重于明晰权利应有范畴，更多体现在数字网络环境司法实践。例如，关东升诉道琼斯公司案和北大方正诉广州宝洁案分别涉及"道"字与"飘柔"二字的权利效力问题，探究其本质均是对权利本身范围的明确。正是因规制对象不同，使得

"行为型诱因""合理型诱因"默示许可类型常见于司法实践，在数字环境中尤为明显，而"规范型诱因"默示许可则更多体现为法律规范。

第二，立法和司法实践趋同性与排异性共存。我国著作权默示许可制度立法和司法实践发展的双向性致使两者具备趋同性与排异性并存的特征。具体而言，当立法和司法实践所涵盖范围接近或相同时，两者便逐渐趋同并形成合力。例如在《信息网络传播权保护条例》对于网络扶贫默示许可制度进行确认后，金农公司与三面向公司案便立即对制度要件适用进行探讨，在一定程度上体现出网络扶贫默示许可制度的产生是对社会公众需求的回应，同时此类纠纷的有效解决亦是检验了制度规范本身。以金农公司与三面向公司著作权纠纷案为例，法院的审理意见反映出法律规范仍有很大提升空间，为制度进一步发展提出建设性指导意见。立法与司法实践双向性发展存在趋同性的同时，必然存在排异性。在时代进步大背景下，著作权纠纷涌现凸显出立法规范的缺位，两者之间的排异性致使司法实践不断突破立法规范，张力越发明显。以北大方正诉广州宝洁侵犯著作权案为例，社会公众对法院判决结果激烈争论并产生截然相反观点，将立法与司法实践的紧张关系推向顶点。此外，两者间的张力还体现在立法回应社会需求方面，以金农公司与三面向公司案为例，裁判者对于网络转载摘编默示许可的认可，便是立法缺位的印证。

审视我国立法现状，目前我国立法条文所涉及默示许可的使用行为主要体现为教科书编写、网络扶贫以及公共媒体特定作品、录音制品制作、广播电台电视台播放、报刊转载摘编等方面，然上述使用行为大多数存在于传统法定许可领域，有的混杂在合理使用中。在传统权利限制制度掺杂极具弹性的默示许可制度，赋予权利人对许可效力予以否定的权利，增加了立法中公共利益无法实现的可能性。著作权默示许可制度本身蕴含相当独特的制度价值，再加之，社会公众对于该制度的需求日益强烈。立法中著作权默示许可制度涵盖范围不尽合理的现状，俨然无法发挥其应有的制度潜能。尤其在数字网络环境下，信息流通速率加快，传播需求日益增加，传统授权许可模式的不适应性逐步凸显，使用者因授权而付出大量成本，使权利人与使用者关系呈现紧张态势。信息网络时代，相较传统权利限制制度，著作权默示许可制度无论在时代背景下抑或问题解决路径方面，都体现出较强的适应性。进而言之，数字时代默示许可行为大量存在，如网络共享平台、搜索引擎等，且大多数默示许可使用行为已成为行业惯例与网络社区规则。上述领域著作权人与使用者默契选择遵循默示许可规则，放弃传统授权许可模式，故而，著作权默示许可在数字环境中已成为一种自发秩序。正如穆瑞·罗斯巴德所言：法官并非在凭空造法，只是将已经存在的法律及规则适用于特定案件或者新技术与新环境。① 由此可知，数字环境中作品飞速传播相较传统著作权限制领域对著作权默示许可制度需求更为强烈，对于行业已存在的网络规则在法律中予以确认，使其在数字环境发挥出应有的制度价值。

三　微观层面：认定标准不明确，保障机制有待完善

（一）认定标准不明确

目前，我国立法并未设定条款对著作权默示许可制度作出真正意义上的明确规定。作为一项富有弹性化的新型制度，其最大特征在于通过对相关"默示"行为推定从而进行权利授权认定，如此，如何认定"默示"行为便成为问题解决的关键点。在涉及著作权默示许可的纠纷解决过程中，法官对具体案件默示许可进行认定时，因立法中未有明晰法律依据存在，裁判者所适用的裁量方法与具体标准亦有所不同。例如，默示合同规则、法定许可中涉及默示许可相关内容以及《信息网络

---

① 〔美〕穆瑞·罗斯巴德：《自由的伦理》，吕炳斌等译，复旦大学出版社，2008，第237页。

传播权保护条例》所隐含逻辑规则均可能成为案件审判规则。因著作权默示许可制度与生俱来的自由意志色彩，在对权利人所隐含的意思表示进行推定时，认定标准的缺失使推定过程不可避免添带主观因素，再加之，角度及立场不同亦会使认定结果存在偏差，因此，清晰准确的认定标准极其重要，无论是在立法层面上或者在司法实践中均将产生巨大影响。目前，我国著作权领域对于默示许可的适用范围和认定规则并未进行清晰界定，致使司法实践对于默示许可制度的判定标准相对混沌且存在分歧。在如今互联网侵权现象频发时代，默示许可制度判定标准不统一，极易产生由裁量规则不同所产生的结果不公平，继而对我国司法权威性造成严重影响。只有对著作权默示许可制度具体判定标准予以明确，给予裁判者明晰的法律依据指示，公正司法得以彰显，默示许可制度价值方能显现。

（二）保障机制不完备

著作权默示许可制度基于知识产权政策与提升许可效率对著作权人权利进行一定限制，但从本质而言，默示许可归属于自愿许可，权利人的相关权益及意愿表达依然需要得到尊重与保障。然而，我国立法对于著作权默示许可制度的保障机制不尽完备，致使著作权人权益无法得以充分实现。

第一，著作权人获得报酬权未得到有效保护。我国《著作权法》中涉及默示许可制度的相关条文中，仅对权利人获得报酬的权利作出规定，对于如何获取报酬并未提及，从而使报酬权的实际取得处于未知状态。例如，我国《著作权法》第 25 条教科书使用作品默示许可及第 35 条报刊转载摘编默示许可仅简单规定了权利人有权取得报酬，而未提及以何种方式获取报酬；而《信息网络传播权保护条例》第 9 条扶助贫困默示许可具体条文对权利人获得报酬权的规定更为详细，即使用者作出使用行为前应进行为期 30 天公告，并对拟支付报酬在公告中予以说明，但权利人无法对报酬额度提出异议，仅可在公告期内对使用者行为作出同意与否的意思表示。

默示许可本质仍归属于自愿许可，当默示许可行为发生时，当事人之间的许可合同便达成合意。然在此合同规定中，对于作品使用所产生报酬数额由使用者单方规定，且默示行为发生后权利人对使用者所提出的报酬异议事项未规定，该两者均与合同行为所遵循的意思自治原则不相契合。具体原因在于：一是数字环境中因流量及公众需求度等因素影响，作品价值往往难以估算，作品使用报酬仅由使用者单方确定难以公平合理，赋予权利人报酬异议权应当且合理；二是作品在数字环境中极速传播，其价值亦会随着阅读量提升而逐步增长，若当权利人默示许可该使用行为后无法随时对作品使用报酬提出异议，无疑将致使权利人经济利益产生极大损失，从另一角度而言，立法者赋予权利人报酬异议权不会使海量作品授权成本有所增加，亦不会对默示许可授权效率造成影响。通常来讲，大多数著作权人更希望自身作品得以广泛传播而非获取高额经济利益，对于少数更为关注经济利益的著作权人而言，亦可通过谈判的方式实现利益最大化。概而言之，在著作权默示许可制度中，其特殊的规则设定已对权利人许可权作出一定限制，若作品使用报酬无法予以进一步保障，将与著作权利益平衡原则严重完全相悖。

第二，对著作权人许可解除权未作规定。一般而言，著作权许可合同解除须遵循合同规定，合同解除事由通常由双方约定或者法律规定。而著作权默示许可制度特征较为特殊，再加上利益平衡考量因素，更应赋予权利人对于作品使用随时解除许可的权利。具体而言，首先，著作权默示许可最为显著的制度特征在于授权许可更为高效便捷，从而降低作品授权成本，有效解决数字时代海量授权难题。若默示许可按照普通合同由双方当事人协商解除，必然付出高昂的经济成本，这与默示许可制度的设立宗旨与价值目标相悖。在立法中对著作权默示许可解除权予以确认，不仅使双方当事人从许可成立到解除保持高效执行，还能使著作权默示许可制度发挥更大的价值与作用。其次，因著作权默示许可在设立过程中，权利人许可权便处于受限制状态，而权利人进入默示许可法律关系时亦较为被动，故而基于利益平衡因素考量，赋予著作权人许可解除权使其可随时退出该法律关系，从而进一步保障权利人合法利益，使权利人与使用者之间达成平衡。最后，基于现实因素应赋予著作权许可解除权。以《信息网络传播权保护条例》第 9 条扶助贫困默示许可为例，若著作权人在 30 天公告期内未提出异议，便认定为默示许可。但现实情况更为复杂，存在著作权人在 30 天内未能知晓公告的可能性，虽然此公告以提高授权效率为出发点，但权利人的意愿仍应予以尊重与保障，故而给予著作权人许可解除权不仅能够避免权利人因客观原因错过公告而被强制默示许可他人使用作品的尴尬局面，同时更为尊重权利人的自我意愿，进而降低维权成本。

第五章　数字环境下我国著作权默示许可制度的应然安排

第一节　数字环境下著作权默示许可制度的构建基础

2020 年 5 月 28 日《民法典》出台，标志着我国从此步入"法典化"时代。《民法典》颁布，对于完善中国特色社会主义法律体系，具有深远且重大的意义。[①] 著作权默示许可制度，作为著作权领域一项富有弹性的许可机制，在民法典时代背景下，如何构建科学合理的制度模式？著作权默示许可制度能否实现权利人利益与社会公共利益之间的平衡？要解答这些问题，我们均须对我国立法与司法现状进行检视，并借鉴英美法系与大陆法系著作权默示许可制度的先进经验与有效路径，继而对数字环境下我国著作权默示许可制度进行科学合理的本土化建构，以期破解我国当前海量授权问题现实困境，维护权利人与社会公众合法利益，促进我国文化产业向前发展。

一　著作权默示许可制度本土化架构设计

对于著作权默示许可制度，英美法系国家与大陆法系国家存在迥异的制度形态，呈现制度优势与特色的同时，反映了一定待完善之处。为使我国数字环境下著作权默示许可制度建构设计更为科学合理，应在弥

---

① 郑秩言：《民法典——新时代的人民法典》，《新长征》2020 年第 8 期。

补两大法系国家制度不足的前提下，对其优势与特色有所借鉴，寻找所蕴含契合点，形成本土化制度架构设计。

（一）我国著作权默示许可制度特征评析

整体而言，著作权默示许可制度在英美法系国家相关法律资源较为丰富，优势较为明显。一是制度认识明确。英美法系国家对著作权默示许可制度更为注重，不仅具有厚重的发展历史和清晰的发展脉络，而且在司法实践中存在丰富的案例审判经验，再加之，法院对于默示许可制度价值与运作机理认识的不断深化发展，已形成具备发展阶段特征且内容较为丰富完整的制度形态。二是倾向维护公共利益。在制度价值取向方面，其更为倾向于提升许可效率，保障公共利益。该制度自英美法系著作权法领域出现便具有鲜明的宗旨目标，不仅对哲学思想有所承袭，更视著作权为提升信息生产流通的激励工具。数字时代来临，传统著作权制度所特有的僵化与封闭日益凸显，成为著作权默示许可制度发展的助推因子。著作权默示许可制度作为一项特殊权利限制制度，其制度目的便是促进作品使用与传播，实现社会公共利益最大化，故被称为"公共利益著作权默示许可"。在此方向指引下，默示许可与生俱来的灵活性使公共利益在法律原则中得以充分尊重与维护，在规则设计方面，主要体现为对作品的快速传播与有效利用，内容亦以默示许可的认定与判断展开。三是注重许可意图。合同默示条款为其主要渊源，专利制度发展将默示许可引入知识产权法后进入著作权法领域，以公正与效率为基本准则，明晰界定许可合同权利义务，最终实现提升著作权利用行为与维护社会公共利益，且不论处于何种发展阶段，其制度构建仍以探寻许可意图为基准。数字时代，虽然著作权默示许可突破合同桎梏，但仍以推断著作权人许可意图为核心内容，可见受合同默示条款影响深远。

然英美法系国家著作权默示许可制度在具备诸多优点的同时，仍存在一定不足。具体而言，该制度随着时代变迁，形成了具体的制度规则和丰富的判例内容，并以相对完整的脉络演进与无法预测的延伸区域，对数字时代需求进行回应。需要强调的是，正是因其飞速的制度扩张与突破使著作权默示许可没有明确的制度边界，亦为该制度未来发展留下隐患。进而言之，作为一项著作权限制制度，若无明确的制度边界，即无法确定制度适用范围，则对于突破合理边界侵犯著作权人正当权益的侵权行为便无法进行预防与阻止，最终将打破贯穿知识产权法始终的利益平衡。

相较于英美法系国家，大陆法系国家著作权默示许可拥有鲜明的制度特征，主要体现为以下几点。一是注重维护权利人权益。与英美法系著作权默示制度注重社会公共利益特质不同，大陆法系著作权默示许可制度创设目的在于维护创作者与相关权利人利益，故而其制度使用范围相对英美法系相对狭窄，主要集中在公众文化传播相关行为领域，其制度功能体现为基于社会利益在法律允许范围内对作品进行使用，不对创作者与权利人利益产生过度侵犯。大陆法系国家著作权理论基础为人格理论，而著作权默示许可制度亦体现了人格理论，即充分尊重创作者及其相关权益，故被称为"权利人利益著作权默示许可"。进而言之，成文法为其规则设计依据，通过厘清双方当事人权利义务，最大限度尊重当事人意图，进而稳定默示许可法律关系，防止权利人权益遭受不合理侵犯。二是以默示行为理论为制度基础。大陆法系国家著作权默示许可的理论渊源为民法默示行为理论，通过推定意思表示，给予法律行为形成权，以尊重创作者或权利人意思表示为关注点，全方位维护其合法权益。三是制度边界明确。因成文法具体规则为主要体现形式，著作权默示许可集中分布于特定法定许可行为领域，形成了固化的具体制度，因此，其制度范围相对清晰，明确性与稳定性相对强烈，立法宗旨与目的体现更为直接。

与此同时，大陆法系国家著作权默示许可制度不足之处亦更为明显。相较英美法系国家，著作权默示许可制度在大陆法系国家更倾向为一种隐性制度，不仅概念不甚明确，而且相关制度规则更是散见于传统法定许可制度中。由此可见，著作权默示许可制度独立制度价值在大陆法系国家立法中未得到充分认识，致使制度发展驱动力相对较弱，制度发展空间亦相对狭小，应有的制度优势无法得以充分发挥。

与域外著作权默示许可制度相比，我国著作权默示许可制度特征更为显著，兼具了两大法系国家默示许可制度的权利人利益与公共利益的双重倾向。两种迥异的制度形态同时存在于我国著作权默示许可制度中，使后者形成具有独特意义的制度结构形态，不仅具备前两者所具备的显著优势，亦存在两者的缺陷与不足。第一，制度内容相对丰富，然欠缺独立品格。我国著作权默示许可制度与大陆法系国家制度特点总体上较为接近，但与后者的差异之处在于，我国著作权默示许可制度内容相对丰富，制度规模远远大于后者。具体而言，我国著作权默示许可不仅涉及诸多法定许可行为条款，如《著作权法》第25条、第35条第2款、第46条第2款及《信息网络传播权保护条例》第7、8、9条，还涉及若干合理使用行为条款，如《著作权法》第24条第1款4、5项内容。但遗憾的是，我国著作权默示许可制度同大陆法系国家一样，表现为一种隐性的制度，是否在立法中存在不仅在理论上具备较大争议，立法机关同样未明确定位，甚至于特征最为明显、学界争议最少的网络扶贫默示许可，法律亦未以明确认定。因此，我国涉及默示许可条款大多隐含于权利限制制度中，并没有形成独立的内在品格。第二，兼容"权利人利益"与"公共利益"。我国著作权默示许可制度相关立法条文不仅涵盖传统限制领域，还体现为邻接权主体使用行为，因以法律条文为表现方式，属"规范型诱因"默示许可，基于维护社会公共利益而创设，旨在促进作品高效传播利用，故而，我国立法中著作权默示许可制度更为贴合大陆法系国家"权利人利益著作权默示许可"。而我国司法实践中，该制度大多体现为著作权合同纠纷，属"合理型诱因"与"行为型诱因"默示许可，以民法默示行为理论及合同默示条款规则为出发点，通过交易行为，实现合同当事人之间权利义务平衡。在具体规则中，更侧重于明晰权利边界，例如，"关东升诉道琼斯公司案""北大方正诉广州宝洁案"所体现的"道"字和"飘柔"二字权利效力问题，实质是对权利边界的澄清。故而，我国司法实践中著作权默示许可制度亦具备了英美法系"公共利益著作权默示许可"属性。第三，统一协调的制度体系尚未形成。我国著作权默示许可制度在立法中蕴含的"权利人利益著作权默示许可"与司法实践中所表现的"公共利益著作权默示许可"，在一定程度上反映了该制度内容的兼收并蓄，然两大法系著作权默示许可制度在制度导向中存在较大差异，而我国著作权默示许可制度不仅未在立法中得以明确承认，相应融合制度差异的协调机制更不复存在。由此可知，该制度在我国尚不具备处理两种相异制度类型冲突的能力，当异质之间产生张力时，司法实践不断突破立法规范，无法使两者形成合力。

依著作权默示许可制度当前发展趋势及存在样态而言，无论是权利人利益抑或公共利益著作权默示许可，均具备与生俱来的生存土壤与特定匹配的制度价值。若对两者优化整合，形成本土化制度结构，并对制度适用范围进行明确界定，必将实现著作权默示许可制度效用最大化。而我国著作权默示许可所具备"兼收并蓄"制度形态便体现了对此本土化制度结构的需求，因有效协调机制的缺失使制度结构正向效果无法得以应有发挥，若对"权利人权益著作权默示许可"与"公共利益著作权默示许可"迥异制度形态整合优化，不仅可推动制度向前发展，对数字环境下著作权利益平衡修补与恢复亦大有裨益。进而言之，本土化结构设计对我国著作权法而言，不仅符合现实规律，易于被法律接受认可，更可降低立法成本，提升立法效率。

（二）我国著作权默示许可制度结构本土化设计

根据我国著作权默示许可制度自身所具有特征，针对当前立法所呈现不同层面的缺陷与不足，借鉴两大法系国家先进经验，对著作权默示许可制度进行本土化构建，在宏观层面上坚持以利益平衡为统领，制定科学合理的制度体系；中观层面，依据目前司法实践反映出数字环境下新问题，拓宽制度内容范围，充分保障社会公众利益；微观层面，制定合理明确的认定标准与保障机制，在明晰权利边界的同时，最大限度维护著作权人合法权益。

首先，以利益平衡原则为统领。虽然大陆法系所代表的"权利人权益著作权默示许可"与英美法系所代表的"公共利益著作权默示许可"之间制度差异迥异，但两者在著作权默示许可制度发展的历史长河中，能够平稳运行且互不冲突，根本原因是两者蕴含同质内核，该同质内核不仅显现在对权利人默示意思表示进行推定许可的法律表现形式，更体现为制度背后所蕴含的利益平衡精神。对我国著作权默示许可制度进行本土化架构设计，更应对此利益平衡精神进行传承与贯彻，与此同时，在制度构建过程中须对"权利人权益著作权默示许可"与"公共利益著作权默示许可"进行优化整合，而非单纯以实现一方利益为根本宗旨，须以两者利益的最大化实现为最终目标。

其次，厘清默示许可法律定位。我国著作权默示许可制度产生初期采取传播假定规则，随着制度不断发展，该传播假定被逐步移除，体现出附属品特征。具言之，虽然部分条文涉及默示许可，但大多被纳入法定许可范畴中，这便从另一角度体现出立法者对于默示许可制度价值未予完全重视，最终便形成立法者对于默示许可制度的保留、犹豫态度。数字时代到来，作品新型使用方式产生，作品需求量亦呈直线性增长，海量授权问题亦随之出现。面对数字环境所产生的新问题，法定许可、合理使用显现出一定局限性，而默示许可因其弹性特殊机制对解决新问题体现出极大的优越性。面对迫切的现实需求，立法者对于著作权默示许可必须摒弃以往犹豫不决的态度，亟须对其进行法律确认，谨防立法方向不确定性的产生，继而造成立法态度不明确，司法审判无法准确判断的混乱局面。在具体法律定位方面，因法定许可、合理使用、默示许可三者存在不同适用范式、范围、条件，而不能简单杂糅在一起，应对默示许可进行单独明确界定。再加之，我国《著作权法》《著作权法实施条例》中所存在个别规定与默示许可的运行完全相悖，应予以删除，以实现默示许可制度体系的逻辑性与严谨性。

再次，合理界定制度范围。我国著作权默示许可制度虽然内容相对丰富，但亦具有与生俱来的缺陷与不足，致使制度涵盖领域不尽合理。依前文所述，该缺陷主要由制度发展双向性、立法和司法实践的趋同性与排异性共存造成。具言之，制度发展双向性是指，我国立法主要表现为"规范型诱因"默示许可，以规制传统环境下基于合同关系所产生的相关问题，而司法实践中主要体现为"合理型诱因"与"行为型诱因"默示许可，侧重于界定权利边界，并以实践交易为切入点，旨在维护交易公平，更多出现在数字环境中，由此便导致立法和司法实践中趋同性与排异性共存。当两者范围接近，则产生趋同性并呈现正向合力。当两者范围无重合，则排异性出现并呈现反向张力。因此，我们需付出努力之处在于，重新界定默示许可制度范围，将司法实践中所涵盖的"合理性诱因""行为性诱因"默示许可类型在立法条文中予以明确，拓宽现有默示许可范围并对其进行合理界定，使立法与司法实践呈现趋同性而非排异性，最大化促成两者正向合力，使我国著作权默示许可制度得以良性发展。

最后，制定合理明确的认定标准与保障机制。目前，我国数字环境下著作权默示许可制度微观层面存在认定标准不明确、保障机制不完备等问题，在一定程度上反映了我国数字环境下著作权默示许可制度的不完善之处，亟待采取相应措施予以弥补。著作权默示许可制度作为一项弹性化特殊制度，通过对"默示"相关因素推定从而进行权利确认，因此，对于"默示"认定标准显得尤为重要。在具体纠纷解决过程中，因无明确认定标准存在，裁判者适用的裁判方法与认定标准均不相同，不可避免会加入主观因素，从而使认定结果出现偏差，因此，制定统一认定标准极为必要。英美法系国家著作权默示许可制度具有丰富的判例经验，应对其进行借鉴与吸收，使之成为我国本土化的认定标准，在实现司法正义的同时，充分发挥出默示许可制度价值。默示许可制度设立之时，基于知识产权政策以及提升许可效率等原因对权利人的权利进行了一定限制，但其本质上仍属于自愿许可，权利人自我意愿须受到尊重，其合法权益应得以保障，因此应在权利人获得报酬权、任意解除权及引入延伸性集体管理制度等方面进行设计，最大化保障权利人合法权益，实现社会公众与权利人之间的利益平衡。

二　坚持以利益平衡原则为统领

互联网为人类社会提供了知识超速度扩散以及信息高密度传播的便利，数字网络环境下，更应通过法律权威协调各方冲突，调制利益平衡。进而言之，著作权法领域内包含公正与效率之间平衡、创作者与其他权利人之间权利义务平衡、权利人权益与社会公共利益平衡等多维度平衡问题。可以说，著作权法自身便是一种特殊的利益平衡作用机制，并以实现相关主体之间的利益平衡为其全部内容。[①] 在此多维度内容中，权利人专有权之下垄断利益与社会公众利益之间的平衡协调被视为著作权法利益平衡机制的立足点，在价值取向上体现为激励创作与推进文化发展二元化，是贯穿于利益平衡机制的一条主线。

著作权作为一项合法垄断权益，在鼓励创新、激励创造方面发挥着重要作用，应当受到保障与尊重，然著作权过度扩张，必然导致权利滥用，成为冲突产生因素之一；而社会公众完全无限制接近作品，对于文化繁荣可起到促进作用，但限制了著作权人专有权利，成为冲突产生的另一因素。概而言之，社会公众对于作品的接触使用需求与著作权专有垄断权利保障成为产生冲突的两项重要因素。可以说，在著作权法发展

---

① 陶鑫良：《网络时代知识产权保护的利益平衡思考》，《知识产权》1999 年第 6 期。

的历史脉络中，该冲突矛盾始终存在，并呈现此消彼长状态。质言之，私人权益是公共利益的基石，若私人权益遵照社会标准相互协调，二者必然融合统一。私人权益与公共利益的同源性成为两者关系的均衡之处，对于两者进行利益平衡与双重保护亦成为现代著作权法的终极目标。为达成此目标，著作权法须对私人权益以专有权形式确认，并在此基础上，保障社会公众对智力成果的接触使用，同时为防止权利滥用给予权利人专有权的相对限制，从而实现私人权益与公众利益之间的平衡状态。然该平衡状态并非永恒不变的，尤其在数字环境下，更应以动态发展的视角看待现有立法，并根据技术经济文法发展的新动向及新需求，不断调整以实现新的平衡。

著作权权利人私益与社会公共利益之间的利益平衡机制作用见图5-1。① C 点代表著作权，P 点代表社会公众对作品的接触与使用权，A区块代表著作权人私人权益，B 区块代表社会公共利益，在 C 点与 P 点间存在一个支撑点▲，代表着著作权专有权益与社会公共利益之间的平衡基点。在图 5-1 中，平衡基点并非静止不动，而是呈现流动状态。当平衡基点从右至左移动时，代表着著作权人专有权不断受到挤压与限制，在利益平衡制度中呈现为权利限制形态，而社会公众对作品的接触与使用权利逐步扩张，具体至默示许可制度中更为贴合英美法系国家的"公共利益著作权默示许可"；当平衡基点从左至右移动时，代表着社会公众对于作品的接触与使用权利扩张被阻却，社会公共利益受到限制，著作权人专有权逐渐扩大，在利益平衡制度中呈现为权利反限制形态，具体至默示许可制度中更为贴合大陆法系国家的"权利人权益著作权默示许可"。

学者博登海默曾说，法律设定的目的在于对各类冲突利益关系进行

---

① 郭润生、宋功德：《控权——平衡论——兼论现代行政法历史使命》，《中国法学》1997 年第 6 期。

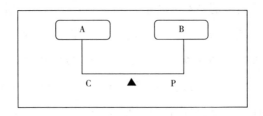

图 5-1　著作权利益平衡机制作用

调解，须通过建立利益等级评价机制与冲突解决规则方可实现。① 假若法律未能提供利益等级评价机制进行利益保护顺位设定，则无法形成较为稳定的利益平衡局面。进而言之，著作权法领域的利益平衡机制同样存在相关利益等级评价机制，因两大法系中法律思想基础不同，利益优先级排序亦有所不同。具体而言，英美法系国家受信息经济学与福利经济学的影响，在其著作权交易市场，为促使竞争行为更为活跃，作品被视为具备商业价值的信息产品，保障作品消费者通过低廉成本获取最大化作品供应为其著作权法目标与宗旨。② 例如，在美国《宪法》著作权条例及历史著作权九大案例中均着重强调，为促使最终公共目的实现，权利人私人利益必须服从公共利益，即公共利益始终为顺位第一，而作品专有权利仅为顺位第二。③ 可以说，在英美法系国家著作权价值序列中，充足作品创造数量远远重要于创作者私权保护，对权利限制的原因在于在保障作品数量的基础上产生最大化的社会公共利益。因此，英美法系国家更为注重作品通过传播使用所得到的经济利益，为促进作品更为广泛地传播与利用，著作权默示许可制度往往以限制权利人私人权益的方式实现利益平衡机制。图 5-1 中，英美法系国家的著作权默示许可

① 〔美〕E. 博登海默：《法理学：法律哲学与法律方法》，邓正来译，中国政法大学出版社，2004，第 398 页。
② 全红霞：《网络环境著作权限制的新发展》，吉林大学出版社，2010，第 30 页。
③ 袁泳：《数字版权·知识产权文丛》（第 2 卷），中国政法大学出版社，1999，第 23 页。

制度所体现的利益平衡关系支撑点更接近 B 区块的动态流动轨迹。大陆法系国家著作权法沿袭作者权传统较多，大陆法系国家著作权法理念认为，利益平衡的基础为私权保护。当面对权利限制相关利益冲突时，大陆法系国家著作权往往采用尊重与维护创作者私人权益方式予以协调解决。进而言之，便是在保障著作权人的基础上，对作品尽可能进行传播与使用，以实现智力成果的社会效用与增值潜能。在大陆法系著作权默示许可制度中，通过给予著作权人否定性形成权的方式限制使用者对作品的不恰当使用，兼顾公共利益的同时，实现保障权利人私有权利最大化。图 5-1 中，大陆法系国家的著作权默示许可制度所体现的利益平衡关系支撑点更接近 A 区块的动态流动轨迹。

　　权利是利益获取的本质所在，社会主体间利益平衡实质为其享有权利之间的平衡，而达到权利平衡则须通过法律手段实现。正如孙国华教授所言：法律是社会关系的调节器，其以社会统治阶级所确认的根本利益为基础，从而协调社会各种利益，并成为保护被确认为合法利益的手段。[①] 简而言之，法律根本立足点为利益需求，并运用法律权威性保障利益实现。在我国著作权默示许可制度本土化构建过程中，因著作权主体在作品创作、传播与使用等流程中在利益分配方面存在差异，著作权法在法律创设时须充分考虑两项层面：第一，如何激励创作者且使公众获利最大化；第二，垄断权在何种范围不会损害公共利益。[②] 由此可知，著作权因其私权属性使权利人无法避免自我利益的内驱力，而社会公众为保障其利益需要最大化接触作品，两者之间亟须达成平衡来减少利益冲突产生。

　　对于两大法系国家著作权默示许可制度剖析可知，英美法系国家"公共利益著作权默示许可"主要侧重点在于促进作品广泛传播与利用，可以说，其注重社会公共利益，但该倾向带来的不利后果便是，对

---

　　① 孙国华：《法理学教程》，中国人民大学出版社，1994，第 83 页。
　　② 冯晓青：《知识产权法哲学》，中国人民公安大学出版社，2003，第 236 页。

权利人合法权益的忽视，甚至限制。而大陆法系"权利人权益著作权默示许可"最大显著特征在于，通过给予著作权人否定性形成权的方式，限制使用者对作品的不恰当使用，兼顾公共利益的同时，实现保障权利人私有权利最大化。因此，我国著作权默示许可制度本土化构建，须将两大法系对不同利益主体的倾向与各自发挥的优势进行借鉴与融合，亦即，借鉴英美法系国家著作权默示许可制度对于作品广泛传播与利用的促进，以及对于社会公共利益的注重，同时借鉴大陆法系国家最大程度保障权利人私有权利的方式，即赋予著作权人否定性形成权对权利人利益进行保护，来弥补英美法系国家"公共利益著作权默示许可"对权利人私人权益的限制。

综上所述，我国本土化著作权默示许可制度构建既具备英美法系国家默示许可制度的意思表示推定，最大化推动作品传播利用，从而保障社会公共利益实现，同时保留大陆法系国家默示许可制度赋予权利人否定性形成权，通过对推定效力否定给予选择权的方式，实现权利人私权最大化保护。如此这般，既维护了 B 区块的公共利益，亦保护了 A 区块的私人权益，可以说，如此安排是对利益平衡的全面体现。作为著作权法领域一项富有弹性且内化的权利限制制度，我国本土化著作权默示许可制度在利益平衡原则的统领下，既可完整全面体现制度形态，又可促进制度效用最优实现。在构建法律制度维护权利人合法权益的同时，有效保障社会公众对于作品接触与使用，从而全面促进文化传播与发展，实现社会公平正义。

三 厘清著作权默示许可制度的法律定位

（一）在《著作权法》中对默示许可制度进行一般性规定

互联网技术的飞速发展，我国生活实践中出现了大量基于默示许可方式的作品传播行为，如网络共享空间的作品转载、数字期刊网站转载平面媒体作品等。① 在诸多默示许可行为中，部分通过著作权人与使用者所形成的合意产生，还有部分已成为行业心照不宣的惯例与习惯，相较于传统著作权环境，数字环境下著作权默示许可作为作品使用方式的新颖呈现，因法律未对其作出系统规定，实践中亦问题重重，我国作为成文法国家，亟待立法与司法作出回应。② 笔者认为，对于著作权默示许可的法律地位有必要予以肯定，为其提供相应的制度空间。

1. 著作权默示许可制度的合法性确认

目前，我国《著作权法》与《著作权法实施条例》中对于许可使用及转让合同均有所规定，但上述规定对于默示许可规定既有融合之点，亦有相悖之处。③ 进而言之，《著作权法》第 26 条对许可合同必须以书面形式确认未作出强制性规定。由此，我们可以推断，默示许可合同的存在具有一定合理性与正当性。然《著作权法》第 29 条则明确规定，许可权利未经著作权人同意，他人不得行使；《著作权法实施条例》第 24 条同样规定，作品未经合同约定，他人不得使用。此两款条文的规定，相当于作品使用授权方式再次回归明示许可，默示许可所依傍的根基瞬间坍塌。因此，欲明确默示许可法律定位，需使其合法性问题无可指摘。④ 笔者建议，删除《著作权法》第 29 条与《著作权法实施条例》第 24 条，从而为默示许可制度预留一定的法律空间，并对其合法性予以承认。故而，在著作权默示许可制度中，便是以默示的方式促使许可合意达成，虽然方式与明示存在差别，但所要表达的法律效果相同。⑤

---

①　张今、陈倩婷：《论著作权默示许可使用的立法实践》，《法学杂志》2012 年第 2 期。

②　路聪：《著作权默示许可制度研究》，载中华全国专利代理人协会主编《提升知识产权服务能力促进创新驱动发展战略——2014 年中华全国专利代理人协会年会第五届知识产权论坛优秀论文集》，2014，第 308~319 页。

③　王国柱：《知识产权默示许可制度研究》，博士学位论文，吉林大学，2013，第 46 页。

④　马德帅、刘强：《网络著作权默示许可研究》，《中国出版》2015 年第 17 期。

⑤　李捷：《论网络环境下的著作权默示许可制度》，《知识产权》2015 年第 5 期。

2. 法定许可、合理使用、默示许可的界限判定与具体适用

在数字技术飞速发展的当今社会，著作权默示许可在数字环境下所彰显的特殊价值功能有目共睹，此处不再赘述。与此同时，该制度在著作权法体系中亦发挥着重要作用。除默示许可与适用最为广泛的授权许可外，法定许可、合理使用等制度均为使用者获取作品提供了有效渠道，其中，便对蕴含的作品使用者权有所凸显。进而言之，在使用者权利体系当中，当涉及经济利益可忽略不计时，从公共利益角度出发免费使用著作权人作品的权利形态，被称为合理使用①；若符合相关要求使用著作权人作品不需获得许可，但需支付报酬的权利形态被称为法定许可。在上述四种使用类型中，两项关键性因素对使用者利益产生影响，即许可获取与报酬支付。正是因为该两项因素在不同类型中的体现，使用者权利体系呈现层次变化（见表5-1）。②

表5-1　使用者权形态获得许可与支付报酬差异对照

使用者权的形态	是否需要著作权人许可	是否向著作权人支付报酬
法定许可	否	是
合理使用	否	否
默示许可	是（推定许可）	是（一般情形）
普通授权许可	是	是（一般情形）

由此可知，默示许可作为一项独特的许可模式，完全可以在使用者权益体系中独立存在。因之前法律对默示许可认识不明晰，在《著作权法》中未予以明确，并在法定许可与合理使用等制度中，将其作为前两者的例外规定杂糅使用。伴随数字技术的不断进步，传统授权模式与作品快速流通的强烈需求之间的矛盾日益凸显，将默示许可以独立制度方式从前两项制度中脱离出来极其必要。

① 〔德〕M. 雷炳德：《著作权法》，张恩民译，法律出版社，2005，第66页。
② 王国柱：《作品使用者权的价值回归与制度构建——对"著作权中心主义"的反思》，《东北大学学报》（社会科学版）2013年第1期。

（1）法定许可与默示许可的界限判定与具体适用

从功能角度分析可知，虽然法定许可与默示许可均可提高授权效率，但两者的关注点并不相同。法定许可主要基于社会公共利益政策产生，从而限制排除著作权人权利；而默示许可从本质上而言仍为自愿许可，即便是社会公共利益政策，亦无法予以排除。将两者在法律条款中混同，不仅使公众对概念判断存在误解，在具体使用中亦毫无头绪，更重要的是，在传统权利限制制度中掺杂极具弹性的默示许可机制，将增加公共利益无法实现的可能性。因此，必须在法律条文对法定许可与默示许可进行明确划分，避免"准法定许可"形态产生。对于社会公共利益属性较强的条文，应将其归属为法定许可，并以法定许可范式进行设计，排除著作权人对许可效力否定的权利，体现出法律的强制性与权威性。具体至条文中，应将我国《著作权法》第 25 条、第 35 条第 2款、第 42 条第 2 款从法定许可中排除，将其归入默示许可调整范围之内，从而厘清两者的关系，为构建科学合理的默示许可制度体系打下坚实基础。

（2）合理使用与默示许可的界限判定与具体适用

作为著作权权利限制制度与侵权抗辩理由，默示许可与合理使用具有各自的制度形态与显著特征，但我国立法对两者采取了"杂糅式"立法方式，如我国《著作权法》第 24 条第 4、5 项分别规定了有关政治、经济、宗教问题时事性文章与公众集会发表讲话的合理使用情形，并增加了"作者声明不许"之除外规定。依合理使用本质探析，该条款是对社会公共利益深入考量，应排除权利人意思表示，然殊不知，该除外规定破坏了合理使用制度构成，对其目的实现亦无利好，其在制度形态上应归属于默示许可。笔者以为，合理使用、法定许可、默示许可是可并存的制度形态，不应采用"杂糅式"立法规定统一规制，须以单独设置默示许可制度进行集中规定，对调整范围有所区分，应既向司法审判提供裁判标准，又给予行为人明晰规则指引。具体而言，排除默示许可独立适用合理使用情形如下。

一是不需考虑著作权人意思表示情形。对于数字环境下作品的复制传播规制，合理使用制度仍扮演着重要角色，比如未经著作权人许可，其作品被第三方以一定方式发表，在此种情形下，默示许可制度不得成为使用者的抗辩理由，若该作品使用方式与合理使用相契合，则可运用合理使用制度作为抗辩理由。

二是涵盖存在争议技术的作品使用行为。若某事物的合法性初期便争议不断，合理使用可能成为抗辩理由，而默示许可无此可能，原因在于以一项新型技术为基础，使用者使用作品时往往采用合理与惯常方式，若某项新技术能够确保某使用行为具备合理性，但因未经过长期累积形成行业惯例而无法适用。

三是未满足"选择—退出"机制要求的使用行为。在 Field v. Google 案中，默示许可能够应用于搜索引擎在于其可适用"选择—退出"机制。具体而言，经营者可以该机制为媒介避免网站被追踪复制，而检索方法与工具 Field 亦知晓，但 Field 仍未选择退出该机制，再加之，行业惯例为使用网络蜘蛛进行抓取且支付复制件，因而，该案以默示许可进行抗辩并未不妥。[①] 相较搜索引擎，谷歌翻译则不可用默示许可进行抗辩，原因在于著作权人无法拒绝且阻止谷歌公司依据他人指令翻译网站内容，故对该翻译行为无法满足"选择—退出"机制要求从而适用默示许可制度进行抗辩，然仍可以合理使用作为其抗辩理由。

四是权利人明确排除许可情形。默示许可实践缺陷在于，著作权人可通过采取拒绝声明或权利保护措施等方式轻易回避"选择—退出"机制，其采取拒绝声明或权利保护措施等方式的确可阻断默示许可制度适用，但并不代表该拒绝行为具备正当性。若使用行为符合合理使用构成要件，则认可适用合理使用作为抗辩理由，其拒绝声明或权利保护措

---

① John S. Sieman, "Using the Implied License to Inject Common Sense into Digital Copyright", *North Carolina Law Review*, 2007, pp. 927-929.

施将无法发挥效用。

在数字环境下默示许可所适用的"选择—退出"机制显现出强大的生命力，而合理使用则表现出一定的不适应性。默示许可具备的弹性机制，面对合理使用与默示许可选择适用复杂情势，当合理使用陷入困顿，若以默示许可制度作为补充，法官须对司法案件脉络及默示许可制度构成要件进行清晰把握应用，由此更须凸显司法能动性。

3. 著作权默示许可制度一般性条款设计

承继前文，数字环境中作品飞速传播，相较传统著作权限制领域对著作权默示许可制度需求更为强烈，因此，著作权默示许可与之前散落的个别规定完全分离，并以极具涵摄力制度姿态，建立一般性条款。具体而言，该一般性条款因其独特的弹性与张力，使裁判者在个案分析时，通过著作权人特定行为、网络共享平台运行模式、行业惯例等因素进行自由裁量，进而对默示许可进行认定。[①] 可以说，默示许可作为数字环境著作权许可模式的新形态，在《著作权法》中确立其一般性规定，使著作权保护与公众信息接触间的摩擦在一定程度上有所减少，亦使两者的利益冲突矛盾得以缓解，从而促进信息有效传播，助力文化事业快速发展。

在具体范式设计中，应借鉴《信息网络传播权保护条例》第 9 条扶助贫困默示许可的范式设计，虽然第 9 条仅对扶助贫困默示许可作出规定，其在但书条文设计上有独到之处，成为一种制度创新，值得借鉴。具体而言，结合扶助贫困默示许可，对著作权默示许可制度一般条款设计应包含如下要件：（1）作品使用目的要件，即为促进作品广泛传播，推动文化产业发展；（2）默示许可使用范围，即网络共享空间、搜索引擎、公益性数字图书馆等领域；（3）公告程序，即使用者必须先依照公告程序对作品进行公告，公告期限为 30 天，公告内容包含使用作品名称、著作权人、拟使用期限、拟支付报酬及支付方式等，若著作权人未对公告内容提出异议，方可使用原告作品；若著作权人不同意

---

① 　胡波：《信息自由与版权法的变革》，《现代法学》2016 年第 6 期。

使用，使用者不得对作品进行擅自使用。

（二） 对著作权默示许可制度在数字环境适用进行细化规定

正如门罗·弗里德曼所言：一项静止不动的制度只有与整个社会产生交集方可体现其生命力。[①] 随着数字技术的日臻成熟，默示许可在互联网空间存在不凡表现，在著作权默示许可制度构建中，不应忽视制度新型实践及公众需求，为使著作权默示许可制度在数字环境中良性发展，应对以下内容予以关注。

第一，默示许可在网络开放与共享特定行为中的体现。互联网的出现使信息得以飞速传播，面对互联网所显现的开放与共享，著作权法须因时而变，使社会公众能够在技术变革中最大化获益。进而言之，信息网络传播权设定的直接目的在于，著作权人对作品在数字环境的控制权利能够被法律予以确定，而非对公众取得信息的自由进行遏制。因此，为了不对公众福祉与技术发展形成阻碍，必须对权利利用形式进行探索，方可使互联网时代信息总量有所提升，传播范围有所扩展，著作权默示许可制度不仅可体现著作权法基本理念，亦可实现公众现实需求。以搜索引擎技术为例，该技术对于网络开放与共享特征体现最为深刻，其在具体实施过程便充分体现了默示许可，进而言之，当服务商提供搜索服务时，若某网站拒绝该搜索行为，必定会以一定方式予以明示，而服务商亦会对此拒绝行为予以理解与尊重，不再继续向用户提供此网站的搜索服务。[②] 再如，著作权人在特定空间发表作品，在知乎、微博等应用程序中发表作品，亦是对默示许可的运用。用户将作品发表在应用程序中便是对其作品分享的期冀表达，除非创作者明确作出权利保留声明。对于互联网时代的特定行为，以默示许可对其进行规制具备正当

---

① 〔美〕门罗·弗里德曼：《法律制度》，李琼英、林欣译，中国政法大学出版社，1994，第13页。

② 吕炳斌：《反思著作权法——从 Google 数字图书馆说起》，《图书馆杂志》2007 年第 5 期。

性，其不仅契合技术进步背景下的权利设计原理，更可促进信息传播与使用，应当对此类特定行为默示许可的适用予以法律确认。

第二，适当扩大默示许可制度在公益事业中的适用范围。谈及默示许可在公益事业中的体现，不得不提《信息网络传播权保护条例》第 9 条，该条规定的扶助贫困默示许可成为值得赞许的立法实践，不仅可称为制度创新，更达成了著作权私人利益与公共利益在数字时代中的和谐状态。在社会实践中诸多涉及公益性作品的使用，默示许可均可予以规制，以公益性数字图书馆为例，《信息网络传播权保护条例》第 8、9 条仅对基于互联网的远程教育实施与扶助贫困作出规定，但对于图书馆馆舍外基于公益性质的作品传播与使用未予以明确。[①] 而在 2010 年，国家图书馆开展了"向农村地区提供电子图书服务项目"，成为图书馆扶贫领域的典范。在该项目中，66% 的作者及 2% 的出版机构未在公告期内表示拒绝，即视为上述主体对于其作品的默示许可，由此默示许可在该领域得以运用。[②] 由此可见，诸多机构在公益事业方面囿于著作权制度未发挥出其应有价值。基于社会现实需求，我国立法应展现出一定的弹性，对现有制度作出新的调整，扩大默示许可在公益事业中的使用范围，以期进一步提升社会福祉。[③]

第二节　数字环境下著作权默示许可制度的具体设计

一　明确数字环境下著作权默示许可制度的构成要件

传统环境中著作权默示许可制度以合同关系为基础，而数字环境技

[①] 吴高：《公共数字文化建设著作权问题：困惑与思考——以我国〈著作权法〉第三次修改为视角》，《情报理论与实践》2014 年第 11 期。

[②] 李华伟：《以特定许可方式向农村地区推送精品文化资源的实践与思考》，《中国版权》2011 年第 3 期。

[③] 苏红英：《图书馆以默示许可方式开展在线扶贫信息服务的版权使用规则——结合我国立法、司法和国家图书馆实践的分析》，《图书馆》2016 年第 2 期。

术迅猛发展，作品使用方式及交易形式呈现多样化趋势，作品使用主体亦迅速扩张，著作权默示许可制度在新制度形态中缺乏合同基础，在充分尊重权利人意愿的基础上，结合社会行业习惯，有效促进作品使用与传播，保障社会公共利益。在美国 Field v. Google 案中，法官为著作权默示许可制度确立了"知晓使用"与"鼓励使用"标准，而在 Google 图书馆案中亦可明确行业惯例因素的重要性。目前，我国著作权互联网侵权纠纷不断，而我国司法实践尚未形成完全的统一规则，应对国外先进经验进行借鉴，因地制宜创设符合我国现实情况的著作权默示许可制度的认定规则。

（一）著作权人意图因素考量

著作权默示许可虽在一定程度上限制了权利人许可权，但其本质为自愿许可，著作权人真正意思表示是最为重要的考量因素。对于著作权人真实意图，要从两方面进行考量：著作权人须知晓使用者对其作品以何种方式使用以及后果如何，且著作权人对作品使用行为须存在鼓励意图，基于此考量因素作出的默示意思表示方为具备默示许可效力的意思表示。

1. 权利人对使用者使用行为及后果"明知"

在传统著作权领域，著作权默示许可制度基于合同关系成立，合同相对人支付价款及因合同关系产生的合理预期、作品移转交付等方式均可推定著作权人真实意图；而在数字网络环境下主体之间因缺乏合同关系，再加之成立基础复杂化等诸多因素，权利人的真实意图更难以判定。因此，互联网时代著作权默示许可制度对权利人真实意图的判定依据已由合同条款转移至权利人对使用者使用行为及后果是否"明知"。

"明知"是指著作权人知晓作品的被使用情况，这同样是对著作权人合理预期的重要判断因素。在美国典型案例 Field v. Google 案中，法官在判决中明确指出，Field 对行业惯例明确知晓，同时亦了解网站页面设定元标记将产生对 Google 搜索引擎拒绝缓存链接的作用效果，仍作出不在网站页面设定元标记的选择，从而可推定为知晓 Google 搜索引擎因无元标记而产生对作品的使用行为，故而，Field 对网页未进行元标记的设定行为应被视为对于 Google 搜索行为的许可。因而，在著作权默示许可制度中，著作权人意思表示以其沉默以及行为方式进行推定，需要强调的是，此推定方式并非对权利人意思表示的违背，而是为提升效率价值对其意图推定所进行的简化。而对于权利人进行知晓使用的判定，在考量权利人主观意图的同时，还应结合行业惯例与当下情状。如某规则已被行业通用且时兴，权利人行为遵循了行业惯例，例如作品由权利人通过特定方式上载至互联网，则推定权利人对此传播方式及互联网作品使用惯例存在一定了解，若权利人一味表示不知，在不存在足够证据支撑的背景下，不得因权利人自身表态而判定其确实不知晓。进而言之，即使原告确实不知摒弃规则的重要意义，在其具备选择不遵从规则的能力下，也必须为既定选择承担责任。具备选择的能力并作出相应选择，且所选择内容是行业通用惯例，除非有相反证据，则证明了权利人对其既定选择具有合理预期。

追溯默示许可发展过程可知，默示许可原本因对抗著作权专有权利阻碍信息传播流通而产生，亦即权利人权利原本处于强势地位，但在著作权交易市场中，权利人权利须相对弱化，以保护交易相对人的信赖利益，而信赖利益保护对象便是因默示许可产生的使用者主体。故而，当权利人遵循行业规则，使用者基于合理期待使用作品，若无相反证据证明权利人真正"不知晓"，仍应认为使用者行为具有合理预期，而此默示许可亦具有正当性。

2. 著作权人对使用行为表示鼓励

鼓励使用是指著作权人在得知作品已被使用的情形下，继续保持沉默不作为，亦未作出反对的意思表示。著作权人的反对意思表示可包含言语表达与行为等多种形态，既可明确告知权利人否定性意见，也可通过技术手段与措施对使用者使用作品行为进行阻止。进而言之，著作权默示许可因其独特的选择退出机制，权利人具有随时退出该默示许可的选择权利，且该退出权利需要权利人明示方可有效。数字网络环境下默示许可的成立基于权利人真实意思表示，且不得与其明示表示发生冲突，若权利人存在明示表示，则必须以后者为准，权利人只有基于对作品未禁止使用情形下，方可适用默示许可。换而言之，权利人已对他人使用作品作出了明示拒绝，则意味着所谓推定意思的生存空间不复存在，则更不必谈及默示许可的成立。在生活实践中，明示意图的表现方式多样，常见的主要有发表声明及采取相应技术保护措施。当然，并非所有明示意思表示均可发生效力，有一定的条件限制，即权利人以明示意思表示对他人使用作品进行拒绝时，不得与当前法律规定、知识产权相关政策、行业惯例等发生冲突。举例说明，权利人所发表的声明或采取的权利保护措施，抑或其他方式，不得对合理使用、法定许可等制度予以排除，更不得通过滥用专有权利垄断相关领域的知识产品危及公众利益，导致社会各方主体利益失衡。

（二）行业惯例与规则考量

任何行业均有约定俗成的习惯与偏好，传统领域如此，数字环境亦如此，其自生自发，行业成员无人不知，无人不晓，且持续遵从。与互联网技术飞速发展产生强烈对比的是法律与生俱来的滞后与空白，在此情形下，对于互联网秩序的有效维护方面，行业习惯发挥出积极作用，默示许可亦通过行业习惯而出现。具体而言，对当事人意思表示的推定是默示许可成立的前提，当行业存在被社会主体普遍认同的习惯时，当事人对该行业习惯同样熟知被认同，方可对使用行为产生清晰预判，继而对当事人意思表示的推定才存在正当性。数字时代的各色行业规则催生了默示许可的产生，亦成为制度确立与发展的实践基础。需要强调的是，当默示许可选择行业惯例为其确立基础时，对此行业惯例须慎重考量，因为该行业惯例将会对相关群体造成极大影响。进而言之，一旦行业惯例成为默示许可确立的实践基础，对于某行为的判定将会随之改变。例如，该行为原本可被判定为侵权，以默示许可侵权抗辩理由的形式出现后，原本的侵权责任便不复存在，侵权行为亦转化为合法行为。质言之，若该行业惯例存在无正当性基础，甚至无法论及合理，对于权利人权益而言，则为极大的冒犯。因此，对默示许可基础进行选择时，须首要考量该行业习惯在群体领域中的正当性与认可度，以及是否与利益平衡原则相契合，如此，才可作为默示许可制度的构成要件之一。

二 界定数字环境下著作权默示许可制度的具体范围

因法定许可与默示许可价值取向存在差异，数字环境下应根据使用行为性质来决定相关制度的适用。整体而言，法定许可更倾向于在社会公共领域发挥功能，而默示许可则倾向于规制一定条件下的商业性质使用行为，如涉及广泛传播及获取盈利的作品使用。因互联网具备天然开放与共享特质，公众对于作品广泛传播且接触使用的需求更为强烈，默示许可因其独特的弹性机制更适合对数字环境下作品使用行为进行调整与规制。依据互联网时代信息使用行为的新形式，应将默示许可制度适用范围调整为网络共享空间、搜索引擎、数字图书馆、数字期刊数据库等领域。当然，在具体制度适用时应细化考虑该使用行为的公益属性抑或商业属性，从而决定制度适用的全面性或者局部性。例如，具有商业性质的图书馆将传统期刊、图书数字化之后上载至网站，供他人阅读及下载并支付相应费用，在此情形下，采用默示许可制度更为适宜。

(一) 网络共享空间默示许可

随着数字技术逐步成熟，互联网应用程序如雨后春笋般涌现，网络共享空间范围亦随之拓宽。简而言之，网络共享空间是指互联网为知识、作品等信息自由流通及互换所开辟的共享空间，在生活实践中形态多样，内容丰富，涵盖了用户创造内容、聚合平台等新业态，用户创造内容为 Web3.0 时代所产生的资源创作新模式，是指用户在互联网不限形式发表其创作内容，如图片、文字、视频等。^① 典型的应用程序便是微博、微信公众号、知乎、抖音等。而聚合平台以新闻类居多，该平台将搜索引擎、网络链接、数据采集等技术集合体现，使用户对于信息进行一站式浏览^②，典型的应用程序为"今日头条""一点资讯"等。相较于以往仅以提供信息为单一目的普通网站，网络共享空间的特征为信息由用户进行发布。以新浪微博为例，在用户注册之初，便须与平台签订《新浪微博服务使用协议》，该协议第 4.7 条便明确规定，用户自愿将相关内容发布于新浪微博，便被认为是对该平台的默示许可，其他用户亦可对此内容进行浏览并转发。^③ 网络共享空间的最大特点便是信息共享与传播自由，其内容大多为享有著作权的作品，且包含文字、图片、视频等多种形式。依著作权保护视角分析，享有著作权的作品未经权利人授权转载均为侵权行为，然考量网络共享空间的开放与共享属性，对著作权专有权过分重视必然对前者发展产生极大影响。为有效协调两者之间的矛盾，须在著作权法中设定适用于该领域的默示许可制度。

进而言之，创作者在网络共享空间发表内容的直接目的为拓宽作品传播范围及提升自身知名度。大卫·约翰斯顿等认为，著作权人将作品上载于任何人均可进行链接的网站中，该行为即意味着鼓励他人下载，是对他人进行使用的默示许可。^④ 亦有编辑坦言，迫切期望作品能被新

---

① 赵宇翔、范哲、朱庆华：《用户生成内容（UGC）概念解析及研究进展》，《中国图书馆学报》2012 年第 5 期。

② 崔国斌：《著作权法下移动网络内容聚合服务的重新定性》，《电子知识产权》2014 年第 6 期。

③ 李捷：《论网络环境下的著作权默示许可制度》，《知识产权》2015 年第 5 期。

④ 〔加〕大卫·约翰斯顿等：《在线游戏规则：网络时代的 11 个法律问题》，张明澍译，新华出版社，2000，第 178 页。

浪网、搜狐网日日转载，唯一的要求便是注明出处。[①] 由此印证上述创作者以传播为主的作品发布目的，若创作者未作出权利保留声明，便可视为其对于网络共享空间的认可，对他人的转载行为表示默许。换而言之，若创作者在网络共享空间上载作品时，未采取技术保护措施或明确拒绝他人转载，则认为创作者默示许可其他用户对于作品信息网络传播权的使用。质言之，此默示许可对于创作者在网络共享空间上载内容的最初目的并不相悖，简单而言，便是表达自我，分享交流，期望作品得以更广泛传播。除此之外，创作者欲退出默示许可规则流程，可通过权利保留方式对其他网络用户使用作品的行为进行限制，且该"自觉"方式亦被普遍认同。因此，随着互联网共享开放属性愈发明显，在网络共享空间适用默示许可制度，不仅是对权利人自我意图的尊重，更能增加作品的总体流量与传播速率。

在具体规则适用中，需要强调如下几点。第一，网络共享空间默示许可的适用对象为以互联网为媒介上载的作品，未上载作品并不在此范围内。创作者并未上载至互联网的作品，他人不得擅自上载，著作权人授权的除外。第二，该默示许可仅在网络共享空间产生效力，不能延及传统环境，作品的使用范围若在网络空间之外，仍须由著作权人同意。以 2015 年终审的郭泽龙诉茶颜及天猫公司为例，茶颜公司将郭泽龙创作图片作为客服人员头像使用，属于网络空间范围，若茶颜公司脱离网络空间将该作品印制为广告册进行销售，必然无法使该使用行为合法化。[②] 第三，对于网络共享空间他人对于作品的使用目的，须进一步作出区分，若该使用行为基于商业目的，则必须支付报酬，若并非盈利，则无必须支付报酬。

---

① 刘海明：《报纸版权问题研究》，中国社会科学出版社，2013，第 72 页。
② 宋戈：《版权默示许可的确立与展望——以著作权法第三次修改为视角》，《电子知识产权》2016 年第 4 期。

（二）搜索引擎默示许可

数字时代到来，搜索引擎成为互联网海量内容重要检索工具，与社交网络（SNS）相比较而言，默示许可在搜索引擎的适用显得更为隐蔽，原因在于，其适用对象主要为网站所有者，规则亦更为简明，无须相关用户协议进行调整规范。进而言之，对于搜索引擎领域默示许可的判定，基本根据为权利人将作品上载至网络时，是否设置技术措施予以拒绝，若未采取，则默示许可搜索引擎对其页面进行搜索。质言之，搜索引擎在信息搜索时产生的缓存行为，无疑将涉及复制，但因其作为内容浏览速率提升的技术，其责任往往因技术中立而予以免除。[①] 而关于"缓存"的技术表现，可被认定为合理使用，但与默示许可相比，因合理使用过多主观性存在，导致判定结果未知因子无形增加。结合 Kelly案[②]与 Perfect 10 案[③]分析，两案件均因搜索引擎而起，却产生了不同结果。在 Kelly 案中，法院认为缓存低分辨率图片不影响原图片市场价值，判定为合理使用。在 Perfect 10 案中，法院认为搜索引擎对缩略图的呈现将会对市场价值造成影响，故而被判定侵权。然该判决结果在Amazon 案中被推翻，法院认为搜索引擎转换图片的行为产生了社会价值。[④] Amazon 案仿佛是运用合理使用来对搜索引擎缓存行为进行合理化解释，但搜索引擎并非完全涉及合理使用问题，合理使用亦无法完全成为前者免责事由。[⑤] 因此，以著作权许可为视角，对于搜索引擎而言，默示许可行业规则成为合理使用之外的合理规则。

在美国搜索引擎领域，默示许可经过长久实践淬炼，成为众所周知的行业惯例，引领着行业发展壮大。毫不夸张地讲，在搜索引擎领域适

---

① 冯晓青、付继存：《著作权法中的复制权研究》，《法学家》2011 年第 3 期。
② Kelly v. Arriba Soft Corp. 336F. 3d 811. C. A. 9(Cal.) , 2003.
③ Perfect 10 v. Google, Inc. 416F. Supp. 2d 828. C. D. Cal, 2006.
④ Perfect 10, Inc. v. Amazon. com, Inc. 508F. 3d 1146, 1166. C. A. 9(Cal) , 2007.
⑤ 郭威：《版权默示许可制度研究》，中国法制出版社，2014，第 217 页。

用默示许可制度已成为稀松平常之事，主要原因在于默示许可在该领域具有法理与现实的双重需求。第一，默示许可表现出对于权利人意思表示的极大重视。在网络空间内，搜索引擎是用户寻找信息的最主要方式，大多数情况下，权利人不会对搜索引擎的页面索引与链接表示反对，相反，诸多网站以外部链接形式增加曝光量，以及被搜索引擎索引的机会，即使网站所有者不愿意被索引，亦可通过"Robot 排除协议"表示拒绝。第二，默示许可业已成为该领域的行业规则。若网页未添加"Robot 排除协议"，则被默许索引，该规则不仅在美国普遍适用，在我国搜索引擎如百度、腾讯 SOSO 中屡见不鲜。第三，默示许可与利益平衡精神相契合。以权利人视角分析，默示许可所提供的选择退出机制，是对权利人意图的重视，故而不会对其合法权益造成损害；以服务商视角分析，默示许可遵循"技术中立"原则，为搜索引擎服务的存在拥有合理理由；以用户视角分析，默示许可的适用使信息搜索更为快捷准确，降低了网络用户信息搜索成本。

因此，鉴于国外对默示许可适用的先进经验，我国应在法律上对默示许可制度在该领域的适用进行确认。实际适用规则为，网站所有者应在网站编写时提前引入排除声明，该排除声明可明晰对搜索引擎的搜索缓存行为予以拒绝，若未引入该排除声明，则搜索引擎获取默示许可，以检索缓存方式向用户提供服务。

（三）数字图书馆默示许可

如今，对于国家信息基础设施进行评价的一个重要因素便是数字图书馆建设①，然在数字图书馆建设过程中著作权问题成为亟待解决的核心问题。自 2002 年我国首例数字图书馆侵权案发展后，其他相关案件纷至沓来，2004 年谷歌数字图书馆案的产生，更是引发了世界范围内

---

① 鄂云龙：《信息时代与中国数字图书馆的发展战略》，载徐文伯、饶戈平主编《信息数字化与法律——数字图书馆建设中的法律问题》，法律出版社，2002，第 24 页。

对于数字图书馆著作权问题的极度重视。在传统著作权领域，众多权利内容均围绕"复制权"展开，而数字环境下，传播权成为核心内容，正如学者梅术文所言：数字时代传播权勃兴成为著作权发展的核心内容，而复制权呈现式微态势。① 数字图书馆以作品传播为出发点服务社会公众，因其海量资源及开放共享的特殊属性，传统授权模式难以解决"海量作品授权"问题，合理使用、法定许可制度亦存在不适用性。② 基于现实需求与实践回应，默示许可成为该难题的应对之策。

进而言之，合理使用的成立需满足四要件，即非营利性的使用目的、已发表作品、使用部分所占比例、对潜在市场价值不造成影响。③ 在传统环境中，图书馆主要从事复本借阅服务，因作品传播范围较少且体现较多公益性，故合理使用制度适用频次较高，而数字环境下，图书馆服务形式与以往完全不同，合理使用制度已难以进行规制。一是数字图书馆拥有着巨大信息资源以及互联网域中未知庞大用户群体，俨然无法符合合理使用作品使用量限制，"提供个人学习研究"等理由已不具有说服力；二是数字图书馆因海量复制、高速传播的服务项目，使其具备更多的商业属性，亦造成对权利人、出版商利益冲击，此时的使用行为无法契合合理使用"四要件"规则。再谈法定许可，在法定许可制度规则之下，作品的使用权利来源于法律规定，权利人虽仍可获得报酬，报酬请求权取代了原本的许可使用权，但无法体现其意思表示。然而，著作权的权利内容不仅包括财产权，亦体现人身权，权利人在取得相应报酬的同时，亦期望自我意愿被重视，显然，以法定许可规制数字图书馆作品使用的全部行为不具有合理性。至于授权许可，对于数字图书馆"海量"作品授权问题，理论与实践均证实了其并不具备现实可

---

① 梅术文：《免费传播的终结与传播权的勃兴》，《知识产权》2011年第4期。
② 徐佳璐：《公益性数字图书馆的著作权附义务默示许可制度探究——从信息网络传播权论起》，《图书馆杂志》2012年第9期。
③ 吴汉东：《知识产权法》，北京大学出版社，2009，第86页。

操作性。① 默示许可制度适用范围广泛，无论公益目的抑或商业目的均可进行规制，且程序相对简易，避免了繁琐的联络谈判环节，仅通过推定权利人意图便可使用作品，相较上述各项制度，默示许可体现出一定的实操性与可行性，具备显著的制度优势。

法定许可、合理使用等制度对于解决数字图书馆难题的无力性，使数字图书馆呈现强烈的制度创新现实需求，为默示许可制度的适用提供了可能性。然该制度在立法中的缺失，使司法实践呈现摇摆不定态势。例如，在冯英健诉中国财政经济出版社案中，因默示许可制度在《著作权法》中缺失，法院否决了被告的抗辩理由。在北大方正公司诉广州宝洁案中，终审法院以默示许可为裁判理由认可了被告的使用行为。诸多现实纠纷的出现，均体现了司法实践对于默示许可制度的需求，因此，在数字图书馆采取默示许可制度已成为大势所趋。

依据利益平衡原则进行考量，并非所有数字图书馆对于作品的使用行为均可适用默示许可制度，应作出以下限制。第一，仅限于公益性数字图书馆。依目的分类，数字图书馆可具体划分为公益性质与商业性质，公益性关乎社会成员的利益与福祉，在公益性数字图书馆适用默示许可，社会公众可快速获取社会资源，促进文化知识有效传播，在鼓励创新创造的同时，达成各方利益平衡。具体规则为，权利人与出版机构签订合同时，未作出权利排除声明，则视为将作品同步授权于与出版机构存在合作关系的数字图书馆，后者可将作品数字化后存储，并向创作者支付报酬，从而解决海量授权难题。商业性数字图书馆因缺乏公共利益政策考量，再加之业内并未形成行业习惯，故尚不适宜采取默示许可制度。因此，商业性数字图书馆依然可与权利人、出版服务商以合同方式解决授权问题，如书生、北大方正、超星等运营商均探索出符合自身特点的授权方式。第二，限于特殊情形。数字图书馆中著作权使用行为

---

① 海燕：《网络环境中版权默示许可制度在图书馆领域的立法摭谈》，《河北科技图苑》2015 年第 5 期。

并非均可适用默示许可，应以特殊需求作为使用行为半径，如数字图书馆所提供论坛等网络特定空间服务、搜索引擎服务及基于扶贫等目的所进行的信息服务等。

（四）数字期刊数据库默示许可

科技进步为出版业发展注入了无限活力，作为出版活动与数字技术融合的新产物，数字出版产业以破竹之势飞速发展。[1]《2022—2023 中国数字出版产业年度报告》显示，2022 年数字出版产业收入为 13586.99 亿元，比上年增加 6.46%，呈现强劲发展趋势。[2] 与此同时，随之增长的还有数字著作权纠纷案件数量，《中国法院知识产权司法保护状况（2023 年）》显示，2023 年全国知识产权案件数量为 544126 件，著作权案件为 251687 件，而数字著作权纠纷占据较大比例。[3] 对庞大侵权纠纷现象深挖可知，授权机制的不足成为主要原因。

具体而言，新媒体技术与产品形式改变了社会公众的阅读方式，阅读终端形式的变化促使期刊出版业不断转型发展。数字期刊作为数字时代社会公众获取并储备知识的重要媒介，相较于传统书籍，其具有更新速率频繁的显著优势，但同时，信息需求量大、作品权利人众多亦是期刊有别于其他媒介的特征之一，因此，"海量授权"同样成为无法回避的疑难杂症。现如今，传统期刊与数字平台进行合作，具体规则为，期刊社获取作品信息网络传播权许可，继而以协议方式向数字平台转让权利，作品取得收益与权利人及期刊社进行分成。客观而言，该规则对于数字平台而言操作性更强、投入成本更低，但存在的问题是，期刊社的

---

[1] 宋伟、孙文成、王金金：《数字出版时代混合授权模式的构建》，《电子知识产权》2016 年第 3 期。

[2] 《我国数字出版产业收入规模逾 1.35 万亿元》，https://baijiahao.baidu.com/s? id = 1779140788554007863&wfr = spider&for = pc，最后访问日期：2023 年 11 月 14 日。

[3] 《中国法院知识产权司法保护状况（2023 年）》，https://www.chinacourt.org/article/detail/2024/04/id/7908580.shtml，最后访问日期：2024 年 6 月 5 日。

授权是否正当且有效存在疑问，若数字平台无法予以查证，无疑为日后自身发展埋下了隐患。

因此，在法律层面对于默示许可进行明确，保证作品源头授权合法正当，是数字期刊数据库所面临授权难题的有效解决之道。进而言之，作者在期刊发表作品时，若未作出权利保留声明，可被视为对数字平台对其作品传播使用的默示许可。此外，权利人当然应获取相应报酬，并可以声明方式表达期望数额，对于大多数创作者而言，只要报酬相当，创作主体更期冀作品得以更广范围传播。在实际生活中，默示许可制度亦体现为征稿启事中，亦即，在启事中明确作品使用方式、报酬标准、支付方式，并强调作品一经录用将被所合作数据库同时收录，创作者所作出的投稿行为，便是对该规则的接受。

主体选择交易模式的目的在于，该模式可实现不同知识与技能情形下主体所追求的既定目标。① 数字期刊数据库默示许可的适用便实现了各方利益平衡，达成了作品文化价值与经济利益双重目标。从创作者角度分析，作品流通市场必然产生经济利益，而作品得以广泛传播更可提升创作者知名度及社会认可度；从传播者角度分析，因默示许可制度的适用，期刊社及数据库降低了市场化运作所产生的交易成本，从而产生更大经济效益；从社会公众视角分析，该主体以数据库为媒介，更快捷、便利、有针对性地获取了具有重要价值意义的信息内容。② 可以说，在数字期刊数据库中适用默示许可制度，不仅可解决数字期刊著作权授权问题，更保障了产业链中各方主体的经济利益分配，激励创新创造的同时，推动文化产业蓬勃发展。

三　构建数字环境下著作权默示许可制度的配套措施

依据著作权默示许可制度的发展趋势及存在样态，无论是大陆法系

---

① 熊琦：《网络著作权授权使用之合理性初探》，《电子知识产权》2006 年第 12 期。
② 张今：《期刊业数字化发展过程中的版权困境与治理》，《出版发行研究》2011 年第 3 期。

国家权利人利益默示许可，或是英美法系国家公共利益默示许可，在我国均有所体现，由此便产生了双轨化结构需求，若将两者迥异制度形态优化整合，则有助于恢复数字环境下著作权法律关系中各方利益的平衡状态。在我国数字环境著作权默示许可制度构建过程中，如果说扩大默示许可适用范围是基于公共利益考量，那么，构建数字环境下默示许可制度的配套措施则是对于权利人利益的保障。

在著作权法领域，权利人实现经济利益的重要方式之一为许可权的行使，在默示许可制度规则中，许可权相较其他制度在一定程度有所限制，为平衡各方主体之间利益以及激励创新创造的宗旨目标，必须创设相应机制对权利人利益进行保障。无论出于何种政策或者其他因素考量，默示许可制度适用的前提条件均为不得损害著作权人合法权益，为维护权利人财产利益，有效促进作品传播，推动文化产业快速发展，创设与数字时代著作权默示许可相配套的保障机制极其必要。

（一）赋予著作权人任意解除权

任意解除权的法理基础为自由与效率，该价值追求突破契约精神，为任意解除权的存在提供了正当理由。以自由价值维度分析，虽然各国对于合同自由均存在不同形式的限制，但合同自由的核心地位从未发生动摇。如同王轶教授所言，若无正当理由，不得对合同自由有所限制。① 合同严守其背后的秩序价值成为合同不得被限制的正当理由，故突破该原则须存在位阶高于秩序价值的体现才具有说服力。而在常规合同关系中，相互信赖成为合同成立的核心内容，若双方已丧失最基本的信任，则应恢复当事人自我决定自由，此位阶明显高于合同严守所僵直维系关系的秩序价值。以效率价值维度分析，在市场资源配置过程中，合同作为重要配置手段，以强化分配效率为根本目标，当合同双方信任

---

① 王轶：《民法价值判断问题的实体性论证规则——以中国民法学的学术实践为背景》，《中国社会科学》2004 年第 6 期。

消失殆尽时，应鼓励资源退出效率低域移至效率高域。[1]

回归数字环境下著作权默示许可制度，其在数字环境下以一方合同主体相关行为或者沉默，来推定对另一方主体使用行为的许可，不仅使主体间合意达成程序有所简化，更是对授权效率的大幅提升。然默示许可合同以格式条款居多且由使用者提出，著作权人存在对条款内容、作品价值、相应报酬不甚了解的情况，在此情形下适用默示许可制度无法保障著作权人合法权益，亟须赋予权利人对许可合同的任意解除权，来实现其所蕴含的自由与效率价值。

第一种情形，权利人对作品在数字环境被使用情形并不知晓，亦未及时表示拒绝，使用者由此产生权利人对其使用行为默示许可的误解。[2] 以网络扶贫默示许可为例，网络服务商发布公告30天后，权利人未拒绝的缘由是未及时知晓此公告，从而导致该服务商误解为默示许可。[3] 在默示许可制度规则中，权利人意思表示因推定产生，故而天然具备被动性，在此情形下，基于权利人意思自治与权利义务平等为出发点，赋予其任意时段的解除权，平衡各方主体间的利益关系。

第二种情形，因互联网天然的开放性及共享性，随着阅读量的增长，作品价值亦存在快速增加的可能性，若此时使用者给予权利人的报酬与作品应有价值完全不符，后者可随时退出默示许可关系，并解除许可合同。

第三种情形，当作品使用默示许可成立之后，权利人因特殊原因拒绝使用者对作品进行使用，在此种情形下，合同继续履行俨然与权利人真实意思表示相悖，将对其合法权益造成损害，更应赋予权利人任意解

---

[1]　蔡恒、骆电：《我国〈合同法〉上任意解除权的理解与适用》，《法律适用》2014年第12期。

[2]　熊琦：《数字音乐之道：网络时代音乐著作权许可模式研究》，北京大学出版社，2015，第51页。

[3]　王国柱：《著作权"选择退出"默示许可的制度解析与立法构造》，《当代法学》2015年第3期。

除权维护正当权益。

此时，不得不提"选择—退出"机制的适用，该机制不仅可适用于默示许可成立前权利人以明示方式排除使用者的行为，亦适用于默示许可成立后的再次退出。可以说，该任意解除权贯穿了默示许可的整个过程。在常规合同解除程序中，合同主体须花费大量成本谈判协商，而在默示许可制度中，遵从其提高授权效率、降低交易成本的创设宗旨，著作权对于许可关系的解除可单方通告，当使用者收悉该通告后许可关系便已终止。为体现该任意解除权的效力，许可关系终止后，使用者无法再次以以往条件促成默示许可，若须再次获取，必须通过传统授权模式，否则，将被判定侵权。

（二）保障著作权人获得报酬权

社会文明进步的不竭动力，是文学、艺术等领域富有创造性的作品产生。创设著作权制度目的有二：一是以著作权保护为手段持续激励创作；二是达成作品广泛传播，使文学、艺术等作品服务于人类文明进步。随着复制、互联网传播等技术生成，作品的使用趋于简易化，在此大背景下著作权法如何平衡两者的关系成为立法难题。[1] 保障权利人合法权益是默示许可制度得以适用的前提条件，而权利人经济利益保护更是其权益保障的核心内容。[2] 经济利益的取得不仅可使权利人自身权益得以实现，更为权利人的创作活动夯实物质基础，成为其提供优质作品的激励手段。[3]

数字环境下默示许可制度适用对于权利人获取经济利益造成一定阻碍，在该情境中，获得报酬权的设定对于维护权利人权利的重要作用尤为明显。著作权默示许可制度可使作品得以广泛传播，并实现作品价值

---

[1] 柴春元：《用"报酬请求权"保护作者权益》，《中国新闻出版报》2013年7月。

[2] 尹卫民：《著作权默示许可的法律性质分析》，《西南石油大学学报》（社会科学版）2014年第1期。

[3] 夏明玥：《论著作权领域的默示许可制度》，《法制博览》2018年第1期。

最大化的原因在于著作权人获得报酬权。进而言之，作品传播在数字时代被权利人掌控的可能性逐步减少，加之默示许可制度中权利人许可权的释出，使其在作品利益分配地位相对劣势，因此，为达成私人权益与社会公共利益的和谐统一，数字环境下对于著作权人获取报酬权的保障更为必要，具体规则如下。第一，当使用人事先发出要约，权利人以默示许可方式作出承诺过程中，要约须明确作品使用的报酬标准与支付形式，若权利人对报酬标准不予认同，则具有明示拒绝该要约的合法权益。需要强调的是，该操作方式在扶助贫困默示许可中已有所体现。[①]第二，无论默示许可以何种形式成立，关于作品使用报酬标准权利人有权提出异议，并同使用人进一步协商，若协商未果，可行使任意解除权以维护自身合法权益。第三，当默示许可达成之后，作品价值因诸多因素介入而随之增长，若此时报酬标准明显低于作品为使用者产生的经济利益时，权利人同样可提出重新调整报酬标准要求。

前数字时代著作权人类型较为简单，主要体现为专业创作者，而数字时代权利人类型更为繁杂，既可为大规模文化集团，亦可为显示屏背后的自由职业者，权利人身份的不确定性造成查找与授权的困难性，其报酬获取的难度亦随之增大。为保障权利人经济利益，可以将集体管理组织作为桥梁，借鉴《著作权集体管理条例》《中国音乐著作权协会章程》《中国文字著作权协会章程》中的报酬代转付制度，亦即，若使用者向权利人支付报酬产生阻碍，在权利人未直接声明拒绝集体管理组织代收前提下，对于权利人报酬款项，使用者可交于该组织代为保管并转付。在付酬标准制定主体的选择方面，该主体应为可统筹权利人与使用者双方利益，且能够基于利益平衡目的制定报酬标准实现公平正义的第三方，如著作权行政管理部门等。在计算方式确定方面，应视具体情境及被许可对象类别而具体分析，而非简单粗暴统一计算。以网站转载作品为例，第三方可采取分步计费，首先根据作品阅读量与下载量进行使

---

① 陈健：《知识产权默示许可理论研究》，《暨南学报》（哲学社会科学版）2016 第 10 期。

用费初始设定，继而在初始设定值基础上，再次分时段根据数值变化对使用费进行相应调整，最后由第三方监督网站向著作权人支付报酬。若服务器统计显示阅读量与下载量在初始规定范围内，则按照预先设定费用进行支付；若超出范围，根据阅读量与下载量变化补付。[①] 如此设计，既实现了权利人经济利益的有效保障，亦满足了公众对作品传播共享的文化需求。

（三） 引入著作权延伸性集体管理制度

著作权管理组织产生于19世纪中叶，以信托方式为会员收取使用费。该组织并非在著作权法创设之时随之出现，而是随着作品数量的逐步增多，开始为普通公众服务，对精英阶层的圈层有所突破。[②] 由此，著作权集体管理组织以诸多作品权利人为服务对象，对作品使用行为采取行动。[③] 其直接目的便是应对作品数量增长下社会公众需求随之上涨的授权许可难题。著作权集体管理组织作为权利人与使用者之间的连接桥梁，更是著作权供求关系中的信息密集地，不可否认，历史进程中该组织机构以市场信息为优势，在合理权利配置方面作出了显著贡献。20世纪60年代，广播业与唱片业兴起，对于作品的需求量激增，该管理组织由个别收取使用费转变为集体授权。依照传统集体管理制度，广播方因协议而使用会员作品，但大量非会员作品因该组织无权管理而无法使用，故而其作品使用范围受限。为使作品来源更为丰富，两方在协议中引入非会员作品，延伸性集体管理制度便由此产生。

延伸性集体管理制度是指无论主体是否为集体组织会员，集体协议对其均有效力，权利人声明拒绝的除外。申言之，其与传统委托集体管理制度的最大差异点在于非会员亦可遵循集体管理协议规定，除非该主

---

① 李捷：《论网络环境下的著作权默示许可制度》，《知识产权》2015年第5期。
② 李明德、许超：《著作权法》，法律出版社，2003，第179页。
③ 崔戟：《浅论我国著作权集体管理制度的完善》，《法制与社会》2011年第2期。

体明确拒绝。① 目前，我国《著作权法》未对延伸性集体管理制度作出具体规定，但在《著作权法》第三次修改过程中引起热议。赞同者主张，该制度引入可促进作品广泛传播、保护权利人合法利益，实现权利人、传播者、使用者三方利益共赢。② 反对者认为，此制度未尊重私权属性，未经许可发放非会员作品许可证，不仅是对信托原理的违反，更使侵权行为披上合法外衣。③ 笔者认为，我国引入延伸性集体管理制度存在其合理性，理由如下。第一，保障非会员利益。数字时代，海量作品需求大幅增长，作品传播成本持续下降，集体管理制度排除非会员作品的旧制弊端逐渐显现。④ 换言之，使用者存在快速、大量使用作品的现实需求，若要求其注意获得权利人授权并不实际，即使通过著作权集体管理组织许可，也不包含非会员作品。而延伸性集体管理制度的引入，可使一揽子许可协议涵盖会员与非会员，两者均可在作品使用中取得经济利益，从而保障其财产权益。第二，有利于作品高效利用。目前，我国五大集体管理组织会员还处于千位及万位刚过的数量级别，这与我国的大国地位远远不符。⑤ 因众多权利人尚未加入集体管理组织，现实中常出现使用者无法联系到权利人的情形，延伸性集体管理制度的引入，不仅更有效解决了使用者授权难题，更消除其法律风险。

随着数字技术的勃兴，社会公众的创作热情被彻底激发，知识信息得以快速传播及广泛使用，与之相关的权利纠纷不断涌现。在互联网环境中，所有用户均可成为作品潜在使用者，这也致使作品在互联网中的传播产生了无法被权利人控制的风险，亦即，权利人无法全面掌握作品的具体被使用情况。故而，著作权集体管理组织对作品进行管理成为著

---

① 胡开忠：《构建我国著作权延伸性集体管理制度的思考》，《法商研究》2013 年第 6 期。

② 梁志文：《著作权延伸性集体许可制度的移植与创制》，《法学》2012 年第 8 期。

③ 蒙柳：《数字图书馆的版权许可问题及对策》，《当代经济》2010 年第 17 期。

④ 孙新强、姜荣：《著作权延伸性集体管理制度的中国化构建——以比较法为视角》，《法学杂志》2018 年第 2 期。

⑤ 段海风：《权利与义务的平衡配置——我国著作权集体管理制度的完善方向》，《科技与出版》2018 年第 11 期。

作权人的选择之一。在创作者、传播者、使用者集成一体背景下[①]，因目前著作权集体管理机制的构建基础为传统许可模式，若仍选择过往机制，则对于传播过程中繁杂的权利义务关系的厘清显得力不从心，更有甚者，将成为作品传播的阻断因素。考虑到默示许可的特殊属性，必须对该机制重新设计，从而契合默示许可制度的运行方式。

因此，建议引入延伸性集体管理机制，由集体管理组织提前与使用者签订一揽子作品使用协议，该使用者既存在会员，又有非会员，两项制度相互协调补充，有效维护权利人经济利益。鉴于前述反对者所提出的，延伸性集体管理机制未尊重权利人私权属性，笔者并不认同。延伸性集体管理制度所采用了"选择—退出"机制，更是其对于非会员著作权人意愿、保障非会员合法权益的重要体现，并非对其私权属性的不尊重。此外，在"选择—退出"机制设计中，应更为凸显人性化，例如，若关于一揽子许可协议非会员权利并不认同表示拒绝，在运行"选择—退出"机制时，可采取书面、电子邮件、电话等多种形式，从而保障其退出自由。

为有效促进文化传播，降低作品使用风险，维护权利人合法权益，只要权利人未明确拒绝，便可将特定作品纳入延伸性集体管理制度规制范畴，该特定作品范围主要体现如下。一是孤儿作品。孤儿作品作为人类文明发展史上不可或缺的珍贵结晶，若无法予以有效利用将成为巨大的遗憾。然在现实生活中，寻找孤儿作品的创作者进行授权极其困难，而延伸性集体管理制度不仅避免了使用者的侵权风险，节省其授权成本，还对权利人经济利益进行了有效保障。二是外国作品。以使用者视角而言，因地域、语言等因素影响，使用者未经权利人授权进行使用的情形在现实中亦有所存在，在延伸性集体管理制度的规制下，将"一对一授权"模式转变为集体管理组织间的合作模式，既保护了外国作品权

---

① 熊琦：《著作权集体管理制度本土价值重塑》，《法制与社会发展》2016 年第 3 期。

利人权益，又实现了权利人对该作品的利用。三是数字图书馆。近年来，数字图书馆在发展中不断被著作权侵权问题所羁绊，该问题的本质为，在信息资源收集过程中所涉及的著作权人授权问题，若引入延伸性集体管理制度，在数字时代若权利人未明确拒绝被集体管理组织管理时，则可对其作品进行数字化复制与利用，既促进了资源的有效传播，又最大限度保障了权利人利益。

在著作权默示许可制度规则下，集体管理最终目标是解决作品海量授权问题，使其报酬支付与分配更为简易快速，从而体现默示许可效用最大化。在具体机制构成中应由作品信息登记、信息检索公告、费用支付、费用分配四部分构成。第一，在作品信息登记程序中，该登记信息应包含作品名称、发表时间、付费标准、公告方式等内容，并由管理组织对其及时审核复查；第二，在信息检索公告程序上线检索功能，通过设置多样检索条件，如关联度检索、关键词检索等方式，为传播链条中各方主体提供优质服务，保障默示许可使用的全面及时；第三，在费用支付程序中，使用者以法律、章程等所制定的费用标准，通过使用费支付平台在线支付；第四，当支付完成之后，由集体管理组织再次确认复核，通过费用分配系统，将使用费按比例划入经费管理账户备案后，流转至权利人账户。

第三节　数字环境下著作权默示许可制度立法修改建议

根据我国著作权默示许可自身特征，并针对数字环境下当前立法所呈现不同层面的缺陷与不足，借鉴两大法系国家先进经验，笔者对数字环境下著作权默示许可制度进行了本土化构建。然而，制度的补缺须落实在著作权默示许可相关立法上，方可发挥其真正价值。本节分别对《著作权法》《著作权法实施条例》《信息网络传播权保护条例》就我国著作权默示许可制度构建给出相应立法建议，将著作权默示许可制度的应然状态在立法条文中予以明确与落实，以更好地对著作权默示许可司法实践进行指导，从而保障著作权人合法权益，维护社会公共利益，促进文化产业进一步发展。

需要强调的是，著作权默示许可制度不仅适用于数字环境，亦适用于传统环境。数字环境下著作权默示许可制度因脱离了合同关系而对于解决著作权许可困境显现出更强的应对能力。从制度脉络分析可知，科技不断发展使著作权默示许可制度由传统环境向数字环境逐步演进，但无论是传统环境抑或数字环境，两者理论基础具有同一性，再加之，两者之间具有历史传承关系。完全抛却传统环境，单纯谈论数字环境既不合理亦不全面，故而，构建我国数字环境下著作权默示许可制度研究必然会涉及传统环境相关条款设计，以此体现我国著作权默示许可制度的全面性。

一 《著作权法》中相关条款的修改建议

第 M 条 默示意思表示在著作权许可行为中的引入

许可行为可以明示或者默示作出意思表示。

只有在法律规定、当事人约定或者符合交易习惯时，沉默才可以视为意思表示。

建议说明：本条修改意见涉及默示意思表示在《著作权法》中的引入。《民法典》第 140 条将意思表示分类为明示与默示，其中对沉默构成意思表示限定条件明确为法律规定、当事人约定及符合交易习惯。相较原《民法总则》136 条、《民通意见》第 66 条规定对沉默作为意思表示的限定条件增加了符合交易习惯这一条件，无疑是极大的进步。数字时代，行业习惯已成为著作权默示许可的重要判定因素，对于我国数字环境下著作权默示许可制度的本土化构建，更应引入著作权许可行为中，从而为我国数字环境下著作权默示许可制度的本土化构建打下坚实基础。

第 M+1 条 著作权默示许可制度的一般性规定

为促进作品广泛传播，推动文化产业发展，使用者使用他人作品的，应当提前公告拟提供的作品、著作权人、拟支付报酬标准及支付方式。自公告起 30 日内，著作权人不同意使用的，使用者不得对作品进行使用；自公告之日满 30 日，著作权人未提出异议，使用者可以对作品进行使用，并按照公告标准向著作权人支付报酬。使用他人作品适用于以下情形：

（一）为实施九年制义务教育和国家教育规划而编写出版教科书，在教科书中汇编已经发表的作品片段或者短小的文字作品、音乐作品或者单幅的美术作品、摄影作品；

（二）作品刊登后，其他报刊可以转载或者作为文摘、资料刊登；

（三）录音制作者使用他人已经合法录制为录音制品的音乐作品制作录音制品；

（四）报纸、期刊、广播电台、电视台等媒体刊登或者播放其他报纸、期刊、广播电台、电视台等媒体已经发表的关于政治、经济、宗教问题的时事性文章；

（五）报纸、期刊、广播电台、电视台等媒体刊登或者播放在公众集会上发表的讲话；

（六）网络共享空间对他人作品进行片段引用或转发；

（七）公益性数字图书馆对他人作品进行复制、存储、数字化传播；

（八）期刊数据库对他人作品进行复制、存储、数字化传播；

上述使用行为需在明显位置说明著作权人相关信息及作品来源。

建议说明：此一般性条款的设计涉及以下几方面内容。（1）默示许可一般条款的范式。在默示许可范式设计中呈现其构成要件，即作品使用目的要件、默示许可使用范围、公告程序等，其中在公告程序中须明确付酬标准及支付方式，以保障著作权人经济利益的实现。（2）默示许可适用范围。虽本书为数字环境下著作权默示许可制度研究，但著作权默示许可制度作为一个完整的体系，对于传统环境中所涉及的默示许可条款仍须予以吸收。条文前 5 款内容均是对传统环境下默示许可规则的设计呈现，而后 3 款为数字环境下默示许可的使用内容，如此设计的优势在于，彻底厘清默示许可与法定许可、合理使用之间的关系，是对之前"杂糅式"立法规定的改革，亦可使默示许可体系更为清晰明确。（3）在著作权人未明确拒绝的情形下，使用他人作品须在显著位置标明著作权人相关信息及作品来源，既是对著作权人的尊重，亦可在使用过程中减少公众误解情况发生。

第 M+2 条 搜索引擎默示许可规则

搜索引擎可按照行业习惯对网页进行索引与缓存，权利人声明不得使用的除外。

建议说明：搜索引擎默示许可规则源远流长，在行业领域中，早已形成特有的行为模式与惯例基础，因此，对于搜索引擎默示许可适用应更为尊重行业规则，而非以默示许可范式规则予以束缚。

第 M+3 条 默示许可任意解除权

著作权人在下列情形下，享有任意解除权：

（一）著作权人对作品被使用情形并不知晓，亦未及时表示拒绝，使用者由此产生著作权人默示许可作品使用行为的；

（二）随着作品价值增长，使用者支付报酬与作品价值不符的；

（三）著作权人具有特殊原因，拒绝使用者对作品进行使用的。

建议说明：默示许可合同以格式条款居多且由使用者提出，著作权人存在对条款内容、作品价值、相应报酬不甚了解的情况，在此情形下适用默示许可制度无法保障著作权人合法权益，亟须赋予权利人对许可合同的任意解除权，来实现其所蕴含的自由与效率价值。

第一种情形，权利人对作品被使用情形并不知晓，亦未及时表示拒绝，使用者由此产生权利人对其使用行为默示许可的误解。在默示许可制度规则中，权利人意思表示因推定产生，故而其天然具备被动性，在此情形下，以权利人意思自治与权利义务平等为出发点，赋予其任意时段的解除权，可平衡各方主体间的利益关系。

第二种情形，因互联网天然的开放性及共享性，随着阅读量的增长，作品价值亦存在快速增加的可能性，若此时使用者给予著作权人报酬与作品应有价值完全不符，后者可随时退出默示许可关系，并解除许可合同。

第三种情形，当作品使用默示许可成立之后，权利人因特殊原因拒绝使用者对作品进行使用，合同继续履行俨然与权利人真实意思表示相悖，将对其合法权益造成损害，此时应赋予权利人任意解除权维护正当权益。

第 M+4 条 默示许可获得报酬权

著作权人在下列情形下，享有获得报酬权：

（一）使用者事先发出要约，权利人以默示许可作出承诺时，要约中须明确作品使用的报酬标准及支付方式；

（二）无论默示许可以何种方式成立，著作权人均可对作品使用报酬标准提出异议；

（三）默示许可达成后，若作品价值增长，著作权人对作品使用报酬标准可提出重新调整要求。

建议说明：数字环境下默示许可制度适用对于权利人获取经济利益造成一定阻碍，在该情境中，获得报酬权的设定对于维护权利人权利的重要作用尤为凸显。质言之，作品传播在数字时代被权利人掌控的可能性逐步减少，加之默示许可制度中权利人许可权的释出，使其在作品利益分配地位相对劣势，因此，为达成私人权益与社会公共利益的和谐统一，数字环境下对于著作权人获取报酬权的保障更为必要。

删除第 25 条、第 35 条第 2 款、第 42 条第 2 款、第 24 条第 4、5 款，即删除编写教科书、报刊转载、录音制品作品使用在法定许可的规定以及公共媒体使用特定作品在合理使用中的规定

建议说明：上述内容更为契合默示许可样态，已将其呈现于默示许可一般规则之中，为避免内容重复、混乱，建议将其在原有条文中予以删除，也是对默示许可、法定许可、合理使用三者关系的厘清表现。

删除第 29 条，即删除使用、转让合同中权利须由著作权人同意的规定

修改说明：《著作权法》第 26 条对于许可合同未须以书面形式确认作出强制性规定，由此可推断出默示许可合同存在的正当性与合理性，而《著作权法》第 29 条的存在，相当于作品使用授权方式再次回归明示许可，默示许可所依傍的根基瞬间坍塌。因此，建议将《著作权法》第 29 条删除，为默示许可制度预留一定的法律空间，同时理顺《著作权法》条文之间逻辑，避免矛盾条文出现。

二 《著作权法实施条例》中相关条款的修改建议

删除《著作权法实施条例》第 24 条即删除许可内容须由合同

约定的规定

修改说明：与删除《著作权法》第 29 条的理由相同，《著作权法实施条例》第 24 条将作品使用授权方式再次限定于明示许可，与《著作权法》第 24 条规定相悖，亦与默示许可理念不符，因此，建议将此条款删除，理顺条文逻辑关系的同时，进一步巩固默示许可的合法性基础。

三　《信息网络传播权实施条例》中相关条款的修改建议

修改第 9 条，对扶助贫困默示许可作出完善

为扶助贫困，通过信息网络向农村地区的公众免费提供著作权人已发表的与扶助贫困有关的作品，公益性数字图书馆、非营利性网站等网络服务提供者应当提前公告拟提供的作品、著作权人、拟支付报酬标准及支付方式。自公告起 30 日内，著作权人不同意使用的，使用者不得对作品进行使用；自公告之日满 30 日，著作权人未提出异议，使用者可以对作品进行使用，并按照公告标准向著作权人支付报酬。

修改说明：《信息网络传播权实施条例》第 9 条出台，成为默示许可在公益事业被有效适用的先例，而该条文对于图书馆馆舍外基于公益性质的作品传播与使用未予以明确。在 2010 年，国家图书馆开展了"向农村地区免费提供中文图书电子版项目"，成为图书馆扶贫领域的典范。因此，诸多机构在公益事业方面囿于著作权制度未发挥出其应有价值，基于社会现实需求，我国立法应展现一定的弹性，对现有制度作出新的调整，扩大默示许可在公益事业中的使用范围，并在条文中特别对公益性数字图书馆及相关非营利性网站进行确认，以期进一步提升社会福祉。

结　语

在人类文明发展史中，技术进步与著作权制度发展密切相关，数字网络技术在对著作权法产生强烈冲击的同时，著作权授权模式亦发生了巨大变化。在数字技术影响下，作品的创作主体、载体及传播成本均发生翻天覆地的变化。在"互联网+"时代，人人既可以是作品的创作者，也可以是传播者或者使用者，互联网中每位用户均是潜在的信息中心，是网络"互联"的信息来源。著作权授权作为作品交易及运作的关键步骤，亦是著作权人获取作品收益的主要方式，"海量授权"问题便由此产生。数字环境下，面对"海量作者、海量作品、海量授权"等复杂局面，传统著作权领域"一对一"的授权模式已无法应对，原本的著作权交易运作模式被彻底打破，著作权保护与社会公众对于作品信息充分接触之间的需求矛盾不断激化。

科技进步推动法律不断向前发展。正如博登海默所言：对技术进步所出现的社会正当需求，法律必须予以满足。若无法满足该正当需求，或者对以往时期的短暂意义死守不放，并不明智。① 可以说，法律的发展过程，亦是对技术挑战不断回应的过程。面对著作权人与社会公众之间日益加深的矛盾冲突，如何使著作权人与社会公众之间利益重回平衡状态，成为著作权法亟待解决的现实难题。数字环境下网络技术普及势不可挡，虽然加强著作权保护力度能够发挥一定作用，但要根本解决问

---

① Edgar Bodenheimer, "Jurisprudence: The Philosophy and Method of the Law", *Rev.* ed., Cambridge: Harvard University Press, 1974, p. 392.

题，必然需要对数字时代著作权交易与运作机制进行革新。而著作权默示许可制度所体现的"选择—退出"机制以及蕴含的"可推定性"因素超越合同关系在数字环境下获得全新发展空间，显现极强适应性和优越性，不仅可对既有体系僵化的权利结构进行调整重置，亦实现了数字环境下利益平衡的目的制度需求。

目前我国著作权法领域相关立法条文对默示许可制度有所涉及，在《著作权法》中主要体现为"准法定许可"，具体表现在教科书编写、报刊转载、录音制品、广播电台、电视台播放行为、公共媒体使用等方面；在《信息网络传播权保护条例》中主要体现为公共文化机构信息网络传播、网络远程教育、网络扶贫等方面。然社会主体前驱性的经济活动，使默示许可在实际生活中所涉范围逐步扩张。随着数字技术不断发展，互联网著作权案纠纷不断涌现，再加之相关法律制度缺位等因素，权利状态呈现不稳定性，默示许可制度的优越性及重要性逐步显现。我国著作权默示许可制度在立法上存在一定制度基础，但并非立法者专门设计，同时在司法实践发展中显现出一定张力。在宏观层面，其立法宗旨与发展方向相对模糊，欠缺科学合理的逻辑制度体系；在中观层面，制度内容涵盖领域不尽合理；在微观层面，认定标准不明确，相关保障机制仍需完善。整体而言，我国著作权默示许可制度还存在诸多不足，若有效实现其制度价值，须在各个层面作出更多努力。

然英美法系国家与大陆法系国家在著作权默示许可制度中呈现不同的制度形态，既各自具备制度优势，亦各有缺陷。我国著作权默示许可制度本土化构建更应在借鉴两者优势的同时，对不足之处有所完善。虽然两大法系著作权默示许可制度的侧重点不同，但二者能够形成双轨化格局的原因在于契合点，该契合点不仅表现为基于推定默示意思表示而形成许可的法律形式，更重要的是背后所蕴含的利益平衡原则。我国著作权默示许可制度本土化构建更应以利益平衡原则为统领，厘清默示许可与法定许可、合理使用之间关系的同时，在《著作权法》中对默示许可制度作出一般性规定，使其成为一项独立的特殊制度，并对网络环境下著作权默示许可制度的适用范围作出进一步规定。在具体设计方面，应借鉴美国所确立的"知晓使用"与"鼓励使用"标准，并结合行业习惯来对默示许可进行判定；基于社会公共利益考量，合理界定默示许可制度适用范围，数字环境下应将范围扩大至网络共享空间、搜索引擎、公益性数字图书馆、期刊数据库对作品的使用行为。在著作权法领域，权利人实现经济利益的重要方式之一为许可权的行使，在默示许可制度规则中，许可权相较其他制度在一定程度上有所限制。为平衡各方主体之间利益以及激励创新创造的宗旨目标，必须创设相应机制以保障著作权人利益。基于著作权人私人权益考量，在我国著作权默示许可制度本土化构建中，应赋予著作权人任意解除权、获得报酬权，并尝试引入延伸性集体管理制度，全面维护著作权人财产利益，以期实现著作权人与社会公众之间的利益平衡，推动文化产业快速发展。

诚然，一项法律制度的构建安排，需要对该制度理论研究深入耕耘并对司法实践全面调研，以期嵌入既有法律规则体系之时，可以最大限度减少制度摩擦与不适。因一系列主客观原因局限，本研究存有未尽善尽美之处，例如对两大法系国家司法实践效果的考察呈现，并不能做到十分全面，又如对制度构建安排，尚未有现实效果作为支撑等。在数字化迅速发展的时代背景下，笔者的研究抛砖引玉，以期能够引起社会各界广泛关注，共同努力促进作品广泛传播，维持各方主体利益平衡，推动文化产业繁荣有序发展。

参考文献

一 中文文献

1. 著作类

陈传夫：《信息资源公共获取与知识产权保护》，北京图书馆出版社，2007。

陈凤兰：《版权许可基础》，中央编译出版社，2011。

鄂云龙：《信息时代与中国数字图书馆的发展战略》，载徐文伯、饶戈平《信息数字化与法律——数字图书馆建设中的法律问题》，法律出版社，2002。

费安玲：《著作权法教程》，知识产权出版社，2003。

冯晓青：《知识产权法利益平衡理论》，中国政法大学出版社，2006。

冯晓青：《知识产权法前沿问题研究》，中国人民公安大学出版社，2004。

冯晓青：《知识产权法哲学》，中国人民公安大学出版社，2003。

冯晓青：《著作权法》，法律出版社，2010。

傅静坤：《二十世纪契约法》，法律出版社，1997。

高尔森：《英美合同法纲要》，南开大学出版社，1984。

郭威：《版权默示许可制度研究》，中国法制出版社，2014。

韩世远：《合同法总论》，法律出版社，2004。

胡开忠：《知识产权法比较研究》，中国人民公安大学出版社，2004。

胡康生：《著作权法释义》，北京师范学院出版社，1990。

蒋志培：《论网络传输权的设定——数字化技术下的知识产权保护》，知识产权出版社，2000。

蒋志培：《知识产权法律适用与司法解释》，中国法制出版社，2002。

李明德、许超：《著作权法》，法律出版社，2003。

李祖明：《互联网上的版权保护与限制》，经济日报出版社，2003。

栗劲等：《中华实用法学大辞典》，吉林大学出版社，1988。

林诚二：《民法总则》（下册），法律出版社，2008。

刘春田：《知识产权法》（第五版），中国人民大学出版社，2014。

刘海明：《报纸版权问题研究》，中国社会科学出版社，2013。

刘晓海：《德国知识产权理论与经典判例研究》，知识产权出版社，2013。

龙卫球：《民法总论》，中国法制出版社，2002。

路聪：《著作权默示许可制度研究》，载中华全国专利代理人协会主编《提升知识产权服务能力促进创新驱动发展战略》，知识产权出版社，2014。

吕炳斌：《网络时代版权制度的变革与创新》，中国民主法制出版社，2012。

马新彦：《现代私法上的信赖法则》，社会科学文献出版社，2010。

屈茂辉、凌立志：《网络侵权行为法》，湖南大学出版社，2002。

全红霞：《网络环境著作权限制的新发展》，吉林大学出版社，2010。

阙光威：《论著作权法上之合理使用》，元照出版公司，2009。

沈达明、梁仁洁：《德意志法上的法律行为》，对外贸易教育出版社，1992。

沈仁干：《郑成思版权文集》（第一卷），中国人民大学出版社，2008。

施启扬：《民法总则》，中国法制出版社，2010。

史尚宽：《民法总论》，中国政法大学出版社，2000。

孙国华：《法理学教程》，中国人民大学出版社，1994。

汤宗舜：《著作权法原理》，知识产权出版社，2005。

王利明：《民法总论》，中国人民大学出版社，2009。

王迁：《网络环境中的著作权保护研究》，法律出版社，2011。

王迁：《知识产权法教程》，中国人民大学出版社，2016。

王迁：《著作权法学》，北京大学出版社，2007。

王泽鉴：《民法总则》，中国政法大学出版社，2001。

文希凯：《当然许可制度与促进专利技术运用》，载国家知识产权局条法司编《专利法研究（2011）》，知识产权出版社，2012。

吴汉东：《著作权合理使用制度研究》，中国人民大学出版社，2020。

吴汉东：《知识产权基本问题研究（分论）》，中国人民大学出版社，2009。

吴汉东：《无形财产权基本问题研究》（第四版），中国人民大学出版社，2020。

吴汉东：《知识产权法学》（第七版），法律出版社，2019。

熊琦：《数字音乐之道：网络时代音乐著作权许可模式研究》，北京大学出版社，2015。

徐红菊：《专利许可法律问题研究》，法律出版社，2007。

薛虹：《网络时代的知识产权法》，法律出版社，2000。

杨红军：《版权许可制度论》，知识产权出版社，2013。

杨桢：《英美契约法》，北京大学出版社，1997。

姚红：《中华人民共和国著作权法解释》，群众出版社，2001。

尹新天：《专利权的保护》，知识产权出版社，2005。

潘汉典主编《元照英美法词典》，北京大学出版社，2003。

袁泳：《数字版权》，载《知识产权文丛》（第 2 卷），中国政法大学出版社，1999。

张建华：《信息网络传播权保护条例释义》，中国法制出版社，2006。

张今：《知识产权法》，中国人民大学出版社，2011。

张文显：《二十世纪西方法哲学思潮研究》，法律出版社，2006。

张玉敏：《知识产权法学》，中国检察出版社，2002。

郑成思：《知识产权法》，法律出版社，2004。

中国科学技术情报所专利馆编《国外专利法介绍》，知识出版社，1981。

朱广新：《信赖责任研究——以契约之缔结为分析对象》，法律出版社，2007。

朱理：《著作权的边界——信息社会著作权的限制与例外研究》，北京大学出版社，2011。

〔德〕M. 雷炳德：《著作权法》，张恩民译，法律出版社，2005。

〔德〕迪特尔·梅迪库斯：《德国民法总论》，邵建东译，法律出版社，2001。

〔德〕迪特尔·施瓦布：《民法导论》，郑冲译，法律出版社，2006。

〔德〕卡尔·拉伦茨：《德国民法通论》（下册），王晓晔等译，法律出版社，2003。

〔德〕卡尔·拉伦茨：《法学方法论》，陈爱娥译，商务印书馆，2003。

〔加〕大卫·约翰斯顿等：《在线游戏规则：网络时代的 11 个法律问题》，张明澍译，新华出版社，2000。

〔美〕保罗·戈斯汀：《著作权之道：从古登堡到数字点播机》，金海军译，北京大学出版社，2008。

〔美〕罗纳德·V. 贝蒂格：《版权文化——知识产权的政治经济学》，沈国麟、韩绍伟译，清华大学出版社，2009。

〔美〕E. 博登海默：《法理学：法律哲学与法律方法》，邓正来译，中国政法大学出版社，2004。

〔美〕小杰伊·德雷特勒：《知识产权许可》，王春燕等译，清华大学出版社，2003。

〔美〕门罗·弗里德曼：《法律制度》，李琼英、林欣译，中国政法大学出版社，1994。

〔美〕劳伦斯·莱斯格：《思想的未来》，李旭译，中信出版社，2004。

〔美〕罗伯特·考特、托马斯·尤伦：《法和经济学》，张军等译，上海三联书店、上海人民出版社，1994。

〔美〕穆瑞·罗斯巴德：《自由的伦理》，吕炳斌等译，复旦大学出版社，2008。

〔日〕《日本著作权法》，李杨译，知识产权出版社，2011。

〔英〕P. S. 阿狄亚：《合同法导论》，赵旭东等译，法律出版社，2002。

〔英〕阿尔弗雷德·汤普森·丹宁：《法律的训诫》，杨百揆、刘庸安等译，法律出版社，1999。

〔英〕亚当·斯密：《关于法律、警察、岁入及军备的演讲》，陈福生、陈振骅译，商务印书馆，1962。

2. 论文类

卜华白：《"长尾理论"及其对互联网商业运营模式的构筑启示》，《商场现代化》2005 年第 23 期。

曹博：《人工智能辅助生成内容的著作权法规制》，《比较法研究》2024 年第 1 期。

蔡恒、骆电：《我国〈合同法〉上任意解除权的理解与适用》，《法律适用》2014 年第 12 期。

陈波、马治国：《著作权法定许可中"教科书"的概念辨析》，《南京社会科学》2012 年第 12 期。

陈端洪：《行政许可与个人自由》，《法学研究》2004 年第 5 期。

陈宏义：《默示意思表示的形式》，《湖南科技学院学报》2006 年第 8 期。

陈健：《知识产权默示许可理论研究》，《暨南学报》（哲学社会科学版）2016 年第 10 期。

陈锦川：《北京法院审理网络案件情况及其意见（上）》，《信息安全与通信保密》2001 年第 3 期。

陈鹏玮：《知识产权利益平衡原则的制度表达、实践异化与理性回归》，《昆明理工大学学报》（社会科学版）2023 年第 4 期。

陈融：《论信赖利益保护原则的兴起与流变——以英美合同法为视角》，《河北法学》2011 年第 1 期。

陈瑜：《专利默示许可研究》，博士学位论文，西南政法大学，2017。

陈瑜：《专利默示许可与权利穷竭的比较分析——以社会政策背景为视角》，《西南政法大学学报》2016 年第 2 期。

陈增宝：《生成式人工智能的著作权法规制》，《数字法治》2023 年第 6 期。

成雅男：《图书馆数字化建设中的知识产权保护——500 硕博同诉万方数据侵权案的思考》，《四川图书馆学报》2008 年第 6 期。

崔国斌：《著作权法下移动网络内容聚合服务的重新定性》，《电子知识产权》2014 年第 6 期。

崔建远：《合同解释规则及其中国化》，《中国法律评论》2019 年第 1 期。

崔建远：《行为、沉默之于合同变更》，《中外法学》2014 年第 3 期。

杜君豹、杨玉珍：《论著作权默示许可制度》，《人力资源管理》2016 年第 12 期。

段海风：《权利与义务的平衡配置——我国著作权集体管理制度的完善方向》，《科技与出版》2018 年第 11 期。

冯晓青：《数字环境下知识产权制度面临的挑战、问题及对策研究》，《社会科学战线》2023 年第 9 期。

冯晓青：《数字时代的知识产权法》，《数字法治》2023 年第 3 期。

冯晓青、邓永泽：《数字网络环境下著作权默示许可制度研究》，《南都学坛》2014 年第 5 期。

冯晓青、付继存：《著作权法中的复制权研究》，《法学家》2011 年第 3 期。

冯晓青：《著作权法目的与利益平衡论》，《科技与法律》2004 年第 2 期。

龚雪：《不完全合同中的默示条款制度》，《湖南行政学院学报》2015 年第 5 期。

郭润生、宋功德：《控权——平衡论——兼论现代行政法历史使命》，《中国法学》1997 年第 6 期。

郭威：《默示许可在版权法中的演进与趋势》，《东方法学》2012 年第 3 期。

郭伟亭、吴广海：《专利当然许可制度研究——兼评我国〈专利法修正案〉（草案）》，《南京理工大学学报》（社会科学版）2019 年第 8 期。

高阳、谢天宇：《论 NFT 数字作品交易中著作权侵权行为判定》，《中国出版》2023 年第 23 期。

海燕：《网络环境中版权默示许可制度在图书馆领域的立法摭谈》，

《河北科技图苑》2015 年第 5 期。

浩然、王国柱:《论信赖保护理论对知识产权默示许可制度的支撑》,《河南财经政法大学学报》2013 年第 5 期。

胡波:《共享模式与知识产权的未来发展——兼评"知识产权替代模式说"》,《法制与社会发展》2013 年第 4 期。

胡波:《信息自由与版权法的变革》,《现代法学》2016 年第 6 期。

胡开忠:《构建我国著作权延伸性集体管理制度的思考》,《法商研究》2013 年第 6 期。

胡晓红、乔煜:《允诺禁反言原则——价值功能与适用》,《科学·经济·社会》2004 年第 3 期。

华鹰:《数字出版环境下著作权默示许可制度的构建》,《重庆工商大学学报》(社会科学版)2018 年第 1 期。

黄汇:《版权法上公共领域的衰落与兴起》,《现代法学》2010 年第 4 期。

黄玉烨、舒晓庆:《扶助贫困法定许可制度探究》,《中国社会科学院研究生院学报》2014 年第 3 期。

姜福晓:《数字网络技术背景下著作权法的困境与出路》,博士学位论文,对外经济贸易大学,2014。

焦海洋:《著作权法视角下学术信息开放存取的法律问题研究》,博士学位论文,武汉大学,2017。

李滨:《法国信息自由保护的立法与实践》,《南京大学学报》(哲学·人文科学·社会科学)2009 年第 6 期。

李恩来:《数字图书馆版权侵权分析——对陈兴良诉中国数图公司一案的思考》,《图书馆建设》2003 年第 5 期。

李华伟:《以特定许可方式向农村地区推送精品文化资源的实践与思考》,《中国版权》2011 年第 3 期。

李建忠:《专利当然许可制度合理性探析(下)》,《电子知识产权》2017 年第 4 期。

李捷：《论网络环境下的著作权默示许可制度》，《知识产权》2015
年第 5 期。

李骏：《法定许可扩大适用于网络文字作品研究》，博士学位论文，
华南理工大学，2018。

李丽丽、李瑛琇：《小议方正字体维权》，《电子知识产权》2012 年
第 4 期。

李前程：《论沉默在中国民法中的规范意义》，《大连海事大学学
报》（社会科学版）2020 年第 1 期。

李淑娟：《共享理念下图书馆的著作权合理使用——基于 SoLoMo
视角》，《河南图书馆学刊》2017 年第 4 期。

李顺德：《改革开放 30 年十大经典著作权案例分析（下）》，《科
技与出版》2009 年第 5 期。

李雨峰、倪朱亮：《〈民法总则〉中知识产权条款的意义与影响》，
《知识产权》2017 年第 5 期。

梁清华：《数字时代与著作权传统、作者权传统之间鸿沟的弥合》，
《人民司法》2004 年第 9 期。

梁志文：《版权法上的"选择退出"制度及其合法性问题》，《法
学》2010 年第 6 期。

梁志文：《反思知识产权请求权理论——知识产权要挟策略与知识
产权请求权的限制》，《清华法学》2008 年第 4 期。

梁志文：《著作权延伸性集体许可制度的移植与创制》，《法学》
2012 年第 8 期。

刘春田：《我国〈民法典〉设立知识产权编的合理性》，《知识产
权》2018 年第 9 期。

刘春田：《知识财产权解析》，《中国社会科学》2003 年第 4 期。

刘惠明、杨菁菁：《网页快照著作权侵权问题探析》，《行政与法》

2020 年第 8 期。

刘思俣：《网络环境下著作权授权模式思考》，《网络法律评论》2011 年第 1 期。

刘素华：《论通信自由的宪法保护》，《法学家》2005 年第 3 期。

刘素华：《信息自由与网络监管的法理分析》，《现代法学》2012 年第 2 期。

刘鑫：《专利当然许可的制度定位与规则重构——兼评〈专利法修订草案（送审稿）〉的相关条款》，《科技进步与对策》2018 年第 15 期。

卢以品：《安全与效率的平衡——论合同法的价值目标》，《甘肃政法学院学报》2000 年第 1 期。

吕炳斌：《反思著作权法——从 Google 数字图书馆说起》，《图书馆杂志》2007 年第 5 期。

吕炳斌：《网络时代的版权默示许可制度——两起 Google 案的分析》，《电子知识产权》2009 年第 7 期。

马德帅、刘强：《网络著作权默示许可研究》，《中国出版》2015 年第 17 期。

马新彦：《信赖原则在现代私法体系中的地位》，《法学研究》2009 年第 3 期。

梅术文：《免费传播的终结与传播权的勃兴》，《知识产权》2011 年第 4 期。

梅术文：《信息网络传播权默示许可制度的不足与完善》，《法学》2009 年第 6 期。

梅术文：《制作录音制品著作权法定许可的争论与思考》，《南京理工大学学报》（社会科学版）2013 年第 1 期。

蒙柳：《数字图书馆的版权许可问题及对策》，《当代经济》2010 年第 17 期。

宁立志：《知识产权权利限制的法经济学分析》，《法学杂志》2011年第12期。

牛巍：《网络环境下信息共享与著作权保护的利益平衡机制研究》，博士学位论文，中国科学技术大学，2013。

欧阳进良、汤娇雯、庞宇、陈光：《国家科技计划及项目管理中的"二八"现象和长尾理论的影响浅析》，《科学学研究》2009年第10期。

彭桂兵：《表达权视角下版权许可制度的完善：以新闻聚合为例》，《西南政法大学学报》2018年第4期。

齐恩平：《合同的默示条款》，《当代法学》2000年第2期。

任军民：《我国专利权权利用尽原则的理论体系》，《法学研究》2006年第6期。

芮松艳：《计算机字库中单字的著作权保护——兼评"方正诉宝洁"案》，《知识产权》2011年第10期。

宋戈：《版权默示许可的确立与展望——以著作权法第三次修改为视角》，《电子知识产权》2016年第4期。

宋伟、孙文成、王金金：《数字出版时代混合授权模式的构建》，《电子知识产权》2016年第3期。

苏红英：《图书馆以默示许可方式开展在线扶贫信息服务的版权使用规则——结合我国立法、司法和国家图书馆实践的分析》，《图书馆》2016年第2期。

孙那：《论计算机字库的法律保护"方正诉暴雪娱乐公司"案件评析》，《电子知识产权》2013年第5期。

孙鹏：《交易安全及其民商法保护论略》，《西北政法学院学报》1995年第5期。

孙新强、姜荣：《著作权延伸性集体管理制度的中国化构建——以比较法为视角》，《法学杂志》2018年第2期。

孙永兴：《论民法典的权利保障功能及其实现机制》，《求知》2020

年第 8 期。

陶鑫良：《网络时代知识产权保护的利益平衡思考》，《知识产权》1999 年第 6 期。

陶鑫良：《网上作品传播的"法定许可"适用探讨》，《知识产权》2000 年第 4 期。

王栋：《基于网络搜索服务的默示许可制度研究》，《常熟理工学院学报》2010 年第 1 期。

王贵娇：《互联网背景下著作权合理使用制度研究》，《湖北经济学院学报》（人文社会科学版）2024 年第 2 期。

王国柱、李建华：《著作权法定许可与默示许可的功能比较与立法选择》，《法学杂志》2012 年第 10 期。

王国柱：《知识产权默示许可制度研究》，博士学位论文，吉林大学，2013。

王国柱：《著作权"选择退出"默示许可的制度解析与立法构造》，《当代法学》2015 年第 3 期。

王国柱：《作品使用者权的价值回归与制度构建——对"著作权中心主义"的反思》，《东北大学学报》（社会科学版）2013 年第 1 期。

王红茹：《数字时代挑战〈著作权法〉》，《中国经济周刊》2004 年第 49 期。

王雷：《对〈中华人民共和国民法典（草案）〉的完善建议》，《中国政法大学学报》2020 年第 2 期。

王迁：《将知识产权法纳入民法典的思考》，《知识产权》2015 年第 10 期。

王迁：《论网络环境中的"首次销售原则"》，《法学杂志》2006 年第 3 期。

王迁：《著作权法限制音乐专有许可的正当性》，《法学研究》2019 年第 2 期。

王象林、王贤斌、曾小群：《我国农业贫困人口现状探析》，《现代化农业》2014年第2期。

王秀丽、于秀丽：《授权要约：数字版权贸易的新模式》，《出版发行研究》2008年第9期。

王妍：《英美法中的"禁止反言"原则》，《法制日报》2001年4月。

王轶：《民法价值判断问题的实体性论证规则——以中国民法学的学术实践为背景》，《中国社会科学》2004年第6期。

王轶：《中国民法典的前世今生》，《群言》2020年第3期。

温世扬：《中国民法典体系构造的"前世"与"今生"》，《东方法学》2020年第4期。

吴笛：《再论数字作品发行权用尽原则的适用——产业政策与利益平衡的双重考量》，《科技与出版》2023年第7期。

吴高：《公共数字文化建设著作权问题：困惑与思考——以我国〈著作权法〉第三次修改为视角》，《情报理论与实践》2014年第11期。

吴汉东、刘鑫：《改革开放四十年的中国知识产权法》，《山东大学学报》（哲学社会科学版）2018年第3期。

吴汉东：《中国知识产权法律变迁的基本面向》，《中国社会科学》2018年第8期。

吴汉东：《关于知识产权基本制度的经济学思考》，《法学》2000年第4期。

吴汉东：《关于知识产权私权属性的再认识——兼评"知识产权公权化"理论》，《社会科学》2005年第10期。

吴汉东：《中国专利法的发展道路：现代化、国际化与战略化——在中国专利法颁布30周年座谈会上的发言》，《知识产权》2014年第3期。

吴汉东、刘鑫：《我国〈著作权法〉第三次修订之评析》，《东岳论丛》2020 年第 1 期。

武苗苗：《数字技术环境下重混创作著作权保护研究》，《传播与版权》2023 年第 23 期。

吴雨豪：《论著作权中的默示许可——从"方正诉宝洁"案说起》，《网络法律评论》2013 年第 1 期。

肖燕：《网络环境下的著作权法与图书馆：理论与实践研究》，博士学位论文，中国科学院文献情报中心，2001。

谢晶：《"5G+混合现实"出版物著作权侵权风险及其应对》，《出版发行研究》2020 年第 4 期。

谢晶：《论微信公众号"洗稿"作品著作权侵权判定》，《电子知识产权》2019 年第 3 期。

熊琦：《网络著作权授权使用之合理性初探》，《电子知识产权》2006 年第 12 期。

熊琦：《著作权法定许可的正当性解构与制度替代》，《知识产权》2011 年第 6 期。

熊琦：《著作权法定许可制度溯源与移植反思》，《法学》2015 年第 5 期。

熊琦：《著作权集体管理制度本土价值重塑》，《法制与社会发展》2016 年第 3 期。

徐佳璐：《公益性数字图书馆的著作权附义务默示许可制度探究——从信息网络传播权论起》，《图书馆杂志》2012 年第 9 期。

徐恺英、刘佳：《信息时代著作权保护中的利益关系与对策研究》，《情报科学》2007 年第 5 期。

徐文伯：《建设中国数字图书馆意义重大》，《图书馆》2000 年第 2 期。

杨利华、冯晓青：《著作权限制的法理学思考》，《电子知识产权》2003 年第 10 期。

杨圣坤：《合同法上的默示条款制度研究》，《北方法学》2010年第4期。

杨书林：《计算机字体单字著作权保护——兼评北京方正诉宝洁公司著作权纠纷案》，《内蒙古电大学刊》2020年第1期。

杨志军：《数字作品的版权保护研究》，《厦门大学法律评论》2002年第1期。

姚芸、潘琳：《网络环境下的著作权纠纷法律问题探析——以博客著作权的保护为视角》，内蒙古自治区律师协会等，2010。

易继明：《专利法的转型：从二元结构到三元结构——评〈专利法修订草案（送审稿）〉第8章及修改条文建议》，《法学杂志》2017年第7期。

易健雄、蒲奕：《版权的未来》，《电子知识产权》2009年第1期。

易艳娟：《著作权法利益平衡机制之要义》，《电子知识产权》2007年第2期。

尹卫民：《著作权默示许可在司法实践中的适用标准与原则分析》，《法治论坛》2022年第3期。

尹卫民：《著作权默示许可的法律性质分析》，《西南石油大学学报》（社会科学版）2014年第1期。

于雯雯：《作品数字化引发版权纠纷的思考——从郑成思教授诉书生公司著作权侵权案谈起》，《中国律师》2009年第12期。

曾学东：《专利当然许可制度的建构逻辑与实施愿景》，《知识产权》2016年第11期。

翟中鞠：《"网络时代的著作权保护"国际研讨会综述》，《法商研究》2004年第4期。

张广良：《王蒙、张抗抗、张承志、张洁、毕淑敏、刘震云等六位作家诉世纪互联通信技术有限公司侵犯著作权纠纷案——案情及评析》，《科技与法律》（中英文）2000年第1期。

张杰：《我国〈著作权法〉中"教科书法定许可制度"的现状及立法完善》，《中国编辑》2014年第3期。

张今、陈倩婷：《论著作权默示可使用的立法实践》，《法学杂志》2012年第2期。

张今：《期刊业数字化发展过程中的版权困境与治理》，《出版发行研究》2011年第3期。

张今：《数字环境下恢复著作权利益平衡的基本思路》，《科技与法律》2004年第4期。

张平：《数字图书馆版权纠纷及授权模式探讨》，《法律适用》2010年第1期。

张平：《网络环境下著作权许可模式的变革》，《华东政法大学学报》2007年第4期。

张伟君：《版权扩张对信息获取的影响及其反垄断法规制》，《科技与法律》2006年第1期。

赵静：《从司法审判看我国数字图书馆建设中的著作权法律适用问题》，《科技与法律》2005年第3期。

赵莉：《网络环境下默示许可与版权之权利限制分析》，《信息网络安全》2009年第2期。

赵莉：《质疑网络版权中"默示许可"的法律地位》，《电子知识产权》2003年第12期。

赵双阁、胜奕铭：《利益平衡原则导向下区块链技术对版权集体管理保护机制的反思与重构》，《河北师范大学学报》（哲学社会科学版）2023年第5期。

赵万一：《知识产权法的立法目标及其制度实现——兼论知识产权法在民法典中的地位及其表达》，《华东政法大学学报》2016年第6期。

赵宇翔、范哲、朱庆华：《用户生成内容（UGC）概念解析及研究进展》，《中国图书馆学报》2012年第5期。

郑宏飞：《论用户创造内容的著作权困境及完善路径》，《山东行政学院学报》2019 年第 1 期。

郑秩言：《民法典——新时代的人民法典》，《新长征》2020 年第 8 期。

朱虎：《分合之间：民法典中的合同任意解除权》，《中外法学》2020 年第 4 期。

左玉茹：《当"字体"权利遭遇公共利益》，《电子知识产权》2012 年第 1 期。

3. 案例类

北京北大方正电子有限公司诉广州宝洁有限公司、北京家乐福商业有限公司著作权纠纷案，北京市第一中级人民法院（2011）民终字第 5969 号民事判决书。

北京北大方正电子有限公司诉广州宝洁有限公司、北京家乐福商业有限公司著作权纠纷案，北京市海淀区人民法院（2008）民初字第 27047 号民事判决书。

北京三面向版权代理有限公司与黑龙江金农信息技术有限公司侵犯著作权纠纷案，黑龙江省高级人民法院（2008）知终字第 4 号民事判决书。

陈兴良诉中国数图公司案，北京市海淀区人民法院（2002）海民初字第 5702 号民事判决书。

关东升诉赵淑雯、道琼斯公司侵犯著作权纠纷案，北京市第一中级人民法院（2003）民初字第 02944 号民事判决书。

郭泽龙诉茶颜及天猫公司案，浙江省杭州市中级人民法院（2015）浙杭知终字第 244 号民事判决书。

秦涛诉北京搜狐互联网信息服务有限公司其他合同纠纷案，北京市海淀区人民法院（2007）海民初字第 6419 号民事判决书。

王蒙、毕淑敏、张承志、张洁、张抗抗、刘震云诉世纪互联通讯技术有限公司著作权纠纷案，北京市海淀区人民法院（1999）海知初字第 57 号民事判决书。

谢晓慧与诉万方数据股份有限公司侵犯著作权纠纷案，北京市第二中级人民法院（2008）二中民终字第 18604 号民事判决书。

郑成思诉书生公司案，北京市海淀区人民法院（2004）海民初字第 12509 号民事判决书。

叶根友与无锡肯德基有限公司、北京电通广告有限公司上海分公司侵害著作权纠纷上诉案，江苏省高级人民法院（2011）苏知民终字第 0018 号民事判决书。

二 外文文献

1. 著作类

Alan L. Durham, *Patent Law Essentials: A Concise Guide (Third Edition)*, Praeger Publishers, 2009.

Fischman Afori O., *Implied License-An Emerging New Standard in Copyright Law*, Social Science Electronic Publishing, 2009.

Jessica Reyman, *The Rhetotic of Intellectual Property: Copyright Law and the Regulation of Digital Culture*, Routledge, 2010.

Lionel Bently, Jennifer Davis, Jane C Ginsburg, *Copyright and Piracy: An Interdisciplinary Critique*, Cambridge University Press, 2010.

Margreth Barrett, *Intellectual Property (Second Edition)*, Aspen Publishers, 2008.

Melville B., *Nimmer & DavidNimmer, Nimmer on Copyright*, Lexis Nexis, 2009.

Melville B., *Nimmer &David Nimmer, Nimmer on Copyright*, Matthew Bender & amp; Company, Inc, 2003.

Mittal, Raman, *Licensing Intellectual Property: Law & Management* , Satyam

Law International, 2011.

Niva Elkin-Koren, *It is All About Control: Rethinking Copyright in the New Information Landscape, In Niva Elkin-Koren and Neil Weinstock Netanel(ed.) , The Commodification of Information*, Aspen Publishers, Inc, 2002.

2. 论文类

Byron, Thomas M., "On Copyright and Scientific Theory", *Anta Clara High Technology Law Journal*, 2017.

Charles M. R. Vethan. "The Defenses Of Estoppel And Implied License In Coryright Infringement Claims In The Online World: A Case Study", *South Texas Law Review* , 2007.

Christopher Jensen, "The More Things Change, the More They Stay the Same: Copyright, Digital Technology, and Social Norms", 56 *Stan. L. Rev*, 2003.

Christopher Stothers, "Patent Exhaustion: the UK perspective", 16*th Annual Conference on Intellectual Property Law and Policy Fordham University School of Law*, 2008.

Charles M. R. Vethan, "The Defenses of Estoppel and Implied License in Copyright Infringement Claims in the Online World: A Case Study", *South Texas Law Review*, 2007.

Craig Carys J., "Globalizing User Rights-Talk: 0n Copyright Limits and Rhetorical Risks", *American University International Law Review*, 2017.

Erik Brynjolfsson, Yu Jeffrey Hu, Michael D. Smith, "Consumer Surplus in the Digital Economy: Estimating the Value of Increased Product Variety at Online Booksellers", *Social Science Research Network*, 2003.

Herbert Hovenkamp, "Post-Sale Restraints and Competitive Harm: The First Sale Doctrine in Perspective", *NYU Annual Survey of American Law*, 2011.

Jasiewicz Monika Isia, "Copyright Protection in an Opt-Out World: Implied License Doctrineand News Aggregators", *Yale Law Journal*, 2012.

John S. Sieman, "Using the Implied License to Inject Common Sense into Digital Copyright", *North Carolina Law Review*, 2007.

John W. Osborne, "A Coherent View of Patent Exhaustion: A Standard Based on Patentable Distinctiveness ", *Santa Clara Computer & High Tech. L. J.* , 2004.

Kevin Janus, "Defending the Public Domain in Copyright Law: A Tactical Approach", *Intellectual Property Journal*, 1999.

Letai Pedro, "A Farewell to Barriers: Towards a Flexible System of Exceptions in Continental Copyright Law", *US-China Law Review*, 2014.

Newman Christopher M., "What Exactly Are You Implying: The Elusive Nature of the Implied Copyright License", *Cardozo Arts & Entertainment Law Journal*, 2013.

Nemiah Victoria, "Please Using Copyright Conditions to Protect Free/Open Source Software", *New York University Journal of Intellectual Property and Entertainment Law*, 2014.

Oren Bracha, "Standing Copyright Law on Its Head? The Googlization of Everything and the Many Faces of Property", 85 *Texas L. Rev.* 1799, 2007.

Orit Fischman Afori, "Implied License: An Emerging New Standard in Copyright Law", *Santa Clara Computer & High Tech. L. J*, 2009.

Orit Fischman Afori, "Copyright Infringement without Copying-Reflections on the Theberge Case", 39 *Ottawa. L. Rev*, 2008.

Richard H. Chused, "The Legal Culture of Appropriation Art: The Future of Copyright in the Remix Age", *Tulane Journal of Technology & Intellectual Property*, 2014.

Ronald J. Mann & Seth R. Belzley, " The Promise of Internet Intermediary Liability", 47 *Wm. & Mary L. Rev.* 239, 2005.

Rub Guy A., "Copyright Survives: Rethinking the Copyright-Contract Conflict", *Virginia Law Review*, 2017.

Trimble Marketa, "The Multiplicity of Copyright Laws on the Internet, Fordham Intellectual Property", *Media&. Entertainment Law Journal*, 2015.

Wendy J. Gordon, "Fair-use as Market Failure: A Structure and Economic Analysis of the Betamax Case and Its Predecessors", *Columbia Law Review*, 1982.

3. 其他类

17U. S. C. 106-106A(1994).

(1911) AC337, 353.

Adobe Sys, Inc. v. One Stop Micro, Inc, 84F. Supp. 2d 1086, 1091-92 (N. D. Cal. 2000).

Author Guild v. Google Inc., 98 U. S. P. Q. 2D(BNA)1229.

Blake A. Field v. Google Inc, 412F. Supp. 2d 1106(D. Nev. 2006).

Boosey & Hawkes Music Publrs, Ltd. v. Walt Disney Co, 145F. 3d481, (2th Cir, 1998).

British Leyland Motor Corp. v. Armstrong Patents Co. Ltd [1986] UKHL7(27 February1986).

Central London Property Trust Ltd. v. High Trees House Ltd. (1947) K. b. 130.

Effects Assosiates, Inc. v. Cohen, 908F. 2d555(9thCir. 1990).

Foad Consulting Group, Inc. v. Musil Govan Azzalino, 270F. 3d821(9th Cir. 2001).

Gordon Roy Parker v. Yahoo!, Inc, U. S. Dist. LEXIS74512, at 18 (E. D. Pa, 2008).

Hutton v. Warren [1836] 1 M&W 466.

Intel Corp. v. ULSI Sys. Tech, Inc, 995 F. 2d 1566(Fed. Cir. 1993).

Kelly v. Arriba Soft Corp, 336F. 3d 811, 815(9th Cir. 2003).

Kelly v. Arriba Soft Corp, 77F. Supp. 2d 1116, 1118~19(C. D. Cal. 1999).

Lexmark International, Inc. v. Static Control Components, 387F. 3d522 (6th Cir. 2004).

Met-Loil sys. Lorp. v. Komers Unlimited. Inc. 803F, 2d684, 231USPQ 474(Fed. cir 1986).

National Business Lists, Inc. v. Dun &Bradstreet, Inc, 552 F. Supp. 89 (N. D. Ⅲ. 1982); Squires, Copyright and Compilations in the Computer Era: Old Wine in New Bottles, 24 Bull. Copyright Soc' YU. S. A. 18, 44 – 45 (1977).

Novell, Inc. v. Network Trade Ctr., Inc., 25F. Supp. 2d 1218 (D. Utah 1997).

Oddo v. Ries, 743F. 2d 630, (9thCir. 1984).

Perfect 10 v. Amazon. com, 487F. 3d 701(9th Cir. 2007).

Perfect 10 v. Google, Inc., 416 F. Supp. 2d 828, 844(C. D. Cal. 2006).

Softman Prod. Comp v. Adobe Sys, Inc, 171F. Supp. 2d 1075 (C. D. Cal. 2001).

Stewart v. Abend, 495 U. S. 207, 228~29(1990).

The Authors Guild. Inc, Association of American Publishers. Inc, et al, v. Google Inc, Settlement Agreement, Case. No. 05 CV 8136 – JES(October 28, 2008).

Ticketmaster Corp. v. Tickets. com, Inc, 54U. S. P. Q. 2d(BNA) 1344, 1346(C. D. Cal. 2000).

UN, Universal Declaration of Human Rights(General Assembly Resolution217A), Artl9.

UN, International Covenant on Civiland Political Rights(General Assembly Resolution 2200AXXI), Artl9(2).

UN, International Covenant on Economic, Socialand Cultural Rights (General Assembly Resolution 2200AXXI), Artl5(3).

Vernor v. Autodesk, Inc, 555F. Supp. 2d 1164(W. D. Wash. 2008).

平成 13 年 04 月 16 日東京高等裁判所（平成 12（ネ）1689）。

平成 18 年 8 月 24 日東京地方裁判所（平成 17 年（ワ）第 1720 号）、知的財産高等裁判所第 1 部（平成 18 年（ネ）第 10027 号）。

平成 21 年 06 月 25 日東京地方裁判所（平成 19（ワ）13505）、平成 22 年 03 月 29 日知的財産高等裁判所（平成 21（ネ）10053）。

平成 21 年 12 月 24 日知的財産高等裁判所（平成 21（ネ）10051）。

后 记

本书是在我的博士学位论文的基础上修改完成的。整整一年的写作时光，因艰难而显得格外漫长，选题时的迷惘，文献收集的困惑，资料梳理时的痛苦，行文时的焦虑与煎熬，真正印证了彭学龙教授的那句诗"故纸堆里探微光"。在文章撰写过程中，我曾无数次想象过最后书写致谢的情形，当时总觉得辛苦的日子遥遥无期，但当这一天真正来临，离别好似永远都是一个沉重的话题，虽有万语千言但竟不知从何处落笔。

3年的学习时光，感恩能够得到诸多师友的教导和关怀。其中，最要感谢的是我的恩师彭学龙教授。6年前，有幸被彭老师招至门下，开始读博生涯。恩师提携之恩，学生铭记终生。今日拙文的成型，亦离不开恩师的悉心指导，从论文选题到框架建构，从撰写到修改，无不凝聚着恩师的心血，甚至在提交最终答辩之前，恩师仍连续数晚通过网络语音指点文章标题用词。在求学过程中，恩师要求很高，亦很严格，尤其在文章撰写方面，大至文章框架，小至标题用语，若不达要求，批评起来不留情面；但若达到要求，夸赞亦是毫无保留。正是因为恩师严谨的治学态度，精深的学术造诣，让我们对自己要求更加严格，也更想努力精进。从最开始相处时对恩师的紧张惧怕，到后来自然的闲话家常，更能体察恩师的良苦用心和内心柔软之处。恩师非常尊重我们的想法，只要有利于我们的成长与发展，恩师必然鼎力支持，比如我表达想出国访学的想法后，恩师极其鼓励，从推荐信到出国的琐碎事项，均一应关照。当我第一次到马克斯·普朗克创新与竞争研究所图书馆给恩师发照片，收到恩师回复"很好"时，瞬间泪目。恩师对我有期待，我一直知晓，可是学生惭愧，时至今日，依然成绩平平，愧对恩师的栽培与期许，在未来的时日里，学生必然更为努力，不辜负恩师的期望。千言万语，纸短情长，师恩似海，永志不忘！

我想特别感谢吴汉东教授。吴汉东教授是我学生时代最为崇敬的法学大家，未求学之前，吴老师仿佛夜空中最璀璨的星那般耀眼与遥远。来到中南财经政法大学之后，第一次见到吴老师，除了内心的雀跃与激动之外，更为他所闪耀的智者风度与人格魅力所折服。3 年前，我在入学考试的面试中失利，正因吴老师说"给她一次机会"，才有幸得以补录进入中南求学，学生感激不尽，在此拜谢！后来，我去德国马克斯·普朗克创新与竞争研究所访学，亦因吴老师的推荐与关照，方可顺利推进。吴老师于我而言，永远有着偶像的力量。依然清晰记得，2019 年文章在南湖论坛中获奖，有次与周澎师妹聊天，周澎师妹说："吴老师夸你选题选的好。"仅这样简单一句，让我在求学之路上充满了无尽的动力，无论前路多么崎岖，学生必将勇敢前行，感恩吴老师！

感谢曹新明教授。曹老师就像家中的长辈一般给予我们无微不至的关怀，不仅是学业上，还有生活上。我依然清晰记得曹老师在课堂上所讲述的找兔子的故事。曹老师说："你们现在不仅要学会抓兔子，更要学会找兔子。"在这样生动的启迪下，我读博期间的小论文便由此诞生。不仅如此，每当我遇到生活中的困惑，也会请教曹老师，倾听曹老师的意见。有次跟曹老师聊天，他讲述了自己与师母的故事，他从自身出发为我解惑，感动之余，我亦有"拨开云雾见月明"的顿悟感。感恩曹老师！

感谢黄玉烨教授。黄老师是我见过最温柔的人，记忆中的黄老师总是笑笑的。一直以来，黄老师如慈母般密切关怀我的生活；在求学过程中，文章选题或者结构有拿不准的地方，也总是希望得到黄老师指导。

不知道为什么，一想到黄老师，心里总会有种莫名的踏实感。记得有次跟黄老师聊天，讲到难过的事伤心落泪，黄老师拿起纸巾温柔安慰："哎呀，我也很爱哭。"仅这样简单一句话，我所有的不开心瞬间被治愈。感恩黄老师！

感谢胡开忠教授。胡老师治学严谨，表面看起来不苟言笑，但实际上对每位学生都很认真与负责。在我博士学位论文的开题、预答辩等各个阶段，胡老师均言辞恳切地提出了中肯的意见，使文章质量得以提升。感恩胡老师！

正是因为各位老师的不吝指正，才使我的博士学位论文能够日臻完善，并得以顺利完成，再次感恩各位老师！此外，读博期间，感谢吉宇老师在学习、生活等方面提供的帮助，感谢黄兴老师对我工作上的关照。

在德国马克斯·普朗克创新与竞争研究所访学半年的时间内，有幸结识了许多良师益友。感谢 Valentina Moscon 教授对我博士学位论文的悉心指导，虽然中外论文在结构、内容等方面存在诸多差异，但治学严谨、美丽睿智的 Valentina Moscon 教授仍多次与我探讨文章内容，尽可能给予我最详尽的指导。感谢郑友德教授对我学业及生活上的帮助与关怀。初至德国，人生地不熟的我显得拘谨无措，郑老师为了让我们尽快熟悉当地的人文地理环境，热心带我们去逛超市、商场，介绍人文风情，还风趣地说："你可以跟彭老师汇报，说我们今天开展了知识产权国际贸易的考察工作。"就是这样睿智幽默的郑老师，成为我在异国他乡最温暖的太阳，当时就跟郑老师说："我一定会在致谢中感谢您！"时间一晃而过，对您的感激之情却更为浓烈！此外，还要特别感谢魏立舟博士、李陶博士、郑敏瑜博士、孙浩然博士、郭玉新博士、焦海洋博士、任晓帅博士、李慧博士，感谢你们的帮助与关怀，慕尼黑的冬天因为有你们的陪伴，显得格外温暖。

攻读博士期间，还得到了诸多同门与同窗的支持。感谢李士林老师、乔宜梦博士、吉利博士、曹亦果博士、包红光老师、贾磊老师给予我学业上的帮助与支持，感谢夏梦妍师妹、王昊鹏师弟在学校事务方面的帮助。感谢我的挚友米拉博士这么多年来的鼓励与帮助，更感恩我们在国外相互陪伴、沐风栉雨一同成长的艰难岁月；感谢我的同窗与同门王正中博士在课题研究、论文写作等方面的帮助，因为无话不谈，我们的友谊被彭老师评价为"闺蜜"般的情谊；感谢付丽霞博士、刘鑫博士对我学业及生活上的无私帮助；感谢苏冬冬博士与我经常探讨学术、生活等困惑与问题，让我受益良多；感谢石超博士、叶霖博士、王子涵博士、胡相龙博士、唐新华博士、丁碧波博士、周澎博士，与你们一起交流治学心得、分享人生感悟的岁月，将成为我一生中最为难忘的美好时光。

最后，要感谢我的家人。感谢我的父亲谢兴明先生、母亲刘英女士30多年来对我的养育与栽培，你们无怨无悔的付出，让我得以无忧无扰地完成学业。父母的爱大抵深沉与隐忍，你们在我婚礼上泣不成声，我才明白你们的爱与不舍竟如此浓烈与炽热。感谢我的爱人董琪先生，感谢你一如既往对我的支持与鼓励，我曾经辞去税务局公职来读书，身边的人质疑声不断，只有你坚定地对我说："这是你的梦想，你一定要坚持！"正是这样惺惺相惜的陪伴与支持，让我不畏惧任何艰难险阻。感谢我的儿子董哲维小朋友，感谢你愿意成为我的孩子，让我的人生更加丰盈饱满，你的到来仿佛我生命中的一束光芒，看着你自信明媚地成长，让我也不自觉地想要像你一样热烈张扬、果敢勇毅地做自己。

这些年来，助我者诚多，无法一一提及，吾唯铭记并感恩于心！

谢 晶

2024 年 12 月 31 日

于甘肃兰州

图书在版编目（CIP）数据

数字环境下著作权默示许可制度研究 / 谢晶著.
北京：社会科学文献出版社，2025.6. -- ISBN 978-7
-5228-5316-1

Ⅰ. D923.414

中国国家版本馆 CIP 数据核字第 2025RJ9617 号

数字环境下著作权默示许可制度研究

著　者 / 谢　晶

出 版 人 / 冀祥德
责任编辑 / 高　媛
责任印制 / 岳　阳

出　　版 / 社会科学文献出版社·法治分社（010）59367161
　　　　　 地址：北京市北三环中路甲 29 号院华龙大厦　邮编：100029
　　　　　 网址：www.ssap.com.cn
发　　行 / 社会科学文献出版社（010）59367028
印　　装 / 三河市尚艺印装有限公司

规　　格 / 开　本：787mm×1092mm　1/16
　　　　　 印　张：16.5　字　数：227 千字
版　　次 / 2025 年 6 月第 1 版　2025 年 6 月第 1 次印刷
书　　号 / ISBN 978-7-5228-5316-1
定　　价 / 98.00 元

读者服务电话：4008918866